psychology

미술심리치료의 이해와 실제

조미영 지음

therapy

도서출판 피란미음

머리말...

미술치료는 학자에 따라서 여러 가지 의견이 있을 수 있고, 접근방법이나 적용대상에 따라 정신요법적 미술치료, 재활적 미술치료, 레크리에이션 미술치료 등으로 나누기도 하지만, 결국 이미지 표출과정에 있어서 비언어적인 커뮤니케이션 기법으로서 우위를 차지하고 있다. 이 기법을 반복적으로 시행함에 따라 언어적 이미지와 시각적 이미지에서 지금까지 상실, 왜곡, 방어, 억제되어 있는 자기상, 자기 자신의 세계관을 발견하여 자기동일화, 자기실현을 꾀하게 된다고 보는 것이다(Wadeson, 1980). 따라서 미술치료는 궁극적으로 심신의 어려움을 겪고 있는 사람들을 대상으로 하여 그들의 미술작품을 통하여 심리를 진단하고 치료하는 데 목적이 있다. 루빈(Rubin, 1987)은 발달적 접근법, 인지적 접근법, 그리고 정신역동적 접근법을 배경으로 장애아동을 치료하고 있다. 미술치료 프로그램은 사고를 체계화시키는 인지적 목적 이상으로 감정을 표현하고 대처할 수 있는 기회를 제공한다. 특히 정신역동적 접근법에는 미술, 몸짓, 얼굴표정, 무언극 등의 비언어적인 것이 대부분이다. 나움버그(Margart Naumburg, 1958)는 아동의 그림을 정신분석학적 입장에서 접근하여 치료적인 면을 강조했다.

미술치료 분야는 그 대상과 치료방법에 따라 구분된다. 치료대상은 아동과 청소년, 주부, 알코올 중독자, 정신발달 장애인 등이다. 고령화 사회가 되면서 노인 미술치료 프로그램도 늘고 있다. 심리적인 문제의 원인이 당사자 한 사람뿐 아니라 가정환경 등 주변에 있는 경우가 많고, 치료효과를 높이려면 가까운 이들의 도움이 필요하기 때문에 가족 등 주변 사람도 미술치료 대상이 되곤 한다.

미술치료과정에서 그림을 그리고, 색칠하고, 이야기 나누는 모든 행위는 그 자체로 중요한 치료적 요소가 되지만, 작품의 미술적 특징(잘 그리는지 못 그리는지…)은 의미가 없다. 그러나 어떤 특정 부분에 대한 회피와 방어, 일관되게 나타나는 주제의 반복 등은 대상자의 내면적 세계를 탐색하는 단서로써 상당히 중요하다. 치료과정 동안 대상자가 만든 작품은 개인의 독특한 의미를 지니는데, 미술치료사는 이것이 현재의 심리적 문제와 대상자의 상황과 어떤 연관성이 있는지 파악하고 해석할 수 있어야 한다. 이때, 대상자의 개별성과 고유한 생각, 기능을 시험해 보도록 격려하는 것이 중요하며, 일관적인 해석, 또는 상징의 의미를 획일적으로 적용하는 것은 주의해야 한다. 무엇보다 중요한 것은 대상자가 미술치료의 과정을 통하여 자신의 환상과 무의식적 갈등이나 소망, 현재의 어려움을 어떻게, 또 얼마나 역동적으로 표현하는가에 있다. 미술치료사는 이러한 창조적 표현과정을 촉진하고, 이 과정 동안 대상자가 자신을 통찰하고 통합하도록 조력하는 역할을 하게 된다. 이것은 다른 치료와 마찬가지로 대상자의 자발적인, 내적 동기화된 행동에 대해 세심하게 배려하는 것을 전제로 한다.

이 책에 소개되는 미술치료 작품은 저자의 교육과 임상에서 얻은 자료로서 미술치료의 이해와 임상에 필요한 자료로 사용되길 바란다.

이 책은 모두 4부로 구성되었다. 제1부는 미술치료의 기본적 이해로 미술치료의 이해, 미술치료의 개념과 견해, 미술치료의 역사, 미술치료의 치료환경과 매체, 미술치료의 계획과 진행으로 미술치료에 대한 기본적인 이해를 다루었다. 제2부 미술치료 진단 및 치료기법에서는 미술치료를 위한 평가도구, 진단도구로서의 미술치료 기법, 치료적 도구로서의 미술치료 기법, 미술치료 작업평가, 미술치료 시 색채심리로 진단하고 치료할 수 있는 기법의 지식을 다루었다. 제3부는 대상별 미술치료로

유 · 아동 미술치료, 청소년 미술치료, 성인 미술치료, 노인 미술치료로 다양한 대상의 사례와 프로그램을 적용한 구체적인 치료 사례를 제시하였다. 제4부는 장애 내용에 따른 대상별 미술치료의 임상적 적용으로 장애에 따른 미술치료의 효과, 정신현상과 신체현상의 상호관련, 대상별 장애 내용에 따른 미술치료 적용 방법을 다루었다.

마음을 치유하는 방법에는 많은 종류가 있겠는데 미술치료는 일반 의사들이 약이나 주사를 사용하여 하는 치료와는 다르다. 미술이라는 수단을 이용하여 마음의 병을 치료하고 열린 마음, 기쁨을 찾아주는 사람이 바로 '미술치료사'이다. 미술치료사는 자신의 마음 거울을 깨끗하게 해서 치료대상자의 마음을 정확하게 비추어 줄 수 있어야 한다. 미술치료사는 정서적, 상징적 표현을 촉진하고, 치료대상자의 일반적인 상징들을 이해하여야 한다. 또한 연령에 따른 그림의 발달적 수준을 알고 있어야 하며, 대상자의 문화적 배경을 고려하여 다른 특징과 연관 지어 해석할 줄 알아야 한다. 자신의 성향과 적성을 정확하게 파악하는 것이 무엇보다 중요하고 끊임없이 탐구하고 연구해야 하는 직업이다. 시간이 걸리더라도 원칙에서 벗어나지 않고 정식 절차를 통해 발전시켜 나가야 한다는 것을 잊지 말아야 할 것이다.

이 책이 미술치료를 전공하는 학생들과 미술치료에 관심 있는 모든 분들에게 도움이 되길 바라며, 좀 더 좋은 책으로 발전할 수 있도록 독자여러분의 관심이 있길 바란다.

끝으로 이 책의 출판을 도와주신 도서출판 파란마음 황호철 대표님과 편집을 위해 수고해주신 분들께 감사드린다.

2010년 11월

조미영

차례...

3부 대상별 미술치료

Chapter 13 장애 내용에 따른 대상별 미술치료 적용 방법

일러두기...

미술치료사의 자질

일반적으로 사람들은 '미술치료'를 비정상인과 미술 작업을 하는 것으로 오해하고 있다. 미술치료는 치료에 참여하는 사람들에 달려 있는 것이 아니라, 작업환경을 초월한 것이다. 미술활동이 장애아동에게 유용하게 쓰여질 때, 그것은 교육적이거나 오락적일 수 있다. 여가시간을 보내기 위해서 미술을 가르치거나 제공하는 것은 미술치료에 참여하는 것이 아니다. 심지어 그 환경이 정신병리적이더라도 미술활동의 주요 목적이 학습이거나 즐거움이라면, 그것은 미술치료가 아니다(Rubin, 1981).

- 다루어야 할 대상과 역할을 이해하여야 한다.
  - 매체와 과정, 미술의 특성과 잠재성, 상징의 특성, 형식, 내용, 치료
- 내담자의 발달, 정신역동 그리고 대인관계 측면에서 자신뿐만 아니라 타인에 대해서도 알아야 한다.
- 내담자가 더 높은 승화의 수준으로 성취하도록 돕거나 자존감을 높이도록 돕는 것
  - 1차적인 목표는 진단과 치료이며, 교육은 2차적인 목표이다.
  - 임상적으로 훈련된 눈으로 보고
  - 심리적인 것에 대해서는 민감한 귀로 듣고
  - 내담자의 발달단계, 기본적인 갈등, 그리고 갈등에 대처하는 방법을 이해하고

• 행동의 모든 면에 관심을 가진다.

- 시각예술을 통합하기 위해서는 훈련과 교육에 많은 시간을 투자해야 한다.
  • 정신역동성과 심리변화를 이해
  • 미술과 치료에 대해 아는 것을 통합할 수 있으려면 수백 시간의 임상지도를 받아야 한다.

- 미술교육과 미술치료를 구별해야 한다.
  • 양식(미술)은 같지만 그 목표(치료 대 교육)가 명백히 다르다.
  • 놀이치료와 미술치료는 목표(치료)는 같지만, 그 양식(미술 대 놀이)은 다르다.

- 어린이를 진정으로 사랑해야 한다.
  • 어린이의 내면세계 그 자체를 좋아해야 한다.
  • 어린이의 사고, 감정, 그리고 충동에 익숙해져야 한다.

- 충동을 수용할 수 있는 애정적인 치료자만이 내담자에게 진정한 '자유' 를 제공할 수 있다.

- 위기상황에서 수용적인 역할을 유지해야 한다.
  • 내담자의 성장능력과 치료과정에 대해 진심으로 신뢰하는 마음을 가져야 한다.

- 낙천적인 태도와 일관성 있는 치료가 필요하다.

- 전문성과 융통성을 가져야만 한다.
  • 내담자를 자연스럽고 편안하게 움직일 수 있도록 허용해야 한다.

- ‘빨리 변화할 수 있도록’ 도와줄 수 있는 전문성이 필요하다.

- 훌륭한 치료자일수록 신중하고, 솔직하다.
  - 내면적인 문제들을 깊이 이해하고 치료하기 위해서 신중함이 필요하다.
  - 사고와 감정을 전달하기 위해서는 솔직해질 필요가 있다.
- 많은 능력과 책임감이 필요하다.
  - 미술작품, 작업환경, 상징적인 의사소통 등을 수단으로 사용해야 한다.
- 내담자의 정서와 개성을 항상 존중해야 한다.
- 비언어적이거나 상징적으로 대화하려면 상호작용에 대한 의미를 이해해야 한다.
- 치료과정에서 전체적 방향에 대한 명백한 인식이 있어야 한다.
- 미술치료사는 창조성과 열정을 가지고 있어야 한다.
- 미술과 내담자에 대해 무한한 존경심을 가지고 치료에 임해야 한다.

1
미술치료의 기본적 이해

Chapter 1

미술치료의 이해

1 미술치료(Art Therapy)의 정의

심리치료 이론을 기초로 하여 미술활동을 통해 자아표현, 자아수용, 승화, 통찰에 의해 갈등 조정 및 심리문제 해결, 자아성장의 촉진을 돕는 심리치료의 한 분야이다.

미술치료는 심신에 어려움을 겪고 있는 사람들을 대상으로 하여, 미술활동(미술작품)을 통해 심리를 진단하고 치료하는 것이다.

미술치료는 비언어적 커뮤니케이션 기법으로 반복 시행을 통해 시각적 이미지가 구체화되고, 언어적 보완이 이루어지면서 지금까지의 자기상실, 왜곡, 방어, 억제 등의 상황에서 벗어나 보다 명확하게 자아인식, 자기실현을 이루게 되는 심리치료의 한 분야이다. 미술활동 즉 그림, 조소, 디자인, 서예, 공예 등 미술의 전 영역을 활용하여 심리치료를 하는 것이다.

인간의 심상은 경험을 통해 이루어진다. 첫째, 미술활동은 심상의 시각화가 가능하다. 둘째, 느낌이나 사고, 문제점을 전달, 정신적 문제를 극복하는 데 도움을 준다. 셋째, 무의식을 의식화하는 데 매우 유용하며, 특히 자발적인 미술활동은 개인의 내면세계가 조화를 이룰 수 있도록 도와준다. 따라서 미술 표현은 사회적, 윤리적 비난에서 벗어나게 되어 안전감을 느낄 수 있다.

미술치료에 대한 구체적 이론, 기법, 미술활동 과정에 대한 지식, 그리고 심리이론 등이 갖추어졌을 때 치료대상자의 성공적인 정서적 안정, 갈등해결, 치료적 변화가 나타난다.

표 1-1 미술치료의 방법과 목표

방법	목표
• 미술의 활용 • 비언어적 커뮤니케이션 • 시각적 이미지 표출, 언어적 보완	• 자아상, 자아관 발견 • 인격의 통합, 재통합 • 자아인식, 자기실현

2 미술치료 분야의 중복

1) 심리치료

인간의 긍정적인 성격발달을 증진시킬 목적으로 인간이 지니고 있는 심리적, 행동적 증상을 제거 · 수정 · 완화하고 장애행동을 조정하는 것으로, 훈련된 사람이 환자와 전문적인 관계를 의도적으로 형성하여 정서적 · 사회적 · 행동적 문제를 심리학적 방법으로 치료하는 것이다.

2) 상담

도움을 필요로 하는 사람이 전문적으로 훈련 받은 사람과의 관계를 통해 문제해결과 사고, 행동, 감정 측면에서 인간적 성장을 위해 노력하는 학습과정이다.

- 심리치료와 상담의 목적은 모두 인간의 잠재력을 개발하고 일상생활에 잘 적응할 수 있도록 도와주는 것이다. 상담은 전문적인 관계를 바탕으로 정서, 사고, 행동, 대인관계의 문제, 성격장애 등을 심리학적으로 접근한다는 면에서 심리치료와 비슷하다.

3) 생활지도

영 · 유아, 아동, 청소년들의 발달 및 적응을 돕기 위한 교육적 활동이다. 현재는 교육현장에서 심리치료나 상담의 전문영역으로 인정되어, 학교사회복지실천, 장애아통합교육 영역에서 심리치료사, 사회복지사, 특수교사가 개인의 문제나 집단상담 및 교육하는 역할을 담당한다.

- 생활지도의 영역이 확대되고 전문화됨으로써 심리치료, 상담, 생활지도의 영역이 중복되는 현상을 보이고 있다. 특히 상담 및 심리치료의 목표가 '건강한 개

인을 더욱 건강하게', '문제의 예방, 정신건강, 스트레스 완화', '행복 느끼기' 등의 생활 영역까지 확대되고 더욱 증가하고 있다.

4) 재활교육 및 재활치료

미술치료는 미술활동과정에서 개인의 발달에 도움을 주게 되므로 재활교육 및 재활치료와 중복된다. 미술활동은 시지각과 손 근육 운동을 필요로 한다는 점에서 재활치료가 될 수 있는 근거가 되고, 실제로 발달지체아동 및 노인들에게 다양하게 활용되고 있다.

결과적으로 미술치료는 심리치료, 상담, 생활지도, 재활교육, 재활치료와 중복되어 활용되고 있고, 누가, 어디서, 누구를 대상으로 하느냐에 따라 구분(이장호, 1996)하나, 일반적으로 어느 학문 분야에서 훈련을 받았느냐에 따라 구분한다.

Tip

- 심리치료-임상심리학, 정신의학, 사회복지학 분야, 상담-상담심리학 분야, 생활지도-교육학 분야, 재활교육과 치료는 특수교육학, 재활치료학에서 혼용되어 불리고 있다.
- 인간에 대한 관심과 애정, 전문적이고 윤리적 책임이 있는 교육, 수련, 경험, 본인의 바람과 사회의 요구가 있으면 어느 영역에서든 인간의 문제들을 충분히 다룰 수 있다.

3 미술치료의 가치

1) 심상의 표현

미술은 심상을 표현가능하게 한다. 심상형성은 삶의 초기 경험이 중요하고, 형성된 심상은 성격형성에 영향을 준다.

(1) 치료적 속성 및 심상의 활용

- 심상은 개인의 경험을 이해하게 하고, 잘 모르는 정신세계를 일깨워 줄 수 있어 무의식을 의식으로 가져올 수 있다.
- 미술은 심상을 구체적으로 표현가능하게 하므로 심리치료에 활용할 수 있는 근거를 제공한다.
- 치료대상자가 자신의 심상이 표현된 작품을 거리를 두고 관찰 → 의식과 무의식 사이의 대화 → 애매모호한 정서가 구체적인 정서로 변화 → 구체적인 정서는 심상으로 다시 나타나고, 분리를 통해 객관적으로 관찰도 가능 → 심상은 언어로 설명되고, 의식적인 이해를 할 수 있다.

(2) 융(Jung)의 능동적 심상

- 강한 충동을 동반하는 정신의 알지 못하는 영역을 이해하기 위해 더 깊이 들어가는 것으로 내적 이미지의 흐름을 관찰하는 내성법이다.
- 능동적 심상화의 목표: 이미지의 의미를 알고 이해하여 그 결과를 받아들이는 것이다.
- 능동적 심상과 명상의 차이점: 마음을 비운다는 점은 같지만 능동적 심상은 비우고 나서 기억나는 이미지를 떠올리고 대처해 나가는 것이다.
- 꿈과의 차이점: 진행되는 과정을 의식적인 상태로 볼 수 있고 무의식을 자발적으로 드러낸다.

표 1-2 능동적 심상에 의한 미술치료와 명상의 차이점

능동적 심상에 의한 미술치료	• 심상으로 떠오르는 것에 초점을 두고 심상을 완전히 이해하는 것이다.
명상	• 떠오르는 심상은 마음의 표명이기 때문에 무시한다. 명상의 목표는 마음에 나타나는 현상을 초월하는 것이다.

Tip

능동적 심상의 4단계

- 1단계: 자아의 사고연쇄에서 마음 비우기
- 2단계: 떠오르는 이미지에 주의를 집중
- 3단계: 이미지로 본 내적 경험을 외적인 형태로 표현
- 4단계: 능동적 심상이 전하는 메시지를 이해하고 의미를 발견

■ 예: '밤바다와 나'

- 명상 심호흡 등을 통해 편안하고 안정된 상태로 마음을 비운다.
- 떠오르는 이미지에 집중한다.
- 이미지와 자신의 경험을 연결시킨다.
- 이미지의 흐름을 인식하고 전하는 메시지를 이해– '외로운 나' 를 발견

(3) 심상화의 치료성

- 심상화를 통한 의식과 무의식의 대화(문답)
- 처음엔 자신과 시작하나 점차 자신의 내면에 있는 많은 사람들과 이루어짐 (직면)
- 대면관계에서 확실한 확인은 어렵지만 정서는 구체적으로 표현 가능함
- 심상이 언어화되면서 점점 비합리적인 부분이 줄어들어 성장, 발달, 치료(변화)

Tip

능동적 심상화의 치료과정의 예

• 과거를 이미지로 표현하는 활동 → 이미지를 통해 과거와의 대화가 이루어짐 → 반복적인 자기와의 대화를 통해 복잡하게 엉켜 있던 조각들을 풀어냄 → 복잡한 것이 용해되고 상반되는 것들이 균형이 이루어 평화적인 공존을 통해 통합되고 문제가 해결된다.

(4) 미술치료에서의 활용

지속적인 미술활동을 통해 심상화 과정을 촉진시킨다.

- 능동적 심상화의 초기 그림은 무의식에서 일어난 것이고, 외부의 강한 자극으로부터 시작될 수 있으나, 이것도 외부의 자극이 내부에 있는 심상과 일치된다는 것을 의미한다.

Tip

미술치료에서 활용의 예 (무의식 형태의 감각이 명료해지는 단계)

• 종이 풀을 가지고 자유로운 형상을 만드는 활동 → 마음껏 뭉쳐보고, 문질러 보고, 밀어 보는 활동을 통해 내면의 무의식을 자극 → 마치 유아가 놀이를 하듯이 어떤 선입견이나 지시, 조작 없이 놀이를 즐김(색깔을 즐기고, 형상 만들기에 몰두하고, 즐거움이나 불쾌함을 느끼거나 놀라기도 하고) → 그러다가 점차로 나타난 것에 대한 의미를 알게 된다.

(5) 의미의 발견 3단계

- 1단계: 나타난 대상을 단순히 바라보면서 무엇이 일어나고 있는지를 인식
- 2단계: 더 많은 것을 보는 것으로, 외적인 형상과 관련하여 지각
- 3단계: 눈으로 보는 것 이상의 전혀 새로운 사실을 지각

(6) 주의점

- 자아가 약하거나 결핍된 상태에서 내부의 혼란에 직면하는 것은 위험하다.
- 치료사는 치료대상자가 내면의 깊은 상태에 이르기 전에 내면의 자아강도를 확인해야 한다.
- 강한 자아만이 과거와의 대면에서 도움을 받을 수 있기 때문에 자아를 강하게 하는 것이 선행되어야 한다.

2) 승화

(1) 승화의 치료적 의미

- 승화는 정신분석이론의 영향을 받은 것으로 방어기제의 하나로도 사용된다.
- 성적 욕구 혹은 공격적 에너지를 창조적 활동으로 전환시킨 결과, 즉 사회적으로 허용되고 때로는 칭찬까지도 받는 경로로 전환하는 것이다.
- 미술활동은 사회적으로 수용되고 해롭지 않은 방법으로 부적절한 감정을 적절하게 해소하므로 심리적 성장을 가져온다.

(2) 승화의 기제

치환, 상징화, 동일시, 동일성 등이 있다.

① 치환

충동이나 욕구를 원래 일으킨 대상자에게 해소할 수 없을 때 그 대상보다 더 안전한 상대에게로 옮겨가는 것, 약한 대상으로 옮겨가는 것, 전혀 다른 대상에게 자신의 욕구를 발산하는 것, 덜 위협적이고 덜 위험하다고 생각되는 대체물로 이동하는 것이다(예 직장에서 받은 스트레스를 집에 와서 푼다거나 가정에서 스트레스를 받은 어린이가 학교 급우나, 강아지를 괴롭히는 것이다.).

② 상징화

어떤 것의 성질을 직접 나타내는 기호(sign)와는 달리, 상징은 그것을 매개로 하여 다른 것을 알게 하는 작용을 하는 것으로서, 인간에게만 부여된 고도의 정신작용으로 미술활동을 통한 승화의 기제 중 하나이다.

③ 동일시

자신을 열등하다고 생각하는 사람들이 자신의 가치를 새롭게 할 생각으로 성공적인 원인, 조직, 사람들과 동일시하려는 경향이 있다. 타인과의 동일시는 사회에서 통용되는 행동양식과 가치관 획득에 중요한 역할을 한다.

④ 동일성

타인과 구별되는 한 개인으로서 현재의 자신은 언제나 과거의 자신과 같으며 미래의 자신과도 이어진다는 생각이다. 에릭슨(Erikson)의 자아심리학이나 올포트(Gorden Willard Allport, 1897~1967)의 인격심리학에서 사용한 개념이다.

(3) 미술치료에서의 승화

- 창조적인 미술활동을 통해 심리적 성장이 이루어졌을 때, 흥미집중으로 대상, 지향하는 목표, 몰입 정도가 변화되었을 때, 승화가 이루어진다.
- 치료사에 대한 신뢰와 치료관계에 대한 안정감이 높아지면서 무의식 속에 파묻힌 억압된 감정을 점진적으로 드러낼 때이다.
- 불안을 감소시키는 매체를 사용하고, 두려움에서 벗어나도록 자아를 북돋아 주고 고양시켜 준다.

3) 방어의 감소

미술은 비언어적 수단이므로 이성적 통제를 적게 받아 치료대상자의 방어가 감소된다.

- 미술치료의 이미지 표출과정에서 비언어적인 커뮤니케이션 기법이 언어적인 커뮤니케이션 기법보다 우위에 있게 된다. 비언어적 기법의 반복시행을 통해 상실 · 왜곡 · 억제되어 있던 상황을 표현하고 수용할 수 있다.

표 1-3 언어와 비언어적 기법의 비교

언어적 커뮤니케이션	비언어적 커뮤니케이션
• 언어 중심 • 이성과 의식의 활동 • 방어기제(투사, 합리화 등) 사용	• 언어적 보완 • 심상을 활용하여 무의식 자극 • 방어기능 약화

- 자신의 의도와는 전혀 다르게 미술작품에 표현되어, 전혀 예상치 않았던 인식으로 이어져 치료대상자의 통찰이나 학습, 성장으로 유도되기도 한다.
- 저항이 많은 치료대상자의 경우 미술활동을 통해 접근이 용이하다.

4) 구체물 형성

- 미술활동을 통해 눈으로 볼 수 있고 만질 수 있는 자료를 얻을 수 있다.
- 미술작품이 치료자와 치료대상자 사이에 대화의 매개체가 된다.
- 감정과 사고 등이 표현된 미술작품을 보고 치료대상자가 자신의 실존을 깨달을 수 있다.
- 내적 현실의 가장 깊은 체험의 표현, 거리 두고 보기를 통해 주관적인 왜곡이 방지된다.

5) 자료의 영속성

- 미술작품은 구체적 유형 자료로 보관 가능하며, 영속성이 있어 필요한 시기에 수시로 접근이 가능하다.
- 자신의 작품을 감상하며 당시의 감정 및 자신을 회상할 수 있어 치료효과가 높다.
- 작품의 변화를 통해 치료과정에 대한 이해 및 새로운 통찰을 할 수 있다.

6) 공간성

- 미술 표현은 가깝고 먼 곳, 결합과 분리, 공간 속에서의 연관성과 개인과 집단의 역동성을 이해하는 데 용이하다.
- 미술은 시공간 초월이 가능하므로 인물의 표현, 상황, 감정, 장소 등을 한 공간에 표현할 수 있다.

7) 창조성과 에너지 유발

- 작업을 진행하고 토론하고, 감상하는 과정을 통해 창조적 에너지의 발산이 가능하다.
- 큰 원을 그리는 팔의 움직임, 못을 박거나 흙을 내리치는 공격적 행동, 세밀한 작업을 위한 조심스런 손놀림과 호흡의 조절, 미술매체가 가진 촉각적인 특징과 그것을 다루는 경험 등을 통해 신체적 차원의 경험, 신체적 에너지 발산을 통해 감각 운동적 즐거움을 경험함으로써 창조적 에너지로 전환 가능하다.
- 미술에서의 창조는 삶의 의미를 부여하는 것으로 심리치료에서 중요한 요인이다.
- 창조적 표현의 본질이 미술작업이다.

(1) 치료에서의 창조

- 작품에는 대상자의 경험, 사고, 감정, 무의식 등이 형상화되어 있다.
- 심리치료를 필요로 하는 사람들 대부분은 자신들의 삶에 의미를 부여하지 못한다.
- 창조는 인생의 의미를 느끼지 못하는 대상자에게 의미를 부여해 주는 것이다.
- 결과물보다 미술활동과정, 자발적인 표현, 직면하기, 이해하기, 통찰하기가 중요하다.
- 치료사는 미술매체 및 표현에서 창조적 의미를 찾도록 격려하고 용기를 준다.

(2) 창조의 치료적 과정

- 어떤 미술매체를 선택하느냐에 따라, 매체의 특성에 따라 창조성이 촉진된다.
- 치료사는 대상자들이 잠재되어 있는 대담하고 풍요로운 심상을 표현하도록 환경을 창조해야 한다. 비교적 자유로운 분위기에서 창조성의 발휘가 쉽다.

(3) 창조성을 위한 분위기

- 심리적 분위기는 치료사가 제공해 주는 분위기로 존중과 지지, 즐거움과 흥미 등을 주는 분위기를 조성해야 한다.
- 치료대상자가 어떤 행동을 하건 무엇을 말하건 그들의 것이라는 사실을 존중하고 받아들임으로써 개성과 독창성, 자율성과 독립성, 대담성이 자극되고 강화된다.
- 매체의 선택, 주제의 선택, 미술작품의 구성, 미술작품의 설명에 있어 자유를 주도록 한다.
- 자신의 생각과 연상을 정확히 말하도록 격려하고 경청하는 것, 작품을 소중히 다루고 보관하고 전시하는 것, 스스로 자신의 목표와 기준을 확립하고 자신의 성취를 평가하도록 도와주는 것도 치료대상자에 대한 존중과 지지에 해당한다.
- 치료사는 지지자, 촉진자로서 치료대상자에게 관심을 표현하고, 대상자가 창조작업과 성장에 진실로 가치를 부여하고 기쁨을 느끼도록 원조한다.
- 물리적 분위기는 표현을 위한 재료, 공간, 시간 안전 등을 고려한다.
- 미술재료는 미술 표현을 위한 미술매체로 특성을 잘 알고 사용할 수 있어야 한다.
- 창조적 표현을 위해서는 새로운 매체를 제공, 기존의 매체를 다른 방법으로 활용해야 한다.
- 독특한 표현을 위해서는 비구조적 재료가 유용하다.
- 어떠한 재료에 대해 거부반응을 보이는 경우 다른 대안적인 표현방법으로 표현하게 한다.
- 너무 많은 매체를 제공하거나 어떻게 표현해야 하는지 지시하는 것은 대상자를 무가치하게 만들거나 왜곡시킬 수 있으므로 주의해야 한다.
- 공간은 자신의 표현이 거부될 것이라는 두려움을 느끼지 않도록 준비한다. 어

지럽혀도 괜찮은 장소가 필요하고, 활동 후 정리 · 정돈이 가능하다는 느낌을 주는 곳, 미술활동을 위한 설비, 작품 보관소, 매체의 보관함이 있고, 잘 정리되어 있으면 안정감을 느낀다.

- 편안하고 안정적인 공간에서 창조성 발휘가 쉽다.
- 시간은 치료대상자가 흥미를 유지할 수 있고, 창조적 과정에 개입할 수 있을 정도의 충분한 시간이 필요하다.
- 미리 어느 정도 시간을 이용할 수 있는지 알려주고 끝내야 할 즈음에 미리 알려주면 시간 활용에 도움이 된다.
- 안전은 여러 표현, 현실적인 것과 기괴한 것, 진보적인 것과 퇴행적인 것, 긍정적인 것과 부정적인 것들 모두의 수용을 의미한다.
- 크레파스를 뭉개고, 부러뜨리고 파괴적인 주제를 그리는 것도 수용하도록 한다.
- 제한하는 것도 치료대상자가 자신의 충동으로부터 보호하는 것을 도와주는 안전의 한 방법이다.

4 미술치료의 장점

미술치료를 왜 하며, 무엇을 제공해야 할 것인가에 대해 많은 논의가 있어 왔다. 또한 나름대로의 제한점도 있고, 아직도 연구되어야 할 부분이 많지만, 심리치료의 한 방법으로서 독특한 이점도 가지고 있다.

다음은 미술치료의 장점을 요약, 제시한 것이다(Wadeson, 1980).

첫째, 미술은 심상의 표현이다.

우리는 심상(image)으로 생각한다고 볼 수 있다. 말이란 형태를 취하기 전에 심상으로 사고한다. 즉, 어머니라는 말을 하기 전에 '어머니'의 심상을 떠올릴 것이다. 삶의 초기의 경험이 중요한 심상의 요소가 되며, 그 심상이 성격 형성에 중요한 역할을 하게 된다. 미술치료에서는 꿈이나 환상, 경험이 순수한 언어적 치료법에서처럼 말로 해석되기보다는 심상으로 그려진다. 예술매체는 종종 심상이 표출을 자극하는 즉, 일차적 과정의 매체를 자극하여 창조적 과정으로 나아가게 된다.

둘째, 미술은 방어가 감소된다.

심상과 밀접한 관련이 있는 것이 방어이다. 우리는 어떤 다른 의사소통 양식보다 언어화시키는 작업에 숙달되어 있다. 미술은 비언어적 수단이므로 통제를 적게 받는다. 예상치 않았던 작품이 그림이나 조소에서 제작될 수 있는데, 가끔 창작자의 의도와는 완전히 반대가 되기도 한다. 이러한 것은 미술치료의 가장 흥미 있는 잠재성 중 하나이다. 예상치 않았던 인식은 가끔 내담자의 통찰, 학습, 성장으로 유도되기도 한다.

셋째, 미술은 어떤 유형의 대상을 즉시 얻을 수 있다.

미술치료의 또 다른 장점은 즉시에 구체적인 유형의 자료를 얻을 수 있다는 점이다. 즉, 눈으로 볼 수 있고, 만져볼 수 있는 자료가 내담자로부터 생산되는 것이다. 미술의 바로 이러한 측면이 많은 의미를 가지는데, 예컨대, 내담자가 만든 어떤 유형의 대상화를 통해서 치료자와 내담자 사이에 하나의 다리가 놓여진다. 저항적인 내담자들의 경우는 내담자의 감정이나 사고 등이 그림이나 조소와 같은 하나의 사물로 구체화되기 때문에 언젠가는 자신도 모르게 자신이 만든 작품을 보고 각 개인의 실존을 깨닫게 된다. 어떤 내담자는 단 한 번의 작품에서 자신의 감정을 느끼기도 하지만, 저항이 강한 사람은 더 오랜 시간이 걸린다.

넷째, 미술은 자료의 영속성이 있어 자신을 회상할 수 있다.

미술작품은 보관이 가능하기 때문에 내담자가 만든 작품을 필요한 시기에 재검토하여 치료 효과를 높일 수 있다. 때로는 새로운 통찰이 일어나기도 하며, 내담자 자신도 이전에 만든 작품을 다시 보면서 당시 자신의 감정을 회상하기도 한다. 즉 그림이나 조소가 주관적인 기억의 왜곡을 방지할 수 있다는 것이다.

또한 내담자의 작품 변화를 통해서 치료의 과정을 한눈으로 이해할 수 있으며, 치료 팀의 회의에서도 작품을 통해 그 내담자의 생생한 목소리를 들을 수 있다.

다섯째, 미술은 공간성을 지닌다.

언어는 일차원적인 의사소통 방식이다. 대체로 한 가지씩 나간다. 미술 표현은 문법, 통사론, 논법 등의 언어규칙을 따를 필요가 없다. 즉 본질적으로 공간적인 것이며, 시간적인 요소도 없다. 미술에서는 공간 속에서의 연관성들이 발생한다. 이를테면, 우리가 가족을 소개할 때도 먼저 아버지, 어머니를 소개하면서 두 분의 관계를 얘기하고, 그리고 형제들과 그들의 관계, 그리고 나서 이 모든 식구들과 나와의 관계를 말할 것이다. 그러나 분명한 것은, 우리는 이 모든 것을 동시에 경험하고 있다. 미술의 공간성은 바로 경험을 복제한 것이다. 우리는 나의 가족을 말로 소개하고, 그림으로는 그것을 동시에 나타낼 수 있다. 가깝고 먼 것이나 결합과 분리, 유사점과 차이점, 감정, 특정한 속성, 가족의 생활환경 등을 표현하게 되므로 개인과 집단의 성격을 이해하기가 쉽다.

여섯째, 미술은 창조성과 신체적 에너지를 유발한다.

미술작업을 시작하기 전의 개인의 신체적 에너지는 다소 떨어져 있지만, 미술작업을 진행하고, 토론하며, 감상하고, 정리하는 시간에는 대체로 활기찬 모습을 띈다. 체내의 에너지 정도가 변화한다는 것을 느끼는 사람이 많다. 그것은 단순히 신체적인 운동이라기보다는 '창조적 에너지'의 발산이라고 해석된다. 연극이나 영화에서 역할을 맡은 배우처럼, 미술치료는 하나의 작업이라기보다는 놀이와 레크리에이션과 음악과 열정이 있는 창조적 에너지를 발산하는 것이라 할 수 있다.

Chapter 2

미술치료의 개념과 견해

1 미술치료의 개념

우리는 흔히 미술이라고 하면, 그림을 전시하거나 예술작품을 만드는 것으로만 생각한다. 그러나 낙서를 하거나 미술재료로 만들고 표현하고 놀이하는 모든 것을 미술활동이라고 말할 수 있다.

미술활동 과정 속에서 선이나 색채를 보면 그린 사람의 속마음을 알 수 있는데, 이러한 미술의 다양한 점을 이용해서 사람들을 치료할 수가 있다. 미술치료에서 '치료' 라는 의미는 부적응 행동을 보이는 사람, 신체 · 정신적으로 손상을 입은 사람, 상처가 있는 사람 등에게 미술이라는 창작활동을 하게 함으로써 증상이 경감될 수 있도록 돌보아주는 것이다.

미술치료는 영어의 'Art Therapy' 를 번역한 것인데, 예술치료, 회화요법 등으로 번역하여 사용하고 있는 실정이다. 이것은 미술치료를 새로운 학문으로 보기보다는 이미 형성, 발전되어 온 미술, 인류학, 심리학, 정신의학, 상담학, 치료학 같은 여러 가지 학문이 융합되어 형성된 것이라고 볼 수 있다.

미술치료는 '예술', '미술' 을 뜻하는 'art' 와 '주의를 기울이다' 를 의미하는 그리스어의 'therapia' 가 결합한 것으로서, 미술이라는 시각적 예술을 창작하는 과정에서 사람의 심리, 행동의 부적응 상태를 치료(보정)하는 의미를 갖는다고 하겠다.

미술치료라는 용어는 1961년『Bulletin of Art Therapy』의 창간호에서 울먼이 처음 사용하였다. 울먼은 미술을 활용한 치료활동에 대한 적절한 용어를 찾다가 'Art Therapy' 라는 용어를 사용하였으며, 미술치료는 교육, 재활, 정신치료 등 다양한 분야에서 널리 사용되고 있으며, 어떤 영역에서 활용되고 있든 간에 공통된 의미는 '시각예술을 활용하여 인격의 통합 혹은 재통합을 돕기 위한 시도' 라고 정의하였다.

미술치료에 대표되는 학자는 나움버그(Naumburg, 1958)를 들 수 있다. 나움버그는 치료를 중시하는데 '정신치료에서 미술작품은 치료사와 내담자 사이의 전달된 상징적 회화' 라고 보는 것이다. 이 견해는 미술치료는 정신분석적 치료의 매개체로 미술을 이용하여 치료적 관계 형성, 전이와 역전이의 해결, 자유연상, 자발적 그림 표현과 그 해석을 한다. 또 하나는 미술을 중시하는 입장으로서, 예술을 창조하는 행위가 바로 치료적이라고 보는 것이다. 다시 말하면, 마음이 병든 사람을 재통합하는 데 현실과 공상, 의식과 무의식을 융합하는 예술이 매우 적합하다고 보는 것이다. 여기에 주안점을 둔 학자로 크레이머(Kramer, 1958)를 들 수 있다. 크레이머는 '그림의 치료적 속성이 내담자를 치료한다' 고 보았다. 정신치료에서 그림을 그리는 것 자체, 즉 미술활동을 통해 내담자의 갈등이나 충동이 재경험되므로 갈등을 해결하고 통합하는 것으로의 창작활동은 그 자체가 치료적 요소를 갖고 있다는 것이다. 그러나 '창조' 와 '상징적 회화' 양자 모두가 미술치료에 관여하고 있다고 생각한 사람들이 당시에 가장 많았다. 최근에 일본의 학자들도, 처음에는 '상징적 회화의 유용성' 정도로 생각한 사람이 많았다고 술회하면서, 가족미술치료의 임상경험을 갖고 난 뒤에는 가족치료와 미술치료의 합(合)이 가족미술치료라고 생각하였는데, 이제는 가족, 미술, 치료가 같은 비중으로 쌓여 있다고 보게 되었다는 점이다. 이와 같은 학자들의 진술에서 우리는 미술치료의 개념을 어느 정도 파악할 수 있다.

와데슨은 학자에 따라서 여러 가지 의견이 있을 수 있고, 접근방법이나 적용대상에 따라 정신요법적 미술치료, 재활적 미술치료, 레크리에이션 미술치료 등으로 나누기도 하지만, 미술치료는 결국 이미지 표출과정에 있어서 비언어적인 커뮤니케이션 기법으로서 우위를 차지하고 있다. 이 기법을 반복적으로 시행함에 따라 언어적 이미지와 시각적 이미지에서 지금까지 상실, 왜곡, 방어, 억제되어 있는 상황에서 보다 명확한 자기상, 자기 자신의 세계관을 재발견하여 자기 동일화, 자기실현을 꾀하게 된다고 보았다(Wadeson, 1980).

말키오디(Malchiodi, 1998; Oster Gould Crone, 2004)는 미술치료를 '내면으로부터의 표현이다' 라고 하였는데 이것은 현업 미술치료사들로부터 매우 긍정적인 평가를 받고 있다. 미술치료는 느낌, 생각, 상상 같은 자신의 내면적 경험에 관심을 두는 것으로서 외부세계에 관한 것이라기보다는 개인의 내면에서 나오는 이미지를 표현하고 발달시키자는 것으로서 개인의 내면세계의 심상, 느낌, 생각, 사고의 표현이 기본적 요소가 된다고 할 수 있다.

미술치료는 창작을 통하여 심리적 · 정서적 갈등을 완화시키므로 원만하고 창조적으로 살아갈 수 있도록 도와주는 심리치료법이라고 하였다(김진숙, 1993).

미술치료란 환자의 미술작품과 창작과정 및 창작 후의 과정을 통해 환자의 상태와 문제를 파악하고 이를 경감시키고 개선하여 환자의 적응적 상태를 형성해 나가는 것이라고 하였다. 그리고 미술치료와 예술치료를 구별하였는데, 미술치료는 'Art therapy' 라고 쓰며 예술 중 그림, 조소, 디자인, 공예, 서예 등 미술의 영역으로만 구성된 것이라고 하였다. 반면에 예술치료는 'Arts therapy' 로 표기하며 미술치료, 음악치료, 무용 · 동작치료, 원예치료 등 여러 분야의 예술을 사용한 치료들 모두를 말한다고 하였다(주리애, 2000).

한국미술치료학회에서는 미술치료는 궁극적으로 심신의 어려움을 겪고 있는 사람들을 대상으로 미술활동을 통해 그들의 심리를 진단하고 치료하는 것이라고 했다(한국미술치료학회, 1994; 이숙 외, 2005 재인용).

한편 미술치료를 이해하기 위해 미술치료의 대상을 살펴보면, 미술치료는 심신의 어려움을 겪고 있는 사람들이 주로 대상이며 그 외에도 다양하게 사용되고 있다. 즉, 사회부적응이나 발달장애아, 위기치료, 심신장애인, 정신질환자, 주의력결핍장애아동, 비행청소년, 성폭행을 당한 아동, 이혼(별거)부부, 약물중독, 노인치매, 노인상담, 자아성장을 위한 일반인 등 다양한 대상으로 미술치료가 활용되고 있다

지금까지 미술치료에 관심을 갖고 연구해 온 사람들이나 치료에 경험을 가진 사람들은 미술치료의 이론에 대한 몇 가지 입장을 지지해 왔으며 한편으로는 논쟁을 하기도 하였다. 그 대표적인 사람으로 나움버그(Naumburg)와 크레이머(Kramer), 그리고 울먼(Ulman)을 들 수 있다. 여기서는 이들의 입장을 요약하여 미술치료의 개념과 견해를 이해하는 데 도움을 주고자 한다(Rubin, 1987: 277-298)

2 미술치료의 견해

1) 나움버그의 견해: 치료에서의 미술

나움버그는 1890년에 태어나 뉴욕에서 성장하였다. 초기에는 교육자로서 활동하였고 후기에는 심리학, 특히 정신분석을 공부하여 미술치료자로 널리 알려졌다. 그녀의 교육적 경험이 절충방식을 취하게 했지만 사실상 그녀는 이 이론에서 저 이론으로 옮겨 다니는 사고주의자는 아니었다. 초기에는 융(Jung)의 이론이 그녀의 사고에 영향을 미쳤고, 후에는 프로이트(Freud) 식의 정신분석 지향적 미술치료에 착수하였다고 할 수 있다(정현희, 2004). 그것은 그녀가 1920년에 뉴욕의 월든 학교에서 미술교육의 한 방식으로서 자발적인 그림(spontaneous art)을 시도한 후 그것을 미술치료의 한 모델로 개발한 것에서도 엿볼 수 있다. 또한 뉴욕정신분석학교에서 행동장애아동의 미술치료를 시행하면서 임상경험을 넓혔고, 후에는 성인 미술치료에도 이러한 기법을 적용하여 1940년대에는 정신분석 지향적 미술치료의 모델을 정립한 것에서도 알 수 있다.

그녀는 치료자와 환자 사이의 치료적 관계형성과 전이와 역전이의 해결, 자유연상, 자발적 그림표현과 그 해석, 그림의 상징성 등을 중시하였다. 결국 그녀는 프로이트와 융, 그리고 설리번(Sullivan)의 영향을 많이 받았다. 그래서 학자들은 나움버그의 이론을 심리치료 과정에서 그림을 매체로서 이용하는 '치료에서의 미술(Art in therapy)' 로 구분하기도 한다.

나움버그(Naumburg, 1958: 512-516)는 정신분석 지향적 미술치료에 있어서 미술의 장점을 다음과 같이 주장하고 있다.

첫째, 말보다는 그림으로 자신에게 일어나는 내적 욕망이나 꿈, 환상을 직접적으로 표현하도록 한다.

둘째, 무의식을 그림으로 투사하면 언어적 표현보다는 방어기능을 약화시키기 때문에 치료과정이 촉진된다.

셋째, 그림으로 나타난 것은 영속성이 있어서 내용 자체가 망각에 의해 지워지지 않으며 그 내용을 부정하기 힘들다.

넷째, 전이문제가 더 쉽게 해결된다. 즉, 환자의 자율성은 자신의 그림을 해석할 수 있는 능력에 의해 고무된다고 했다.

2) 크레이머의 견해: 치료로서의 미술

크레이머는 나움버그보다 25년 후에 출생하였고, 어린 시절은 주로 비엔나에서 보냈다. 비교적 자유분방한 가족분위기에서 자랐으며, 초기에는 정신분석가들과 친숙하게 지냈다. 후에 자아심리학의 영향을 받았으나 특정의 학파들에 대한 언급을 하지는 않았다.

그녀는 아동미술치료에 대한 연구를 많이 했으며, 그림의 치료적 속성은 그림에 대한 환자의 연상을 통하여 자기표현과 승화작용을 함으로써 자아가 성숙하는 데 있다고 보았다. 즉 미술작업을 통하여 환자 자신의 파괴적, 반사회적인 에너지를 분출함으로써 그것을 감소시키거나 전환시킨다고 주장하고 있다. 또한 환자는 미술작업과정에서 자신의 원시적 충동이나 환상에 접근하면서 갈등을 재경험하고 자기훈련과 인내를 배우는 과정 속에서 그 갈등을 해결하고 통합한다는 것이다. 때문에 나움버그의 견해와는 다르게, 치료자의 역할은 환자가 만든 작품을 해석하는 것이 아니라 승화와 통합과정을 도와주는 것이라고 하였다. 그래서 크레이머는 작품을 만드는 과정 자체를 치료라고 보고, '치료로서의 미술(Art as therapy)' 로 표현하였다.

이러한 생각은 전술한 바와 같이 자아심리학의 통찰을 사용함으로써 프로이트(Freud)의 견해를 뛰어넘고 있다(Kramer & Ulman, 1972: 22). 그러나 창의적 과정에 존재하는 치료적 과정을 이해하는 데는 프로이트의 성격이론에 근거하고 있다. 크레이머(Kramer, 1958)는 초기에 미술치료를 다음과 같이 정의하였다. 미술은 인간경험과 동일한 것을 창조함으로써 인간경험의 영역을 확장시키는 수단이다. 이러한 등가성을 통해서 예술가는 자신이 경험하고자 하는 것을 선택, 반복할 수 있다. 긴 역사를 통해서 미술은 인간의 본능적인 충동과 사회적 요구 간의 갈등을 해소하도록 도움을 주었다.

그러나 초자아와 원초아의 상반된 욕구는 영원히 해결하기 어려운 것이다. 미술치료자들은 성격이 혼란된 사람들에게 유용한 창조적 경험을 가능하게 한다. 치료사들은 예술적 창의성의 내적 법칙에 비교되는 방법들을 사용한다.

이상의 크레이머의 견해는 나움버그의 견해보다 사실상 일반적으로 더 알려졌으며, 미술 그 자체로 심리치료에서 미술치료자가 공헌하고 있다고 설명하였다. 후에 크레이머의 견해는 '치료로서의 미술'이란 말과 우연히도 일치되었는데, 이것은 1961년 울먼(Ulman)이 이 용어를 정의하기까지는 사실상 일반화되지 않았다.

3) 울먼의 견해: 통합적 미술치료(치료+창조)

울먼(Ulman)은 크레이머보다 5살쯤 위이지만 거의 같은 시대에 미술치료 분야에 관심을 가졌다. 미술작가로서 활동해 온 그녀가 1950년대 초반에 정신병원에서 일을 시작했을 때, 미술치료사로서가 아니라 미술교사의 자세로 일했다고 그녀는 술회하고 있다. 특히 크레이머(Kramer, 1958)가 지은 『Art therapy in a children's community』라는 책을 읽고, 울먼은 정신분석과 미술적 통찰 사이의 미묘한 관계를 실감하였으며, 미술교사 혹은 미술치료사는 상관이 없지 않다는 불분명한 그의 느낌에 이론적 지지를 받았다. 이러한 생각은 그가 정신분석적 방법으로 환자들을 치료할 때, 많은 환자들이 그들의 그림에 내포된 상징적 내용을 말로 전환하려 하지 않는 것에서 발견하였다. 즉, 그림에서만 제공할 수 있는 그들의 작업으로부터 무언가 가치 있는 어떤 것을 얻을 수 있다는 생각을 하면서부터였다.

울먼은 1961년에 이미 '미술심리치료'와 '치료로서의 미술'이란 용어를 다 포함하는 정의를 내리기 위해서 노력해 왔으며, 이러한 생각은 그의 저서(Ulman, 1977: 14)에 잘 나타나 있다. 미술과정은 가장 광범위한 인간능력의 범위를 필요로 한다. 일반적인 성숙과정에서처럼 그것은 충동과 통제, 공격과 사랑, 환상과 실제, 무의식과 의식 사이에서 필연적으로 갈등하는 요소들의 통합을 요구한다. 미술의 기능은 수많은 이론에서 찾아볼 수 있다. 이러한 많은 관점을 통합하는 데 따르는 일반적인 위협은 미술의 통합적인 특징을 인정하는 것이다. 즉 성격 내에서 반대하는 힘을 단합시키거나 개인의 욕구와 외부세계의 요구를 화해시키는 힘이다. 삶의 과제의 진정한 미스터리는 훈육된 자유에 있으며 이 모델이 미술과정에서 나타난다(Ulman, 1977: 14). 따라서 울먼은 자신의 미술작가로서의 경험을 통해 미술치료를 하게 되었다. 그러나 미술치료 실행에 있어서는 두 측면의 적용 타당성을 인정한다. '치료에서의 미술'과 '치료로서의 미술'은 같은 시점에 같은 방에 있는 두 측면이거나 다른 시기에 같은 치료자가 일을 하는 것과 같다고 했다. 임상가로서의 그녀 자신의 생활에서 그녀는 치료로서의 미술을 사용하는 속에서는 미술심리치료를 사용했고, 미술심리치료가 통하는 곳에서는 치료로서의 미술을 사용해서 이 둘 간에 서로 융통성 있는 선택을 했다.

즉, 그녀는 나움버그와 크레이머의 정신역동 지향적 미술치료를 통합하면서 쟁점 부분에 관해서는 융통성을 부여하고 있다고 볼 수 있다. 그녀는 환자의 작품이 예술이냐 아니냐를 논하는 것보다는 대상에 따라서 상동적인 표현이나 강박적 표현도 허용되어야 한다고 했다. 다시 말하면 때로는 예술적 성취감을 중시해야 하지만, 미술치료는 치료적 측면과 창조적 측면을 모두 내포하고 있다는 것이다(이택중, 1985). 특히 그녀는 임상사례를 통해서 미술심리치료와 치료로서의 미술 간의 경계선은 아동미술치료보다 성인미술치료에서 더 분명하지 않다고 지적했는데, 이는 성인에 대한 치료로서의 미술에 대한 무지이거나 무시 때문인 것으로 풀이하고 있다.

이상에서 미술치료 이론에 대한 세 사람의 견해를 간단히 살펴보았다. 어떤 견해를 선택해서 치료에 임하든 간에 치료는 하나의 과정이고, 치료시간에 한정된 것이 아니며, 일상생활이나 환자의 인격에 지속적으로 바람직한 행동의 변화를 가져올 수 있는 프로그램이 설계되어야 할 것으로 본다.

Chapter 3

미술치료의 역사

1 미술치료의 역사

고대의 샤머니즘 의식, 무속화, 구석기 시대의 동굴벽화나 암각화 같은 것도 미술치료의 기원이다. 이러한 벽화나 무속화를 통해서 자신들이 원하는 것을 상징화 하는 것에 치료적인 의미를 부여하는 것이라고 할 수 있다. 창작활동을 통하여 심리적인 문제를 해결하려는 노력이 일부 예술인들과 정신건강 전문가들의 관심사가 되어 온 것은 오래된 일이다. 그러나 미술치료 분야가 체계화되어 전문 직종으로 정착되기 시작한 것은 최근의 일이다.

1887년 이탈리아의 시인 리치(Ricci)의 '아동의 그림에 대한 해석'을 필두로 하여 반스(Barnes, 1948)가 유전 심리학 잡지에 발표한 '아동화에 의한 연구', 1926년 굿이너프(Goodenough)의 '인물화에 의한 지능 검사'를 비롯해 많은 정신과 의사들과 분석가들이 환자의 그림과 증상에 대한 연관성을 규명하려고 노력해 왔다. 또한 이들은 미술교사를 영입하여 환자들이 창작활동을 하게 하였다.

20세기 중반에 이르러 프로이트의 정신분석적 이론과 경험에 입각하여 치료를 위한 미술 행위가 전문적으로 자리 잡게 된다. 그는 꿈 속에 표현된 이미지와 무의식에 대한 이론들을 발전시켰으며, 미술 표현은 인간 정신의 내면세계를 이해하는 방법이 된다고 하였다. 프로이트는 중세의 거장들의 작품을 분석하였는데 미켈란젤로와 레오나르도 다빈치의 작품은 유아기 경험에서 영향을 받았다고 주장하였다.

프로이트는 꿈 속에서는 무의식적인 것들의 상징이 시각적인 이미지로 나타난다고 주장하였다. 융은 이미지가 무의식 속에 남게 되면 인간의 행동에 부정적인 영향을 미칠 수 있기 때문에 감정이 실린 이미지를 의식세계로 끌어내는 것이 중요한데 미술활동이 그에 적합하다고 하였다.

미술치료의 학문적 토대(土臺)는 프로이트(Freud)나 융(Jung)의 정신역동적 접근에서 찾을 수 있으나, 미술치료가 전문적인 영역으로 독립되고 발전하는 데 기여한 대표적인 사람으로는 아동미술치료사인 크레이머와 뉴욕의 월든 학교에서 행동장애아를 교육하였던 나움버그가 있다. 현재의 미술치료와 같은 의미의 활동을 시작한 사람은 미국의 나움버그이다. 그녀는 미술치료 분야의 중요한 개척자로서 환자들에게 자유연상적인 그림을 그리게 하고 그림의 상징성을 해석하는 것을 목표로 하였다. 즉 미술을 치료과정의 도구로 보았다. 내담자들에게 자신의 꿈과 이미지를 단순히 언어로 표현하게 하기보다는 그림으로 그리게 함으로써 프로이트의 개념을 더 발전시킨 것이다.

나움버그의 이론은 그림을 매개체로 이용한 미술심리치료(art in therapy)라 하여 현재 보편적인 방법이 되었다. 나움버그의 뒤를 이어 크레이머(Karmer)가 그림을 그리는 과정 자체를 치료라고 보는 치료미술(art as therapy)이라는 새로운 이론을 가지고 나타났다. 정신분석적 이론을 배경으로 한 점은 나움버그와 같지만 상징성을 통한 해석보다는 환자의 미술활동의 창조적 행위 그 자체에 치료적 가치를 두고, 미술치료사는 해석이 아니고 환자의 부정적 감정이나 욕구를 통합하고 승화할 수 있게 도와주어야 한다고 주장했다. 이들은 미술과 심리치료 각각을 강조하였다. 크레이머(Kramer, 1972)는 특정한 심리적 과정들을 이끌어내는 창조적 작업과정 자체의 치유 가능성을 얘기하며, 창조성이 미술치료 과정의 단서가 됨을 주장한다. '창작하는 행위 자체가 내적 경험과 감정을 통합하여 변화시킬 수 있고, 갈등을 승화시킬 수 있다' 고 보는 것이다. 이에 비해 나움버그(Naumburg, 1958)는 무의식적 이미지를 드러내기 위한 심리치료의 수단으로서 미술치료를 의사소통과 대화의 매개체로 도입한다. 즉 미술작품 제작의 치유가능성은 특정한 심리적 과정들을 이끌어내는 창조적 작업능력에서 발생한다고 했다. 이 두 사람의 '미술심리치료' 와 '치료미술' 이라는 대립적인 접근법은 울먼을 통해 통합되기 시작하였다.

이후 울먼(Ulman, 1961)이 정신분석적 입장이 아닌 '미술을 통한 치료' 로서 두 가지를 통합해야 한다고 제안하였다. 울먼은 위의 대립되는 접근법에 대한 이해를 바탕으로 절충적인 미술치료 접근법을 고안해내어 미술치료의 확립과 발전에 주도적인 역할을 하였다. 엘리너 울먼(Elinor Ulman, 1961)은, '미술 표현을 한다는 것은 한 사람의 내부세계와 외부세계가 만나는 것이다' 라고 말한다. 19세기 말 이후로 정신의학은 이미지(image)와 인간의 정신과 무의식과의 관련성에 많은 관심을 보이기 시작하였고, 환자들의 그림뿐 아니라 사례를 통해서 미술의 치료적 적용에 대한 연구가 이루어졌다. 프로이트(Freud)는 '환자들이 자신들의 꿈에 대해 그림을 그릴 수는 있지만, 말로 표현하기는 어렵다' 고 이야기한 적이 많다고 한다. 이는 미술 표현이 인간 정신의 내면세계를 이해하기 위한 길이 될 수 있다는 믿음을 불러일으켰으며, 임상에 미적 개념을 도입하였다.

정신분석학의 출현과 함께 예술가들은 무의식적 이미지에 대해 관심을 갖게 되었고, 심리학자들은 투사적 심리진단의 도구로 미술을 이용(굿이너프(Goodenough)의 인물화 검사, 벅(Buck)의 집 나무 사람 그림 검사, 헐스(Hulse)의 가족화 검사, 로어세크(Rorschach)의 성격투사 검사 테스트 등)하였으며, 정신과 의사들은 환자들의 그림을 통해서 표현 병리적인 징후를 발견하고 무의식의 전달수단으로서 이미지와 상징에 관심을 가졌다. 융은 미술이 자기 이해와 감정에 접근하는 방법을 제공한다고 생각하였고, 무의식적 이미지를 의식으로 끌어내어 통합함으로써 자기실현에 이른다고 하였다. 그는 개인적으로도 일생 동안 자신의 내면세계와 꿈을 그림으로 나타내고 탐구하면서 환자들에게도 꿈의 이미지(image)를 그려보게 함으로써 정신세계의 이미지(image)를 연관시키고 무의식적 원형의 상징적인 의미를 해석하였다.

미술치료는 1930년대 미국과 프랑스의 정신과 의사들을 중심으로 최초로 도입되었다. 1939년 미국의 사이먼(Simon)과 롬브로조(Rombroso)가 집단에게 시행하였고, 안나 프로이트(Anna Freud, 1927)는 자폐아에게 그림을 그리게 하여 심리진단과 치료에 적용하게 된다. 이후 미술치료가 전문적 형태로 다양한 배경의 많은 사람들에 의해 연구되었고 임상에 적용되었다.

1950년대에는 새로운 독자적 영역으로서 미술치료가 그 자체로 학문의 분야가 되었고, 미술과 교육, 심리학, 정신의학, 재활분야 등에서 관심을 가지고 치료적 잠재성에 대한 믿음과 가능성을 발견하게 되어, 병원의 환자들에게도 선택적 치료로 적용되기 시작하였다.

미국에서는 1960년대 미술치료 전문학회가 창설되고 전문교육기관이 생기게 되었다. 미국의 국립정신건강연구소의 미술치료사였던 크비아트코프스카(Kwiatkowska)는 1958년 처음으로 가족치료 과정에 미술치료를 소개하였다. 특정한 미술활동을 통해서 가족구성원의 역할을 확인하도록 하였고 공동 작업을 통해서 가족 내의 위치를 경험하는 데 도움을 줄 수 있다고 생각하였다.

또한 윌리엄스(Williams)와 우드(Wood)는 1977년 '발달미술치료' 라는 용어를 만들었고, 인지나 운동, 정서 면에서 발달이 늦는 아동들에게 이를 적용하였다.

이후 대상관계 이론을 접목한 로빈스(Robbins, 1987)와 융(Jung, 1983)의 적극적 명상을 도입한 월리스(Wallace)가 있고, 미술을 자기지각 강화의 도구로 사용한 제이니 라인(Janie Rhyne)은 인간중심 접근법을 강조하였는데 도구로서의 미술을 활용하였고, 완전한 잠재성과 삶에 대한 만족감을 달성할 수 있도록 미술 표현을 통해서 도우려 하였다. 언어적 지능과 다른 시각적, 공간적 지능을 측정하는 검사기법을 만든 실버(Silver), 절충적 접근을 시도한 와데슨(Wadeson), 미술치료에 발달적 접근을 하여 아동미술을 발달시킨 루빈(Rubin)과 말키오디(Malchiodi) 등으로 이어져 왔다. 이들은 현재에도 활발한 연구와 더불어 일선에서 임상치료활동을 펴고 있다(주리애, 2000).

1920년대 정신과 의사이며 미술가인 한스 프린츠호른(Hans Prinzhorn)은 독일과 스위스, 이탈리아, 오스트리아, 네덜란드 등지의 정신병원에서 환자 300여 명의 5천여 작품을 통해서 그들이 창작한 시각적 형태와 창조과정에 관심을 보이면서, '인류의 기본적 욕구는 시각적 형태로 사고를 조절하고 상징화하고 즐기려는 충동을 포함해서 자기표현과 의사소통을 하려는 것' 이라고 하였다. 프린츠호른은 '심리적인 안정과 통합을 성취하기 위한 자연스러운 방법이 미술이고, 정신질환의 유무를 떠나서 모든 이에게 미술활동이 기본적 방법이 될 수 있다.' 는 사실을 밝혔다(Eie Bildnereider Geisteskranken, 1922). 그는 '미술활동이 보편적인 창조욕구이며 병으로 괴로워 하는 이조차도 미술을 통해 자기 자신을 표현할 수 있다' 고 주장하였다. 그는 '미술이 정신적 안정을 위한 배출구이며 정신질환을 가진 이에게는 자아발견을 가능케 하는 방법' 이라고 하였다(Malchiodi, 2000).

최초의 미술치료사인 A. 힐(A. Hill)은 1946년 영국의 국립정신과 병원에서 '미술치료가 결핵과 신경증과 정신병동의 장기 입원환자들에게 희망을 주어서 병의 치료에 도움이 되는 것을 목적으로 한다' 고 하였다. 그는 자신 스스로도 40년간 결핵환자로서 영국요양원의 입원 경험을 통해서 창작활동의 가치를 알게 되었으며, 정신 · 신체적 질환의 치료로서의 미술의 가치를 주장하였고 이는 임상에서 미술치료를 시행하는 데 기초가 되었다(Waller, 1986).

실제 임상의 현장에 적용하여 미술치료를 시행하였던 미국 캔자스 주의 '메닝거 클리닉(Menninger Clinic)' 은 1925년에 설립된 세계적으로 유명한 정신병원으로서, 여기에서는 미술을 치료에 적극적으로 사용하기 위해서 화가인 메리 훈툰(Mary Huntoon)을 초청하였는데, 환자들에게 감정적인 문제나 외상을 방출하고 미술작업 과정을 통해서 자아의 발견과 카타르시스를 경험하도록 하였다. 이후에 많은 미술치료사들이 여기에서 일했고, 이들 중 돈 존스(Done Jones)와 로버트 얼트(Robert Ault)는 1969년 치료 협회를 결성하는 데 중요한 역할을 하게 되며 미술치료가 전문화 되는 데 기여하였다.

이렇게 병원에서 이뤄지는 미술치료 프로그램의 목적은 매우 다양하고 광범위하다고 볼 수 있다. 환자의 정신 신체적 질병에 대한 치료와 상호작용 과정을 강조하는가 하면 심리적 진단과 자기이해의 수단으로 쓰이기도 하고, 다른 프로젝트에선 미술작품이 강조되거나 병원의 치유적인 환경을 개선시키기 위해서 사용되기도 하며, 전시회나 공예 바자회가 열리기도 한다. 병원에서 미술을 사용하는 것은 대부분 치료의 목적을 가진다. 병원의 한 구역 내에서 제작된 미술작품이 삶의 질을 개선하고 장기 입원환자에게는 의미 있는 활동을 제공하거나 희망을 줄 수 있는 것이다. '모든 것이 치료의 도구가 될 수 있다' 는 일본의 어느 정신병원에 붙어 있는 표어는, 이를 새삼 확인시켜 주는 글귀이다. 특정한 치료 프로그램뿐 아니라 모든 미술적인 시각 매체와 조소, 공예, 도자기, 서예, 사진, 영상 등을 활용할 수 있는 치료적 마인드(mind)를 갖는 것이, 병원 내의 치료적 환경을 만들 수 있게 만들며 치료의 질을 개선할 수 있게 하는 것이다.

예를 들어 샌프란시스코 마운트시온(Mountsion) 의료센터의 '암과 에이즈 환자의 회복을 위한 미술 프로그램' 에서는 미술활동의 창조적 경험을 제공하여, 상심하고 있는 위기의 환자들로 하여금 '자신이 누구이고 자신의 삶에서 중요한 시기에 느끼는 감정이 무엇인지?' 를 표현하도록 한다. 또한 특별 프로그램에서는 유방암 여성을 위한 스튜디오에 환자를 초대하거나 퀼트(Quilt) 공예 등 새로운 프로젝트를 시행한다. 여기에는 방문하는 환자의 가족이나 친구와 연인도 함께 참가하여, 보호자로서의 역할뿐 아니라 환자에 대한 자신의 두려움 또는 공포감정을 표현하도록 한다. 환자 자신이 이를 통해서 많은 관계 경험을 하게 되며, 이러한 미술의 경험이 치료적으로 이용될 수가 있는 것이다.

이러한 사례 외에도 많은 새로운 형태의 미술치료가 임상적으로 적용되고 있으며 대상과 연령, 치료환경, 그리고 개인치료냐, 집단치료냐, 가족치료냐, 부부미술치료냐의 형태에 따라서, 그리고 장소와 치료목적에 따라서도 접근이 달라질 수가 있다. 최근 미국 병원 내에서 시행하는 '아트 스튜디오(Art studio)' 에서는 이들 대상을 환자나 내담자로 부르지 않고 '예술가' 로 부른다고 하는데, 이는 내담자에 대한 매우 긍정적인 이해와 변화로 보여지며, 치료적 발전이라고 생각된다.

병원에서도 미술치료의 역할이 소극적 의미에서 적극적이고 독립적인 임상적 치료영역으로 자리매김을 하고 있는 추세이다. 1966년에 '미국 미술치료협회' 가 설립되었고, 전 세계에서 미술치료의 발전이 이루어졌다. 이 협회는 미술치료사의 교육과 양성 그리고 활발한 활동과 전문적인 연구발전 그리고 대중적인 인식을 확대하는 데 기여를 하고 있다.

2 우리나라에서의 미술치료

1982년에 '임상예술학회'가 결성되면서부터 예술치료에 대한 학술적 연구가 본격적으로 시작되었다.

1992년 한국미술치료학회가 창립되었고 1994년 미술치료연구지가 창간되었다.

현재 학교와 기관 등에서 임상미술전문가 및 미술치료사가 양성되고 있으며 교육기관, 사회복지기관, 상담기관, 발달장애치료소, 신경정신과, 소아정신과, 장애아 통합 어린이집, 장애아 통합 초 · 중 · 고, 특수학교 등에 미술치료사를 두는 경우가 많아지고 있고, 노인시설, 노인병원, 정신건강센터 등에서도 미술치료가 실시되고 있다.

Chapter 4

미술치료의 치료환경과 매체

미술치료는 다양한 상황에서 여러 가지 목적을 위해 미술 표현을 활용하는 것을 말한다. 미술작업을 통해서 환자로 하여금 통찰을 할 수 있게 하고 도와주는 것이 미술치료의 목적이다. 따라서 위기치료와 같은 특정의 목적을 위해서도 활용될 수 있고, 노인들을 대상으로 하여 그들의 삶을 정리하는 데에도 미술치료가 도입될 수 있다. 약물이나 알코올중독 환자, 심신장애인 등에게도 확대되는 경향이다. 정신병원에서는 개인이나 집단미술치료를 시행하고 있고, 가족을 대상으로 한 가족미술치료 시간도 점차 늘려가고 있다. 병원이나 치료센터에 그치지 않고 각종 교육기관에서도 활용이 증가되고 있다.

사회 부적응이나 발달 장애아동의 기관에서는 치료보다는 인격적 표현으로서의 미술을 활용하고 있으나, 사실상 교육과 치료의 거리는 가깝다. 성인들을 대상으로 한 미술치료에 있어서도 자기탐색과 창조라는 인격적 성장을 추구하고 있다. 물론, 전통적 미술교육에서 강조하는 미술 표현과는 다른 것으로서, 작품 그 자체보다는 과정에 중점을 둔다.

위에서 보듯이, 치료라는 관점에서 시행하는 것과 교육 및 인격적 성장이라는 관점에서 사용되는 미술이 제각기 다른 것처럼 보이지만, 사실은 용어의 차이에 지나지 않는 면이 많다. 이것은 상담과 심리치료의 구분과도 비슷한 성격을 지니고 있다. 모든 훌륭한 치료들은 교육과 성장을 유도하고 있고, 훌륭한 교육 또한 개인의 성장을 도모하고 있기 때문이다. 따라서 이러한 구분은 다만 활동상의 차이에서 오는 일차적 구분이라 할 수 있다. 미술치료에서 행해지는 방식은, 특정 환자가 참여하게 되는 환경과 미술치료사가 행하는 이론적 접근 방법, 기법에 대한 능력, 성격유형 등이 상호작용하는 것이기 때문에 이들 요소들은 매우 중요한 의미를 지닌다. 치료의 목적이나 대상에 따라 그 환경과 치료의 전체적인 구성방법은 달라야 한다. 여기서는 치료대상과 환경에 초점을 맞추어 몇 가지 제시한다(Wadeson, 1980).

1 치료실의 치료환경

미술치료에 있어서 중요한 두 가지 요소는 물리적 환경과 기본적인 재료이다. 미술작업을 위한 치료실은 그 크기를 규정하는 데 어려움이 있으며, 적당히 넓은 공간, 충분한 채광, 미술도구 등을 갖추면 된다. 물론 조용하고, 비밀을 유지할 수 있으면 더욱 바람직하지만, 많은 미술치료사들은 어떠한 환경도 환자에 따라서 유용하다고 지적한다. 예컨대, 움직임이 어려운 신체장애인의 경우는 환자의 방을 방문해서 실시할 수 있고, 환자가 평안하다고 느끼면 작은 방에서도 가능하다.

물리적 환경에 있어서 어떤 요소들은 미술치료에 중요한 의미를 가진다. 집단 미술치료에서는 구성원들 간의 물리적 간격(거리)이 미술작업 시간이나 토론에 영향을 미칠 수 있다. 미술도구 또한 영향을 미칠 수 있는데, 마루에 앉아 그리는 것, 이젤과 의자를 사용하는 것이 제각기 다르다.

미술치료에서 고려할 점은, 미술작품의 제작자와 작품 사이의 물리적 연관성이다. 미술작품을 벽에 걸거나 이젤에 놓거나 땅바닥에 놓고 작품을 설명할 수 있다. 이때 가능하면 환자가 자기 작품에 가까이 접근하게 하여 그림과 환자 사이의 연결을 강조하고, 미술작품이 자아의 확장임을 보다 생생하게 경험하도록 한다. [그림 4-1]은 치료실 구성의 한 예이다.

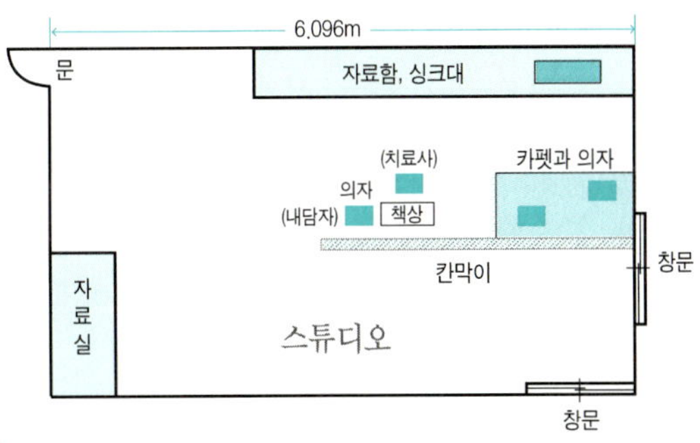

그림 4-1 미술치료실 구성의 예

2 치료시간의 구성

미술치료의 시간 구성은 치료 목표나 대상, 방법에 따라서 다양하게 결정된다. 치료의 기간과 빈도, 사용될 매체, 특정의 활동, 치료 종료 등이 시간 계획에 포함된다. 일반적으로 1, 2회/주, 40~90분 정도의 상담과 심리치료가 이루어지며, 첫 상담에서는 언어에 의한 접촉을 하는데 치료비, 시간 계획, 도구의 선택, 그림의 주제 선정 등 다양한 내용들이 다루어진다.

치료시간에는 제한 시간을 두어야 할 개인이나 집단이 있을 수 있고, 반대의 입장도 있을 수 있다. 예컨대, 정신병원의 경우에는 환자의 특성이나 그때의 상황에 따라 시간이 조절될 수밖에 없다. 미술치료의 목표에 따라 환자와 환경조건을 기초로 하여 시간 구성을 해야 한다는 것이다. 예컨대, 목표가 가족의 위기를 치료하는 것이라면 모든 가족구성원이 참가하여 위기 상황과 관련된 그림을 그리게 된다. 이런 경우에는 시간과 상담 환경 등에서 융통성이 발휘되지 않을 수 없다. 만약, 정신분열증 환자라면 먼저 개인치료를 받고, 그 후에 집단치료를 받도록 권장되므로 시간 구성이 달라진다.

3 미술치료 매체

미술치료사들은 다양한 미술활동 매체들을 사용할 수 있다. 치료시간의 구성 및 다른 요소들에 따라서 매체를 목적에 부합되도록 선택한다. 미술과제는 자유연상이나 가족 혹은 집단 간의 의사소통의 매개체이므로 파스텔이나 크레용, 붓 등의 비교적 간편한 매체가 적절할 것이다. 장애인이나 유아, 노인 등의 경우는 쉽게 제작할 수 있는 도구들을 사용하면 좋을 것이다.

매체의 선택에서 두 가지 중요한 고려점은 촉진과 통제이다. 내담자의 자발성을 촉진하기 위해서는 충분한 작업공간과 아울러 다양한 색상과 충분한 크기의 종이와 점토 등이 제공되어야 한다. 너무 많은 양의 도구는 사람을 질리게 할 수 있다. 이 점에서는 환자(또는 내담자)에 따라 서도 다르므로 치료사는 개인의 욕구에 민감하게 반응할 줄 알아야 한다. 특히, 쉽게 찢어지는 신문지나 잘 부서지는 분필과 같은 좌절을 유발시키는 재료들은 고려되어야 한다.

낱낱으로 된 매체가 그렇지 않은 매체보다는 다루기가 용이하다. 연필은 조작하기에 보다 쉽지만, 물감이나 점토는 조작에 있어서 기술적인 문제가 있다. 물감을 마구 칠하는 것과 같은 행동은 심하게 억압되어 있는 환자에게 활기를 불어넣을 수도 있을 것이고, 아니면 아주 겁에 질리게 할 수도 있다. 때때로 미술매체를 바꿔 주는 것이 타성에 빠져 있는 환자를 촉진시켜 줄 수 있다. 미술매체들의 특성에 따라 어떤 효과를 낼 수 있느냐를 고려하여 선택해야 한다(Wadeson, 1980).

[그림 4-2]는 미술매체의 특성을 그림으로 나타낸 것이다. 오른쪽의 자료가 심리를 높게 하는 자료이고 왼쪽으로 갈수록 통제의 정도가 낮은 매체이다.

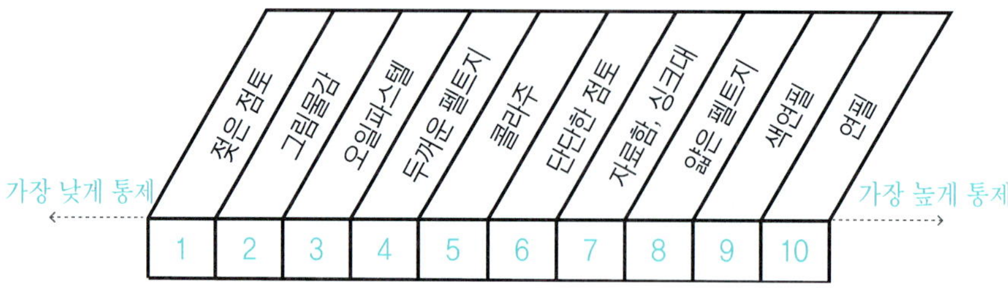

그림 4-2 미술매체의 특성(Landgaten, 1987)

1) 재료를 선택할 때의 유의점(이숙 외, 2005)

① 재료의 특성에 대한 파악이 필요하다.

재료가 어떤 느낌과 행동을 불러일으키는지에 대한 파악이 필요하다. 재료의 특성에 대해 와데슨(Wadeson, 1980)은 통제와 촉진의 요소를 제시하였다. 미술재료 등 물감, 핑거페인트, 물기가 많은 점토 등은 통제의 정도가 낮은 재료로서 아동이 마음먹은 대로 다양하게 사용할 수 있다. 반면 연필, 색연필, 사인펜과 같은 딱딱한 재료는 통제가 높은 재료이다.

② 치료목적에 맞는 재료를 선택한다.

경직되고 위축된 아동의 경우 자기표현을 하고 편안하게 하기 위해서는 통제가 낮은 재료를 사용하면 유용하다. 그러나 자아경계가 불분명한 아동에게는 그 재료가 충동적 성향을 더욱 심화시킬 수 있다. 반면 통제가 높은 재료는 충동적인 성향의 아동을 통제하기에 편하다. 이렇듯 아동의 성격과 반대 성향의 재료를 제공하는 것은 그의 내면세계에 억압되어진 부분을 재통합하는 기회를 줄 수 있을 것이다(강승아, 1998).

③ 아동의 심리적 성장단계에 적절한 재료를 선택해야 한다.

이미 퇴행 상태에 있는 아동이 더 퇴행되는 것을 방지한다든지 혹은 굳어져 있는 심리상태는 창작을 통해 안전하고 일시적인 퇴행을 하게 하는 변화를 주는 것이 필요하다. 또한 자아가 미숙한 경우에 너무 생소한 재료를 사용하게 함으로써 오는 부담감이나 자신의 능력의 한계를 깨닫게 함으로써 오는 좌절감 등을 감안하여 적당한 재료를 선택해야 한다. 또한 너무 깊은 차원으로 영향을 미치는 재료 즉 진흙이나 핑거페인팅의 사용 등으로 올 수 있는 유아적인 상태로의 퇴행 등에 유의할 필요가 있다(김진숙, 1993).

④ 아동의 발달수준에 적절해야 하고 동시에 아동의 성장과 조절을 촉진할 수 있어야 한다.

아동의 운동기능과 인지능력에 부합해야 할 것이다. 예를 들면, 유아는 운동 협응력이 부족하기 때문에 붓으로 그림을 그리기가 어렵고 이는 좌절을 가져다 준다.

그러나 핑거페인팅이나 유아용 크레용으로 그림을 그릴 때는 재미있게 활동에 참여할 수 있다. 반면 나이 든 아동의 경우 미술재료 선택의 폭을 넓히고 아동이 스스로 재료를 선택하게 할 수 있게 한다.

Chapter 5

미술치료의 계획과 진행

1 내담자 면담 계획

미술치료의 프로그램을 계획하고 진행함에 있어서 내담자의 신체적, 정신적, 심리적, 정서적, 사회적인 모든 요인들을 총체적으로 고찰하여야 한다.

1) 초기면담

내담자의 현재 상태를 구체화하고 현재의 문제를 유발시키고 지속시키는 요인과 적응과정과 적응방식을 파악하게 된다.

(1) 부모면담

① 면담내용

- 주 호소 문제
- 문제의 지속성과 심각성
- 문제의 우발요인
- 내담자의 현재 적응상태
- 내담자의 문제에 영향을 줄 수 있는 환경-가정, 학교 등
- 내담자의 발달력

② 면담관계와 기법

- 개방적 질문
- 반사
- 긍정적인 강화
- 침묵
- 해석

(2) 내담자와의 면담

① 주 호소 문제

② 사회적 상황

- 가족관계
- 친구관계
- 학교생활에 관한 정보

③ 자아상

④ 정서 상태

⑤ 신체적 문제

⑥ 내담자의 관심(흥미)

⑦ 내담자의 희망, 환상

2) 대상

(1) 연령별

- 유아, 아동, 청소년, 성인, 노인

(2) 치료목적

- 예방적 차원의 대상
- 자기 성찰과 성장을 위한 대상
- 치료적 차원의 대상

3) 목표설정

미술치료를 위한 목표설정은 학문적 바탕에 기반을 두고 있어야 한다. 이론적 바탕과 대상에 따라 치료의 목표도 달라질 수 있다.

그러나 관점이 다른 미술치료라 하더라도 공통적인 목표가 있다. 치료사는 자신의 학문적 근거에 따라, 내담자 개인이 안고 있는 문제나 집단구성원에 따른 세분된 목표를 세운다. 또한 치료사는 자신의 치료목표와 내담자의 목표를 명료하게 해두어야 하는데, 가장 최적의 상태는 치료사와 내담자의 목표점이 같을 때이다. 이와 관련하여 장기치료일 경우에는 내담자가 자신의 문제를 극복할 수 있도록 단기적인 목표를 세울 수 있어야 한다.

4) 치료형태

① 개인

② 집단: 소집단, 가족치료, 부부치료

5) 회기 기간과 시간

단기 6개월~그 후 몇 년간, 주 1~2회, 30~50분간

2 미술치료 계획

미술치료의 초기에 치료사가 개인이나 집단을 위해 계획을 세우는 것은 미술치료를 효과적으로 수행하기 위한 필수적인 조건이듯이 미술치료과정을 기록하는 것도 매우 중요하다.

이것은 내담자의 상태를 정확하게 인지하게 하고, 다음 단계의 계획을 위한 자료가 된다.

1) 기록 사항

- 대상자 이름
- 병명 및 주 호소 사항
- 일시 및 회기
- 장소 및 시간
- 주제 및 기대효과
- 재료
- 대상: 개인, 집단, 부부 치료 등
- 참여자: 치료사, 감독자, 실습생, 보조자 및 기타 참여자 등
- 미술치료 계획안: 전체 계획안과 회기별 계획안
- 평가서 및 관찰일지: 회기별 평가서 작성
- 치료 상황의 분위기 및 앞 회기와의 비교 후 변화
- 출석 여부 및 참여 후의 적극성 정도
- 미술치료과정에서 대상자의 반응, 치료사, 집단구성원들에 대한 반응
- 활동 결과에 대한 기록
- 치료사의 평가

2) 수업계획서

대상별, 증상별, 욕구별로 프로그램을 구안한다.

3) 평가

① 대상자의 일반 행동에 대한 평가

- 예비치료사에 대한 태도 및 집단원에 대한 태도 그리고 자신에 대한 태도
- 행동에 대한 평가
- 칭찬에 대한 반응은 어떠한지?
- 언어표현은 어떠한지?
- 시 · 지각 운동은 어떠한지?
- 표정은 어떠한지?

② 대상자의 작업에 대한 반응 평가

- 재료 선택과 반응은 어떠한지?
- 작품에 대한 태도는 어떠한지?
- 작품의 형식은 어떠한지?

③ 치료사 자신의 평가

- 미술치료 초기에 세웠던 목표에 대한 평가
- 매체, 대상, 자기감정 등 활동준비 및 예비치료사로서 준비는 되었는지?
- 매 회기 사용된 매체와 주제는 적절했는가?
- 관찰자와 사전준비 및 사후토론은 충분히 되었는가?
- 충분하고 적절한 라포형성 과정은 있었는가?
- 작품활동 과정은 대상자의 관심의 초점이 되었는지?
- 대상자를 무시하지는 않았는지?
- 교육하려고 하지 않았는가?
- 예비치료자 자신의 개방을 너무 자주 하지는 않았는지?
- 대상자의 마음에 들기 위해 지나치게 비위를 맞추지는 않았는지?

- 자발적인 발표와 감정을 표현할 수 있도록 격려했는가?
- 활동 중에 돌발적인 상황에 대한 느낌을 표현할 기회를 제공했는가?
- 재료 사용에 대해 간섭했는지?
- 침묵에 반응했는지?
- 지나친 칭찬을 하지 않았는지?
- 감정표현 상호작용은 충분히 지지적이고 무비판적으로 유지되었는가?
- 분석적인 태도로 공격하지는 않았는지?
- 적절한 상황에 개입을 했는가?
- 집단 모두에게 적절한 관심을 주었는지?
- 자신의 이야기를 너무 많이 하지 않았는지?
- 집단 과정의 시간 비율은 적절했는가?
- 종결을 위한 적절한 이완 경험을 제공했는가?
- 미술치료사로서 부족했다고 느끼는 부분에 대해 어떻게 대처하겠는가?

4) 미술치료 계획을 위한 모델

대상은 누구인가?
(어떠한 징후가 있는가?)

↓

무엇이 필요한가?
(미술재료와 특성 및 기법의 적용가능성)

↓

내담자는 지금 어디에 있는가?
(욕구, 조형적 능력, 신뢰관계능력)

↓

내담자를 어디로 안내할 것인가?
(치료목표, 활동내용 선택)

↓

어떻게 안내하는가?
(활동방법 , 재료사용, 진행방법, 시간, 회기기간, 개입형태 등)

↓

내담자는 무엇을 성취했는가?
(결과 점검: 초기상태와 비교)

↓

계획한 목표에 도달하였는가?
(평가: 종료 혹은 새로운 계획)

3 미술치료과정

미술치료과정은 목적이 아니라 목적지를 향하는 길이다. 이러한 길을 가기 위해서 치료사와 내담자는 단계마다 치료를 위한 노력을 함께 하며, 상황에 따라 의식적 결정을 해야 한다.

치료사와 내담자는 단계마다 항상 '여기와 지금'의 상황에 직면한다. 그러나 치료사는 이러한 과정마다 목적으로 향하는 길에 대한 전체적 맥락을 놓쳐서는 안 된다.

미술치료과정은 전문가마다 다르게 제시하고 있으나, 일반적으로 초기, 중기, 종결기의 세 단계로 나눌 수 있다.

1) 미술치료과정

아동의 시험적 태도 표출, 신뢰감 형성, 노출과정, 의사소통, 이해와 수용, 대처와 분리가 잘 될 수 있도록 하여야 한다. 미술치료의 과정으로는 치료목표의 설정과 치료단계로 크게 나누어 볼 수 있다.

(1) 치료목표의 설정

아동에 대한 면밀한 평가를 통하여 아동의 치료목표를 설정한다. 예를 들면 통찰 지향적인 치료를 목표로 할 수도 있고, 아동의 자발성과 창의성을 증가시키는 것, 사회화, 위기 상황을 극복하는 것, 자아존중감의 향상 등을 목표로 삼을 수 있다.

(2) 치료단계

치료과정에 앞서 먼저 공간과 시간의 구조화가 필요하다(Allan, 1978). 이는 내적 성장을 가져오는 데 도움을 준다. 따라서 매주 같은 시간, 같은 장소에서 만나는 것이 필요하다. 구체적인 치료의 단계는 대개 상담의 단계인 초기, 중기, 종결의 단계로 이루어진다(Allan, 1979; 신숙재 외, 2000).

① 초기 단계

- 2~3회 세션까지로 내담자와 치료자와의 신뢰로운 관계 수립과 아동 내부의 어떤 내적 혼란들이 반영된다. 미술치료의 초기 단계는 미술치료의 전체 과정을 풀어갈 수 있는 첫 단추에 해당한다.
- 내담자에 대한 정보를 파악하는 단계로 치료자와 내담자 간의 신뢰감 형성과 동기유발을 시켜서 문제나 장애를 대면하게 한다.

② 중기 단계

- 대개 4~7회 정도이다. 이때 자신의 억압된 고통스러운 감정들이 더 확실하게 드러나고 양가감정도 나타난다. 또한 치료자와 애착의 관계가 수립되면서 더욱 자유롭게 감정이나 생각을 나눈다. 이때 치료자는 직관적인 해석을 하기도 한다.
- 치료사와 신뢰를 형성하여 구체적인 미술활동에 도입한다. 자신의 문제를 수용하는 단계로 자신의 문제에 적극성을 보이는 때이다. 치료사와 내담자가 협력하여 문제를 협력하여 다룬다. 내담자가 심리적, 정신적 동요를 가져올 수 있다. 치료사는 내담자에게 변함없는 관심과 배려를 전하며, 내담자를 전폭적으로 이해하고 수용해야 한다. 치료사보다 내담자 스스로 활동을 주도한다. 내담자는 자신에 대한 의식이 확장되며 자신의 고통을 극복할 수 있는 힘이 생긴다. 수동적 자세에서 능동적 자세로 변화된다.

③ 종결기 단계

- 8~10회 정도로 마음속 깊은 감정과 고통이 해결되고 점차 자기 조절감과 자존감을 가지게 된다. 기간은 다양한 접근법과 다양한 케이스(case)에 따라 변화될 수 있다.
- 치료사가 목표로 세운 내용들이 이루어지는 시기이다. 나는 무엇을 해야 하나, 나는 누구인가(내담자)에 대한 변화의 시기이다. 내담자는 자신의 문제에 객관적인 평가와 비판을 할 수 있다. 치료사는 내담자가 무엇보다 현실세계에

적절하게 적응하고 극복할 수 있는 능력을 키우도록 배려한다. 종료하기 위해 점차 횟수를 줄이고 종료 시기를 알려준다. 종결 후 사후관리에 대한 안내가 필요하다.

2) 회기 진행과정

① 도입: 편안한 분위기 조성, 치료 시작 전 목표와 내용 설명, 규칙 정하기

② 활동: 내담자가 적극적으로 작업하는 단계

③ 토론: 작품을 관찰하고 감상하는 단계

Tip

상담진행절차

초기면접 → 심리검사 → 진단 및 사정 → 다양한 치료접근 연계

4 내담자의 저항과 기법

치료기법의 적용에서 치료자로서 늘 관심을 가져야 할 점은 기법의 적용 문제이다. 치료사는 미술치료를 적용함에 있어서 다음과 같은 세 가지 저항을 유의할 필요가 있다.

1) 내담자의 저항

(1) 내담자가 과도한 언어화를 나타내는 경우

과도한 언어화는 하나의 저항으로 간주할 수 있다. 그것은 위협적인 자료, 특히 심상적인 형태로서의 자료에 대한 억압을 암시할 수 있다. 만약 이러한 저항이 발생할 경우에는, 오른쪽 뇌의 기능으로의 전환이 바람직하다. 만약 과도한 언어화가 주지화나 합리화와 같은 방어기제에 의한 경우에는, 미술치료 경험에서 감각적 구성요소와의 재확립이 쉽게 이루어진다.

(2) 내담자가 언어화의 결핍이 심할 경우

반면에 언어화의 결핍은 또 하나의 저항일 수 있다. 이 경우에는 인물 사진을 오려낸 콜라주나 글이 적힌 풍선에 매달린 물체에 대한 심상을 그리게 하고 이러한 심상에 대한 언어적 인지요소를 결합함으로써 저항을 감소시킬 수 있을 것이다. 또는 내담자로 하여금 이미 떠오른 심상을 선택하도록 하고 그 심상에 대한 한 단어적인 연상을 글로 적게 함으로써 오른쪽 뇌와 왼쪽 뇌의 기능을 통합할 수 있을 것이다.

언어화의 결핍은 때로는 개인의 성격의 새로운 부분이 발생되고 있으나 그 자신이 그에 대한 언어적 명칭을 명확하게 인식하지 못하고 있음을 암시할 수 있다. 이때 심상에 대한 세련화나 심상과 관련된 정서에 대한 세련화는 새로 발생하고 있는 (그러나 어느 정도는 애매모호한) 심상에 대하여 점차적인 탐구를 허용할 수 있을 것이다.

액체 도구(예 수채화, 묽은 점토)의 자유스러움은 새롭게 나타나고 있는 구조에 대하여 시행착오를 통하여 구체적인 형성의 기회를 제공한다. 또한 내담자의 생리적 상태(예 심장 박동, 호흡의 증가, 그 밖에 주먹 쥐기나 발을 떠는 행위와 같은 운동성 활동)는 심상 형성과 정서의 표현을 시작해야 할 시점을 치료자에게 제공한다.

(3) 내담자가 과도한 운동적 요소를 보일 경우

과도한 운동적 요소는 바로 시각적 표현을 하지 말아야 한다는 단서를 제공한다. 일반적으로, 시각적 표현은 과도한 정서적 또는 운동적 활동이 나타날 경우에는 금해야 한다. 때로 과도한 정보의 흐름을 통제하기 위하여 암석이나 나무 또는 플라스틱과 같은 매우 저항적인 재료를 미술치료에서 사용할 수 있을 것이다. 과도한 정서적 또는 운동적 활동이 보다 덜 극단적으로 나타날 경우에는, 매 치료 회기마다 일정한 구조적인 미술치료를 제공함으로써 이러한 저항을 감소시킬 수 있다.

2) 미술치료의 기본기법

(1) 미술매체의 선택과 사용

(2) 지각

내담자에게 보여지는 대로, 그 관점으로 보고 이해하려고 노력해야 한다(치료적 관계수립 포함).

(3) 반응

지지적인 분위기 조성이 중요하며, 내담자로 하여금 새로운 아이디어(idea)나 기능을 시험해 보도록 언어적으로 격려하고 지원한다.

(4) 해석

미술치료에서 해석은 중요한 역할을 한다. 치료자는 내담자가 미술재료를 사용하여 투사하고자 하는 바를 정확히 지각하도록 노력해야 한다.

미술치료
진단 및 치료기법

2

6 미술치료 기법의 이해

Chapter 6

미술치료 기법의 이해

그림이나 조형활동을 매체로 하여 심리치료를 하려는 시도는 그 재료만큼이나 다양하고 기법도 매우 발전되고 있으며, 접근방법에 따라서 흥미롭게 적용되고 있다. 또한 기법은 어떤 대상이냐에 따라 형태가 달라질 수 있으며, 개인이나 집단, 가족 미술치료 등으로 나뉜다. 특히 미술치료는 심리진단과 치료라는 두 가지 성격을 동시에 가지고 있으며, 미술이 투사적 심리진단의 성격을 가질 때에는 제한을 두게 된다. 치료과정에서는 이러한 기법들이 연속적으로 이루어지기도 한다. 그리고 미술치료는 다양한 도구를 사용하여 여러 기법을 사용할 수가 있으므로 내담자의 발달 수준과 나이, 정서적 상황을 고려하여 선택하여야 할 것이다. 치료자는 개인의 특성을 파악하고 기법의 장 · 단점을 인지하도록 한다.

미술치료의 기법은 목적과 이론적 접근에 따라서 달리 사용되기도 한다. 정신분석적 접근에서는 미술이 의사소통과 대화의 상징적 언어로써 정신치료의 도구가 되며, 분석 심리학에서는 인간 내면의 창조적 무의식을 심상으로 표현하는 매개가 되고, 인지 발달적 미술치료에서는 성장을 촉진하기 위한 교육적 기법으로도 쓰인다.

크레이머(Kramer, 1972)는 각종 미술활동을 치료에 이용하는 방법에 대해서 다섯 가지로 설명하고 있다.

첫째, 예비적 활동이다. 문지르거나 끄적거려 보고 재료의 속성을 탐색하면서, 긍정적으로 자아동조적인 경험을 해본다.

둘째, 무질서한 실험을 해보는 것으로서 물을 흘리고 따르고, 물장구를 쳐보거나 그 외에도 여러 가지 파괴적인 행동을 하는 것으로 통제력을 잃을 수도 있다.

셋째, 방어기제적인 기능의 미술활동으로서 베끼거나 따라서 그리고, 평범하고 상투적인 만들기를 반복하는 것이다.

넷째, 그림문자의 방법이다. 말로 하는 대신에 그림을 사용하여 의사소통하는 것으로서, 이런 대화는 치료관계가 어느 정도 진전되었을 때 나타난다.

다섯째, 형상화된 표현으로써 충분히 뜻을 알 수 있는 미술활동으로서, 성공적으로 자신을 표현하고 의사소통할 수 있는 상징적 형태를 만들어내는 것이다.

또한, 미술치료 시의 기본원칙과 유의점을 살펴보도록 하자.

미술치료의 실제에서 필수적인 요소(Jacab, 1968)는 ① 환자(아동), ② 치료사, ③ 비언어적인 작화활동 자체, ④ 환자 각자의 생각과 감정을 나타내는 데 적합한 재료, 즉 매체의 익숙한 사용 등이다. 언어적인 정신치료와 마찬가지로 미술치료에서도 '내담자와 치료사 간의 치료적 동맹'(친밀한 관계형성: rapport)을 중요시하였고(Naumburg, 1958), 특히 '치료사의 양육적인 측면'을 강조한다(Lachman, Chapin, 1979). 흔히, '치료사는 좋은 엄마의 대행 역할을 해야 한다'고 말한다. 치료사와 내담자의 친밀한 관계형성은 상처받은 유아기의 경험 속에서 만들어진 문제행동의 반복적인 형태를 변화시켜 준다. 수용적인 치료환경 속에서 자유롭고 안전하게 과거의 상황을 다시 그림으로 그려보는 재경험을 함으로써, 내담자는 그림 속의 현실을 실제에 적용시켜볼 수 있고 과거의 무의식적인 감정을 투사하여 창조적으로 전환시킬 수 있는 힘을 얻는 것이다. 또한 '치료사는 내담자의 거울이 되어야 한다'고 쿨리(Cooly)는 말하고 있는데, 그림의 상징성을 이해하는 것에는 전이관계가 중요한 역할을 하며, 이를 받아들일 수 있을 때에 보다 자유롭게 이미지를 투사할 수가 있으므로(Naumburg, 1958), 치료사의 역할이 중요하다. 이렇게 치료사는 단계에 따라 내담자의 창조적 충동을 조심스럽게 자극할 수 있어야 한다. 또한 체험을 통해 재료의 특성과 성질을 잘 알고 있어야 하며, 치료와 해석은 개별마다 기준이 다를 수 있으므로 정상인과 장애아의 그림과 프로그램에 대한 경험과 이해는 필수적이다. 미술치료 임상과정에서는 치료사의 적절한 언어적 촉진이 중요하므로, 작업에 있어서 결과를 강조하거나 기술적 지도가 앞서지 않도록 주의해야 한다.

치료사는 내담자가 원하는 것을 선택하고 자발적으로 자유롭게 활동할 수 있도록 도움을 주어야 하나, 투사적 심리진단의 목적으로 그림을 그리게 하는 경우에는 제한이 불가피하다. 첫 작품은 내담자가 요청하지 않는 한 될 수 있는 대로 위축되지 않도록 간섭하지 않는다. 지나친 간섭에 저항하여 그림 그리는 것을 거부하거나 방어하는 등 흥미를 상실하게 해서는 안 된다. 또는 그림을 그릴 때 비판을 받지는 않을까 하여 남을 너무 의식하지 않도록 하는, 자연스러운 분위기의 조성이 필요하다. 그렇다고 그린 그림을 그대로 내버려두면 의욕을 더욱 상실하게 되는 경우도 있다.

예를 들어 흰 도화지에 같은 색의 그림을 그렸을 때는 두려움과 방어적인 태도를 보여주는 것이므로, 다른 내담자와 비교해 보고 얘기를 서로 나눠보게 하며 달리 그려보게 하는 등, 수용적인 치료사의 배려가 필요하다. 또한 작업을 하지 않으려고 할 때에는, 그 욕구를 파악하여 다른 재료와 기법으로 적용하도록 한다. 이밖에도 장애의 정도와 개인 특성에 따라서 기법과 재료 선택의 세심한 배려가 필요하며, 진단 상태에 따라 치료사는 촉진과 통제에의 선택을 시기 적절히 할 수 있어야 한다.

1 미술치료를 위한 평가 방법

1) 사랑하는 마음, 치유하는 마음

사랑한다는 말은 누구나 할 수 있지만 사랑하는 마음을 주는 것은 아무나 할 수 없는 일이다. 사랑한다는 말은 그 순간 가슴에 벅차오르는 것만으로도 할 수 있지만 사랑이라는 마음을 주는 것은 그 사람의 마음과 아픔과 어둠까지도 껴안을 수 있는 넉넉함을 간직했을 때만 가능한 것이다.

진정한 교육이란 아이들의 마음에 들어 앉은 고통의 근원을 찾아 치유하는 일이다. 심리적으로 불완전한 발육단계에 머물러 있는 아이들로부터 엉키고 설켜서 아이들로서는 감당키 힘든 것들을 찾아내어 이해하고 받아들이며 길을 제시할 때 아이들은 비로소 자기 본연의 모습대로 잠재력을 발휘하며 건강하고 만족스러운 존재로 성장할 수 있다.

심리치료는 주로 장애 유아나 아동을 대상으로 증상을 제거, 수정, 완화하고 장애행동을 조정하여 긍정적 성격발달을 증진시킬 목적으로, 훈련된 사람이 치료대상자와 전문적인 관계를 의도적으로 형성하여 정서적 문제를 심리학적 방법으로 치료하는 것을 의미하는데, 상담과 심리치료의 차이는 주로 누구를 대상으로 하며, 어떤 방법으로 어느 정도까지 접근하느냐에 달려 있다. 상담이 대체로 교육적, 상황적 문제해결과 의식내용의 자각에 주력하는 반면에 심리치료는 재구성적, 심층 분석적 문제해결과 무의식적 동기의 통찰에 역점을 둔다고 볼 수 있다.

(1) 심리치료의 구분

심리치료에는 놀이치료, 가족치료, 음악치료, 미술치료 등이 있는데, 놀이치료는 아동의 문제를 해결하는 데 놀이를 이용하는 방법으로 아동의 불안감, 긴장감, 좌절감, 공격성, 두려움, 당혹감, 혼란 등을 발산하고 감소시키며 아동에게 세상을 탐구하며 타협할 수 있는 기회를 제공함으로써 아동의 부적합한 행동을 수정하고 신체적 협응력을 향상시키며 궁극적으로 아동의 부적응적 문제를 해결하는 프로그램으로, 정서 및 행동상의 문제를 지닌 아동을 대상으로 개별 또는 소집단으로 실시하며, 주 1회, 1회당 45분 정도 실시한다.

가족치료는 클라이언트를 증상을 가진 개인이 아니라 문제를 가진 가족이라고 보는 관점에서 출발하여, 문제가 있는 행위를 하는 가족성원에 대한 관심을 가족에게로 전환시켜서 다른 가족성원들을 개입시켜 문제를 해결하기 위해 필요한 변화를 유도한다.

음악치료는 음악을 도구로 이용한 심리치료방법으로, 심신의 건강이 심리적 원인에 의해서 지배되는 것을 이해하고 심리적 영향에 의해서 잃은 심신의 건강을 음악의 기능을 통하여 회복, 수정, 증진 및 개선시키는 일종의 응용심리학적 방법과 이론을 말한다. 음악치료활동으로는 듣기, 노래 부르기, 율동, 악기 다루기, 창작하기 등이 있다.

미술치료는 그림이나 조소, 콜라주 등과 같은 미술활동을 통해서 심신에 어려움을 겪고 있는 사람들의 심리적 문제를 도와주는 치료법이다. 즉, 지금까지 장애인이 가지고 있는 왜곡된 감정이나 상실, 억제, 방어적인 상황에서 보다 명확한 자기상, 자기 자신의 세계관을 재발견하여 자기실현을 꾀할 수 있게 하는 것이다. 특히, 조형활동은 눈과 손과 두뇌의 통합적 활동으로서 장애아동의 인지, 개념, 지각, 운동, 사고, 감정 등 여러 가지 측면의 발달을 도모할 수 있다.

2) 미술교육의 두 측면인 교육과 치유적인 방법

인간발달단계에 따른 적절한 지도방법 및 평가방법을 연구한다. 창의성과 상상력을 길러주는 미술지도 및 미술에 흥미가 없는 아이들의 지도방법을 연구한다. 그림을 통한 아이들의 마음 읽기와 지도방법을 연구(진단과 치유)한다.

3) 현대 미술교육에서의 교사의 역할

바람직한 교사상은 사려 깊은 교사, 열정적인 교사, 전문지식을 갖춘 교사, 자신감과 권위가 있는 교사이다.

시범자로서의 교사는 안내자로 전문인이어야 한다. 공동참여자로서의 교사는 함께 참여하여 공감하고 이해할 수 있어야 한다. 창조적 개인으로서의 교사는 자신도 창의적인 미술활동을 하며 경험하면서 성장시킨다. 예술전문가로서의 교사는 미학, 미술사, 미술비평, 미술감상, 미술 표현(현대미술교육의 동향)을 자유롭게 하여 통합적인 교육을 한다. 치유자로서의 교사는 심리학적 소양과 적절한 공감, 이해와 지지, 통찰력, 친화력(Rapport 형성), 성숙하고 원만한 인격을 갖추어야 한다.

4) 그림으로 읽는 아이들 마음

① 언어적 표징이다(스크리블 단계).

② 획득한 개념과 생활경험의 표현(아는 대로 그리기, 본 대로 그리기)

③ 자아상의 표현(인물화)

④ 창조적 사고의 표현(과학상상화, 마인드맵)

⑤ 욕구의 표현(무인도에 가지고 가고 싶은 것들, 꿈 그리기, 소망 그리기)

⑥ 환경에 대한 태도의 표현(가족화, 학교생활화)

⑦ 성격의 투사(색과 형태, 내용)

⑧ 무의식 세계의 투사(꿈 그리기, 자유연상화)

⑨ 정신, 신체의 병리적 표현(왜곡–자신과 주변 환경묘사: 내용, 색과 형태 등의 지나친 불균형과 왜곡 → 보통 아동들보다 특별한 관점에서 관찰할 것)

2 진단도구로서의 미술치료 기법(투사적 기법)

20세기 초에 정서적 요소들을 해석하는 데 미술을 사용하였다. 정서나 정신적 질병을 진단하기 위한 도구로 미술을 사용하는 것에 대한 비판이 있었음에도 아동의 미술 표현의 진단적 가치가 지속적으로 연구되어졌다. 특히 외상을 경험한 아동의 경우 그 감정을 이야기하는 것을 주저하기 때문에 그들의 그림을 이해하는 데 관심이 집중되었다.

투사 그림 검사는 몇 가지의 구조적인 요소와 상징이 정서적인 문제를 가리킨다는 생각에서 지지 받았다. 단일 요소로만 평가하는 것은 문제가 될 수 있으며 그들의 경험을 완전히 이해하는 데 종종 역효과가 난다.

그림이나 조소, 콜라주, 핑거페인팅 등의 조형활동을 통하여 내담자의 심리상태를 진단하려는 노력이나, 이른바 투사법이라는 이름 아래서 인물화에 의한 지능 검사나 성격 검사, 집-나무-사람 검사(HTP), 나무 그림 검사, 가족화에 의한 성격진단 등에 대한 연구가 계속되어 왔다. 여기서는 몇 가지만 골라 간단히 살펴보고자 한다.

1) 투사 검사에 대한 이해

머리(Murray, 1938)는 검사 자극이 모호할수록 지각적 자극을 인지적으로 해석하는 과정에서 개인의 욕구와 관심과 심리적 구조의 영향을 더 강하게 받는다고 지적함으로써 개인의 인격 특성을 반영하는 투사적 검사의 유용성을 강조하였다.

투사적 검사는 개인의 독특한 심리적 특성에 관심을 가지고 이러한 개인의 독특성을 측정하기 위한 비구조적 검사 과제를 제공하며, 무제한으로 개인들의 다양한 반응을 허용해주기 위해 간단하고 일반적인 방식의 검사지시 방법이 주어지는 한편, 검사 자극이 불분명하고 모호한 특징을 지니고 있다. 따라서 투사적 검사는 비구조적 검사(unstructured test)라고 불린다.

(1) 투사 검사의 장 · 단점

① 장점

- 반응의 독특성이 있다.
- 반응의 풍부함이 있다.
- 방어의 어려움이 있다.
- 무의식적 내용의 반응이 있다.

② 단점

- 검사의 신뢰도가 정확하지 않을 수 있다.
- 검사의 타당도가 정확하지 않을 수 있다.
- 반응에 대한 상황적 요인의 영향력이 크다.

(2) 투사 검사의 예

① 집-나무-사람 그림을 통한 진단기법(HTP : House-Tree-Person)

집-나무-사람 그림 진단은 한 화면에 그려진 집, 나무, 사람의 그림을 통해서 개인 자신의 모습을 엿볼 수가 있다. 이 그림을 통해서 가족의 상태와 환경, 그리고 자아상과 환상의 세계가 드러난다.

어떤 목적을 가지고 피험자에게 연필이나 크레용 등을 주어, 종이 위에 무엇인가를 표현시키는 심리검사를 그림 검사라고 한다. 그림 검사는 그림을 통해서 성격을 진단하며, 심리치료의 보조수단으로 사용되어져 오고 있다. 그림 검사 중 널리 사용되고 있는 것으로 나무 그림 검사, 인물화 검사, 집-나무-사람 그림 검사가 있는데 그 중 집-나무-사람 그림 검사(HTP)가 진단과 치료 모두에 많이 사용되고 있다.

1949년 마코버(Machover)는 아동의 그림에 대한 임상적 해석 기준을 마련하여 '인물화에 의한 성격 검사'를 개발하였다. 피험자가 그린 인물을 가지고 그 피험자의 성격특성을 발견, 이해하고 또한 피험자의 정서적 측면을 이해하는 수단으로 활용하였다. 그 후에 코피츠(Koppitz, 1948)는 발달에 따른 점수화 체계와 인물화의 분석을 연구하여 많은 사람들이 폭넓게 사용하게 되었다. 한편 벅(Buck, 1948)은 단일

과제의 그림 검사보다는 집-나무-사람을 그리게 하는 것이 피험자의 성격 이해에 보다 효과적이라고 생각하였다. 따라서 그는 집-나무-사람(HTP: House-Tree-Person) 그림을 발달적, 투사적인 측면에서 연구했다.

벅(Buck, 1947; 1964)이 집, 나무, 사람의 3가지 과제를 사용한 것은 ① 집, 나무, 사람은 누구에게나 친밀감을 주는 것이며, ② 모든 연령의 피험자가 그림 대상으로 기꺼이 받아들이며, ③ 다른 과제보다는 솔직하고 자유스러운 언어표현을 할 수 있는 자극으로서 이용할 수 있기 때문이었다고 하였다.

그림은 그림을 그린 사람의 여러 성격 측면을 나타내 준다는 기본가설로부터 시작하여 이론적 근거로는 연령이 증가함에 따라 그림의 형태가 바뀌어 가는 그림의 발달과정을 근거로 수검자의 지적인 면과 정서 및 사회적인 성숙도를 밝히는 일이 가능하다. 구조화되지 않은 애매한 자극에 대해서 자신의 과거 경험과 현재의 욕구를 바탕으로 반응하며, 무의식 중에 자신의 감정과 욕구, 생활양식을 표현한다는 투사법의 이론에 근거한다. HTP에서 이러한 과정은 상징화를 통해서 이루어진다. 상징화는 적절한 언어로 표현하기 어려운 관념적, 추상적 내용을 도식적으로 표현하는 것과 자아의 존재를 위협하는 무의식적 욕구를 위장된 표상으로 표현하는 것을 포함한다.

집-나무-사람 검사에서 집(House) 그림은 피험자가 성장하여 온 가정상황을 나타내며 자신의 가정생활과 가족관계를 어떻게 인지하며, 그것에 대해 어떤 감정과 태도를 가지고 있는가를 나타내는 경우가 많으며 피험자가 현재 가정을 어떻게 바라보고 있는가 하는 것 외에 이상적인 장래의 가정과 과거의 가정에 대한 소망을 나타낸다.

나무(Tree) 그림은 피험자의 기본적인 자기상을 나타내며, 피험자가 자신의 마음상태에 대해 어떻게 느끼고 있는가를 무의식적으로 변형하며, 정신적 성숙도를 표시하고 있다.

사람(Person) 그림은 가장 깊이 연구된 것으로 나무나 집보다 자기상을 더 잘 나타낸다. 그러나 인물화는 피험자에게 경계심을 품게 하고 자기를 방어하려는 생각을 갖게 하기 때문에 의식적, 무의식적으로 자기의 모습을 왜곡시켜 나타내며 자기 이외의 인간을 그리는 경우가 많다. 원칙적으로 인물화는 자기 현실상이나 이상상을 나타내며 자기에게 의미 있는 사람, 일반적인 인간을 어떻게 인지하고 있는가를 나타낸다. 또한 피험자가 인물화로 표현하는 자기상에는 심리적인 것과 신체적인 것이 있다.

HTP의 투사적 기법은 임상가들에 의해서 널리 사용되었을 뿐만 아니라 지지를 받았으나 이의 사용과 임상적 가치를 제한하는 세 가지 요소들이 있다.

① HTP는 정신 병리학적 상황에 있는 환자들로부터 '발달' 시켜 표준화한 것이다. 그러므로 HTP의 문헌들 대부분이 '기질성 정신분열증' 등과 같은 정신병리적 명명의 진단적 사용에 중점을 두었다.

② 프로이트 학파에 기반을 둔 HTP는 각각의 종이 위에 집, 나무, 사람을 그리도록 하는 것이다. 따라서 각각 그려진 그림들은 행동이나 상호작용을 나타내는데 미약하다는 것이다.

③ HTP 검사를 해석하는 데는 전체적 평가와 형식적, 내용적 분석으로 나누어 볼 수 있으며 이 세 가지 접근법을 종합하여 해석해야 한다. 전체적 평가에서는 피험자의 적응수준, 성숙도, 신체상에 대한 왜곡의 정도, 자기와 바깥 세계에 대한 인지방법을 보아야 하며 형식적 분석에서는 어떻게 그렸는가를 분석하는 것이다. 또한 내용적 분석에서는 무엇을 그렸는가 하는 것으로 그림에 있어서 이상한 부분, 형식 분석의 사인들을 참고로 하여 그림 가운데 강조되어 있는 부분을 다룬다. 내용분석에 있어서는 명백하고 큰 특징을 먼저 다루되, 그림 후의 질문을 하며, 피험자의 질문에 따라 연상하는 것을 묻는 것이 그림 해석에 보다 더 효과적이다. 그림 자체에 현저한 특징이 없는 경우에도 그림 후의 질문을 행함으로 피험자가 성격을 이해하게 되는 경우도 많다.

HTP는 나이 어린 아동부터 모든 연령에서 수용할 수 있다(Buck, 1948; 1966). HTP는 그림을 매개로 하기 때문에 언어로 표현되지 않는 성격의 단면을 포착하는 것이 가능하며 거부감이 없고 행동의 반응과 성격 특성을 쉽게 알아볼 수 있는 저항감이 적은 소재이다. 햄머(Hammer, 1969)는 크레용으로 채색방법을 도입하였고, 번즈(Burns, 1970)는 동작성 HTP로 발전시켰다.

2) HTP 실시 방법

(1) HTP 검사의 특징

- 집, 나무, 사람은 나이가 어린 피검자들에게도 친숙하다.
- 피검사자의 입장에서 볼 때 모든 연령이 그릴 수 있는 주제로 누구나 거부감이나 자기방어 없이 받아들이기 쉽다.
- 집, 나무, 사람은 다른 것을 그리는 것보다 그린 것들에 대해 솔직하고 자유롭게 이야기할 수 있다. 이 그림들은 개인의 무의식과 관련하여 풍부한 상징을 나타내 준다.

(2) HTP 검사 도구

- 준비물: 8.5×11인치 흰 도화지 4장(A4), 4B 연필, 지우개

(3) HTP 검사 실시 방법

① 준비한 백지의 우측 상단에 조그마하게 ①부터 ④까지의 번호를 적어둔다. 이것은 인물화에서 남녀의 어느 쪽을 먼저 그렸는지를 알기 위해서이다.

② 검사를 실시할 수 있는 준비가 되면 먼저 "지금부터 그림을 그려봅시다. 이것은 그림을 잘 그리고 못 그리는 것을 조사하는 것이 아니므로, 즐거운 마음으로 그리십시오. 또한 이것은 사생을 하는 것이 아닙니다. 자기가 생각한 대로 그리면 좋습니다." 하고 설명한다.

③ 그 다음에 "한 장의 종이에 하나씩 모두 4장의 그림을 그리십시오."라고 설명한다.

④ ①의 종이를 가로로 제시하면서 "이 종이 위에 집을 그리십시오."라고 지시한다. 검사자는 피검자의 여러 가지 질문에 대해서는 "당신이 생각한 대로 그리십시오."라고 답한다.

⑤ 피검자가 집 그림을 끝내면 ②번의 종이를 세로로 제시하며 "이번에는 나무를

하나 그려 보십시오."라고 지시한다.

⑥ 나무의 그림이 끝나면 ③번의 종이도 세로로 제시하며 "이번에는 사람을 한 명 그려보십시오. 얼굴만이 아니고 전신을 그려 보십시오"라고 지시한다.

⑦ 인물화가 끝나고 나면, 그 그림이 남자인가 여자인가 질문하여 ③번의 아래에 기입한다. 그리고 ④번의 종이를 세로로 제시하며 "그러면 이번에는 ③번에서 그린 것과 반대의 성을 그려보십시오. 얼굴만이 아니고 전신을 그려 보십시오" 라고 지시한다.

⑧ 그림을 다 그리고 난 후 그림에 대한 질문을 하여 기록한다.

(4) 그림 그린 후 질문(PDI: Post-Drawing-Inquiry)

HTP 검사에서 그림 그린 후의 질문은 피험자가 HTP에 표현한 것의 독특한 의미와 문제를 파악하는 데 극히 중요한 역할을 한다. 질문에 일정한 형식은 없으며 검사자의 필요에 따라서 행하는 것이 좋다. 예컨대 "이 그림에 대하여 당신이 느끼고 생각하는 것을 이야기해 보십시오"라든가 "이 그림에 대하여 어떤 이야기를 만들어 보지 않겠습니까?"라고 질문하는 것이 좋다. 질문에 대한 대답에 대해서는 그 이유를 묻는 것이 바람직하다.

다음은 HTP 검사를 실시한 후 피험자들에게 일반적으로 사용하는 질문사항들이다. 모든 피험자에게 아래와 같은 질문을 하는 것은 실제적으로 곤란하지만 해석의 단서를 얻기 위해서는 불가피하다. 그러므로 가능한 한 질문에 대한 답을 얻어내는 것이 좋다.

1 집 그림

① 이 집은 도심에 있는 집입니까? 교외에 있는 집입니까?
② 이 집 가까이 다른 집이 있습니까?
③ 이 집 그림에서 날씨는 어떠합니까?
④ 이 집은 당신과 멀리 있는 집입니까? 가까이 있는 집입니까?

⑤ 이 집에 살고 있는 가족은 몇 사람이며 어떤 사람들입니까?
⑥ 가정의 분위기는 어떠합니까?
⑦ 이 집을 보면 무엇이 생각납니까?
⑧ 이 집을 보면 누가 생각납니까?
⑨ 당신은 어떤 집에 살고 싶습니까?
⑩ 당신은 이 집의 어느 방에 살고 싶습니까?
⑪ 당신은 이 집에서 누구와 살고 싶습니까?
⑫ 당신이 지금 살고 있는 집은 이 집보다 큽니까? 작습니까?
⑬ 이 집을 그릴 때 누구의 집을 생각하고 그렸습니까?
⑭ 이것은 당신의 집을 그린 것입니까?
⑮ (특수한 집인 경우) 왜 이 집을 그렸습니까?
⑯ (그림에서 이해하기 곤란한 부분에 대하여) 이것은 무엇입니까? 왜 그렸습니까?
⑰ 이 그림에 첨가해서 더 그리고 싶은 것이 있습니까?
⑱ 당신이 그리려고 했던 대로 잘 그려졌습니까? 어떤 부분이 그리기 어려웠고 마음에 들지 않습니까?

2 나무 그림

① 이 나무는 어떤 나무입니까? (불확실한 경우 상록수 혹은 낙엽수인지 질문한다.)
② 이 나무는 어디 있는 나무입니까? 도시에 있나요, 숲 속에 있나요?
③ 주변에 나무가 많습니까? 아니면 한 그루만 있습니까?
④ 이 나무가 있는 곳의 날씨는 어떠합니까?
⑤ 바람이 불고 있습니까? 바람이 분다면 어떤 바람이 어느 방향으로 불고 있습니까?
⑥ 이 나무는 몇 년쯤 된 나무입니까?
⑦ 이 나무는 살아 있나요? 말라 죽었다면 언제쯤 어떻게 말라 죽었습니까?
⑧ 이 나무는 강한 나무입니까? 약한 나무입니까?
⑨ 해가 떠 있습니까? 떠 있다면 어느 쪽에 떠있습니까?
⑩ 이 나무는 당신에게 누구를 생각나게 합니까?
⑪ 이 나무는 남자와 여자 중 어느 쪽을 닮았다고 봅니까?

⑫ 이 나무는 당신에게 어떤 사람을 느끼게 합니까?
⑬ 이 나무는 당신과 멀리 있는 나무입니까? 가까이 있는 나무입니까?
⑭ 이 나무에 필요한 것은 무엇입니까?
⑮ 이 나무는 당신보다 큽니까? 작습니까?
⑯ (상흔 등이 있으면) 왜 이 나무를 그렸습니까?
⑰ (특수한 나무인 경우) 왜 이 나무를 그렸습니까?
⑱ 이 그림에 더 첨가해서 그리고 싶은 것이 있습니까?
⑲ (그림에서 이해하기 곤란한 부분에 대하여) 이것은 무엇이며 왜 그렸습니까?
⑳ 당신이 그리고자 한 만큼 잘 그려졌습니까? 어떤 부분이 그리기 어려웠고, 마음에 들지 않습니까?

3 인물화(남 녀 각각의 인물화에 대하여)

① 이 사람의 나이는?
② 결혼했습니까? 가족은 몇 명이며, 어떤 사람입니까?
③ 이 사람의 직업은?
④ 이 사람은 지금 무엇을 하고 있습니까?
⑤ 지금 이 사람은 무슨 생각을 하며, 어떻게 느끼고 있습니까?
⑥ 이 사람의 신체는 건강한 편입니까? 약한 편입니까?
⑦ 이 사람은 친구가 많습니까? 어떤 친구들입니까?
⑧ 이 사람의 성격은 어떻습니까? 장점과 단점은 무엇입니까?
⑨ 이 사람은 행복합니까? 불행합니까?
⑩ 이 사람에게 무엇이 필요합니까?
⑪ 당신은 이 사람이 어떻습니까? 좋습니까? 싫습니까?
⑫ 당신은 이 사람처럼 되고 싶습니까?
⑬ 당신은 이 사람과 함께 생활하고 친구가 되고 싶습니까?
⑭ 이 사람을 그릴 때 누구를 생각하고 있었습니까?
⑮ 이 사람은 당신을 닮았습니까?
⑯ (특수한 인물인 경우) 왜 이 사람을 그렸습니까?

⑰ 이 그림에 더 첨가해서 그리고 싶은 것이 있습니까?

⑱ (그림에서 이해하기 곤란한 부분에 대하여) 이것은 무엇이며 왜 그렸습니까?

⑲ 당신이 그리고자 한 만큼 잘 그려졌습니까? 어떤 부분이 그리기 어려웠고, 마음에 들지 않습니까?

(5) HTP 검사의 내용

① 집 그림

현실을 반영해준다. 가정상황과 가족관계에 대해 어떠한 감정과 태도를 갖고 있는가를 나타내고 있으며 이상적인 상태의 가정과 과거의 가정을 표현하기도 한다.

필수부분은 지붕, 벽, 출입문, 창문 등 4개이고 나머지는 굴뚝과 연기, 방 그리고 나무와 숲, 길, 울타리, 처마, 수채 등으로 구성된다.

② 나무 그림

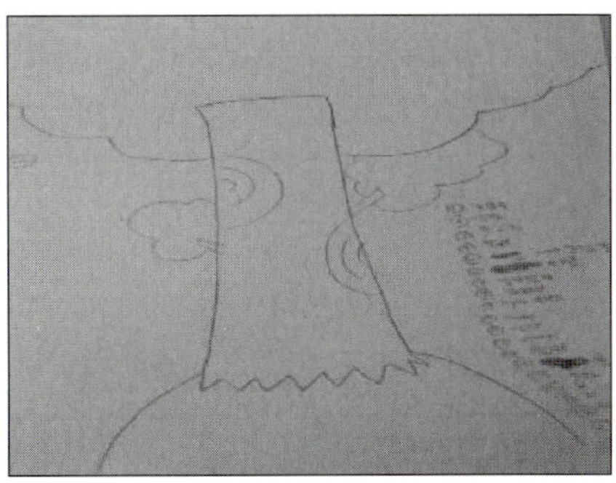

나무를 그릴 때는 사람을 그릴 때보다 방어가 적어지며 자기상이 보다 직접적으로 나타난다. 인간의 발달을 은유적으로 나타내고자 할 때, 가장 흔하면서도 보편적으로 사용되어지는 것이 나무이다. 나무 그림은 그린 사람의 개인적인 변화과정을 반영한다. 그러나 단순히 자기상을 상징하는 것만은 아니며 다른 특정인물을 상징하여 그 사람에 대한 감정과 욕구를 나타내는 경우도 많다.

나무 그림에서는 개인이 지각하는 자아상과 개인의 발달 상태를 알 수 있다.

③ 인물화

인물화 진단을 통해서는 신체 각 부분에 대한 자아상을 알 수가 있고, 여러 가지 형태와 자세, 연령, 복장으로 성격을 추리할 수가 있다. 이 검사로 지능과 정신 연령을 측정하기도 한다.

인물화는 자기와 개인 내적인 비교를 개념 짓는 현실, 생활감정을 표출한다. 그림의 크기와 공간 배치는 자기가치에 대한 지각을 나타낸다. 인물화의 크기는 피검자의 자존심과 활동성 등을 의미한다. 이성상을 현저하게 크게 때로는 작게 그리는 자는 어떤 의미에 있어서 성적 역할에 혼란이 있다고 생각되어진다.

주제는 피검자와 어느 정도 같은 연령, 피검자와 같은 환경에서 거주하는 인물일 경우가 많다. 특히 주제가 이상한 것은 그것이 어떻게 선택되었는가를 알아 두지 않으면 안 된다. 이러한 그림은 일반적으로 피검자의 적응의 불량함을 나타내는 경우가 많다. 특수한 주제의 한 가지로 나체의 인물을 그리는 경우 사회규범으로부터 일탈하는 경향이 있고 성적 갈등이 있거나 성적 관심이 강한 경우가 많다.

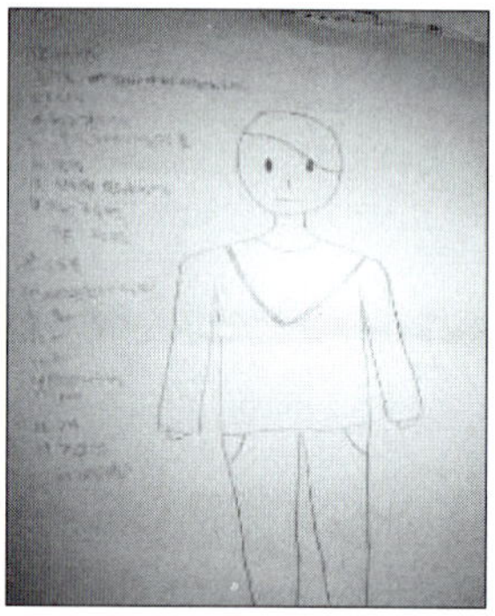

(6) 해석 및 진단 기준

HTP 검사의 해석은 다른 심리검사들의 결과와 그림에 대한 질문, 면접, 행동관찰 등을 함께 고려하여 이루어져야 한다. HTP 검사의 그림을 해석하는 데는 전체적 평가, 형식적 분석, 내용분석의 3가지 면을 종합하여 행할 필요가 있다.

1 전체적 평가

각각의 그림 및 4개 그림 전체의 조화, 구조, 병리적인 면의 유무, 이상한 곳이나 특이한 점의 유무 등을 평가하여 수검자의 적응수준, 성숙도, 신체상의 혼란 정도, 자신과 환경에 대한 인지방법 등에 대해 살펴본다. 전체적인 평가를 통한 수검자의 적응심리를 포착하기 위해서는 직관적인 해석능력이 필요하며 이를 위해서는 임상가의 풍부한 경험과 지식을 필요로 한다.

① 집 그림

집 및 지붕의 형태와 벽장식의 세밀성, 문과 손잡이의 유무, 창문의 크기, 커튼 유무, 굴뚝과 연기의 유무, 창의 투명성, 울타리 형태 및 높이, 길이 유무와 모양, 전체와 집 그림의 조화

② 나무 그림

나무 그림에서 가지는 나무와 줄기와 나무와의 조화성을 보고, 뿌리는 튼튼한가, 잎은 많은가, 종이의 유무와 전체 나무의 완전성 등

③ 사람 그림

팔, 다리 등 신체상 크기와 신체 내부의 완성도, 눈, 손, 팔 인물상의 크기와 배치, 전체 그림의 조화성과 여백, 필압, 음영 등

표 6-1 전체적 표현의 진단 기준 및 해석

구분	기준	결과	해석	평가
선	선의 재질	선이 매우 짧거나 딱딱하다.	정서적 긴장	
		선이 부드럽다.	신경질(과민성, 강박성 불안), 공포, 자기 허약	
		선이 흔들리고 있다.	초조, 기질적 질환	
		선이 자주 끊어진다.	고집, 거부증	
		직선이 많다.	결단, 안정	
		높은 압력의 선이다.	강한 내적 에너지, 분열적 기질	
		낮은 압력의 선이다.	심리적 에너지의 약함	
		빨리 그린 선이다.	충동적	
	선의 형태	나선적인 선이 많다.	흥분하기 쉬운 기질	
		사선이 많다.	불안감	
		새로 선이 많다.	독단적, 남성적	
		원형이 많다.	소유욕, 의존, 발달 미숙, 자기중심성	
구도	균형과 배치	그림의 주제가 화면의 상단부에 치우쳐 있다.	환경 인식력 부족	
		그림의 주제가 화면의 하단부에 치우쳐 있다.	환경적 억압	
		그림의 주제가 좌로 치우쳐 있다.	내성적, 여성적(때로는 자폐적)	
		그림의 주제가 우로 치우쳐 있다.	공격적, 외향적(때로는 자폐적)	
양식	구획화	하나 이상의 가족 그림을 다른 가족과 분리시키기 위해 하나 이상의 직선이나 원을 사용했다.	자기 고립, 소외	
	가장자리 위치	두 개 이상의 가장자리에 모든 가족 성원을 위치시킴.	저항, 방어	
	밑줄 긋기	그림 내 특정인물이나 그림 밑바닥 전체 또는 상부에 밑줄을 그었음.	가족 내 갈등, 불안, 위기감	
	둘러싸기	그림 내 원, 사각형 등으로 하나 이상의 인물을 포함시키고 있다.	고립, 위협 인물의 제거	

구분	기준	결과	해석	평가
표현 내용	지움	1회 이상 인물, 사물을 지웠다.	양가감정 또는 갈등을 올바르게 하려는 강박적 욕구	
	팔의 뻗침	인물 가운데 팔이 긴 경우가 있다.	환경지배 욕구	
	기본적인 신체 부분의 생략	인물에서 1개 이상의 기본적인 신체 부분이 빠져 있다(눈, 코, 입, 몸통, 팔, 다리, 손, 발)	갈등, 불안, 특정 신체 부위에 대한 심리적 부인	
	기본적인 신체의 특징을 지나치게 강조	부분의 특징을 지나치게 강조하거나 작은 부분을 크게 그렸다.	자기과시, 대상물의 흥미	
	등을 보인 인물	그림 내 인물 중 등을 보인 사람이 있다.	특정인물과의 갈등	
	음영이나 사선	그림 내 인물이나 사물을 어둡게 칠하거나, 빈 곳을 메우거나 사선 또는 별도의 선을 넣었다.	특정인물에 대한 몰두, 불안, 억제, 고착	
	인물의 생략	가족구성원을 지우개로 지우거나 해당 인물을 용지 이면에 그리거나 생략하였다.	적의, 공격, 불안 등 부정적인 감정	
	인물 그림들의 상대적인 높이	그림 내 인물들의 크기가 연령층과 일치하지 않았다.	지배, 힘에 대한 추구, 부적절함	
	자기의 위치	자신을 가족 내 연령순서에 맞게 위치시키지 않았다.	애정, 지배에 대한 추구	
	그린 순서			
상징	상징 1	축구공, 그 밖의 던지는 것 등의 물체	경쟁, 질투	
	상징 2	전깃불, 램프, TV, 해 등의 사물	사랑, 애정에 대한 욕구	
	상징 3	칼 등 날카로운 물체나 불 등 위험한 사물	분노, 적개심	
	상징 4	꽃, 나무에 물 주는 모습	애정욕	

2 형식적 분석

형식적 분석은 피험자가 어떻게 그리느냐 하는 그리는 방법과 양식을 검토하는 것으로, 그림을 그려나간 순서, 위치, 크기, 필압, 선, 운동성, 음영, 대칭, 원근법, 음영, 생략, 강조, 지우기 등을 통해서 성격의 단면을 읽어 나간다.

① 검사 시의 태도와 소요시간

그림을 그리는 동안에 관찰된 피험자의 태도와 행동은 그림을 해석하고, 증후와 해석을 결부시키는 데 중요한 단서를 제공한다. 세부 묘사가 불충분하고 중요한 부분이 생략되거나 극히 조잡하게 그려진 그림의 의미는 피험자가 성실하게 그렸을 경우와 아무렇게나 그렸을 경우 다르게 해석된다. 그림을 그리는 동안의 피험자의 기분이나 태도 등은 그 자체로서 피험자가 새로운 장면에 직면했을 경우의 태도를 시사한다.

일반적으로 개개의 그림을 완성하는 데 소요되는 시간은 대체로 10분 정도이다. 그림을 그리는 데 소요되는 시간이 2분 이하로 짧을 때와 30분 이상 걸릴 경우와 지시를 하고 나서 30초가 지났는데도 그리려 하지 않는 경우는 그 그림이 피험자에게 특별한 의미가 있으며, 그 그림을 그리는 것에 대해 어떤 갈등을 가지고 있는 경우가 많다. 어떤 그림에 특히 오랜 시간을 소요하는 경우 피험자는 완벽을 기하는 성향과 강박적 경향을 갖는 경우가 많다.

② 크기

그림의 크기와 용지의 여백 부분과의 관계는 피험자와 환경, 피험자와 부모와의 관계를 나타내며, 그림의 크기는 피험자의 자존감, 자기확대의 욕구, 공상적인 자아에 대한 단서를 제공한다.

레비(Levy, 1959)에 의하면, 보통 사람들은 인물화를 20cm 정도 크기로 그리며 용지의 2/3 정도의 공간을 사용한다고 한다. 일반적으로 작은 그림은 자신이 환경에 부적응적이며 작은 존재라는 느낌을 가지고 있는 것을 나타내며, 무력감, 열등감, 불안감을 표현하며, 폐쇄적이고 자기억제가 강한 사람에게서 보여진다.

실버스타인(Silverstein)은 초등학교 6학년이 그린 인물상의 크기는 피험자의 신장과 체중에 상관이 있으며, 인물화가 신체심상(body image)을 나타낸다고 말했다.

르윈슨(Lewinsohn)은 우울한 상태에 있는 사람과 그렇지 않은 사람의 인물화의 높이를 측정한 결과 인물상의 높이는 우울한 기분과 역상관 관계가 있다고 하였다.

지나치게 큰 그림은 환경에 대한 적의와 공격성이 강함을 나타내며 환경으로부터의 압력에 대하여 자기를 확장하려 하며, 긴장이 강하며 조급하기 쉽고 화를 잘 내는 사람, 과잉활동의 조증 경향, 공격적인 경향, 과대망상적 경향인 사람에게서 보여진다.

마코버(Machover, 1948)는 선을 처리하는 방법에 변화가 없고 단순하고 미숙한 느낌을 주는 인물화로 크기가 작은 것은 에너지 수준이 낮고 위축된 자아의 표현으로 퇴행적인 정신분열성 환자에게서 보여진다고 말했다. 작은 인물화일지라도 표정이 비교적 활동적이며 선에 힘이 있는 것은 알코올중독자나 초로기의 사람에서 보여지며 억압당하는 사람일수록 작은 인물화를 그린다. 크고 공허한 인상을 주며 균형과 통합이 불충분하고 선이 단순하고 경직된 느낌을 주는 인물화는 정신지체인, 기질적 장애아에게서 보여진다. 통찰 및 이성의 결핍과 때로는 천박한 감정을 반영하기도 한다.

마코버에 의하면 히스테리성의 정신질환자는 화지의 중앙에 인물상을 그리며, 신체가 망가지거나 머리는 비교적 상세하게 그리며, 완전하고 큰 인물을 그리는 점이 정신지체인 및 기질장애인과 다른 점이라고 하였다. 비행청소년의 그림은 일반적으로 큰데, 이것은 환경에 대한 적의와 과잉행동을 보이는 것으로 생각할 수 있다.

Tip

크기에 대한 연구자들의 견해

1) 현저하게 큰 그림들은 다음과 같은 것을 나타낸다.

① 공격적 경향성(Buck, 1948; Hammer, 1969; Machover, 1949)

② 사치스러우며 과장된 경향성(Machover, 1949)

③ 부적절한 보상적 방어의 감정(Buck, 1948; Hammer, 1969; Machover, 1949)

④ 심한 과잉 행동, 정서적 조증의 상태(DiLeo, 1973; Machover, 1949)

2) 현저하게 작은 그림들은 다음과 같은 것을 나타낸다.

① 열등감, 무능력감 혹은 부적절한 감정(Buck, 1948; Burns & Kaufman, 1972; Hammer, 1971)

② 억제적이고, 소심하며, 수줍은 사람의 경우는 철회적 경향(Alschuler & Hattwick, 1947; Buck, 1948; Hammer, 1971)

③ 불안정감(Alschuler & Hattwick, 1947; Buck, 1948; Burns & Kaufman, 1972)

④ 심한 우울증적 경향성(Machover, 1949)

⑤ 낮은 자아 강도로서 상당히 약한 자아구조(Hammer, 1971; Machover, 1949)

⑥ 퇴행적 경향(Machover, 1949)

③ 위치

그림의 위치는 화지의 중앙에 있는 것이 보통이다. 중앙에 위치한 그림은 자율적이고 적응적이고 자아중심적인 경향을 시사하는 것일 수 있다.

그림의 위치가 전체적으로 왼쪽에 치우쳐 있는 것은 자의식이 강하고 부끄러움이 많거나 내향적인 성향으로 과거로 퇴행, 공상적인 경향을 보이며 여성적 경향성을 나타낸다고 한다.

전체적으로 오른쪽으로 치우쳐 있는 것은 환경에 따라 방향이 결정되고 미래를 강조하며 남성적 특징을 과도하게 보이고 남성에 대한 지나친 동일시를 나타내며, 부정적 사고나 적개심으로 해석할 수도 있다 .

졸스(Jolles, 1964)의 연구에 의하면 화지의 왼쪽에 그리는 것은 충동의 만족을 나타내며 오른쪽에 그리는 것은 지적 만족을 나타낸다고 한다.

그림의 위치가 화지의 중심보다 위쪽에 위치하는 경우 ① 높은 목표를 가지며, 그것에 도달하고자 노력하며, 때로는 목표도달에 대한 불확신감을 가지고 있고, ② 공상 중에 만족을 구하며, ③ 자신의 존재가 불확실하여 공중에 떠 있는 것 같은 느낌을 가지고, ④ 낙천적이며, ⑤ 자신을 다른 사람과 거리를 두어 가까이하기 어렵게 하려 한다고 말해진다.

중심보다 아래쪽에 위치한 그림은 현실과 구체성을 나타낸다. ① 불안전감과 위화감을 가지며 그로 인해 우울한 기분이 되고, ② 자신은 현실적인 것을 지향하고 있다고 생각하며, ③ 좌절감과 패배감을 마음 속에 갖는 경우도 있으나, ④ 안정되어 있고 침착한 성격을 시사할 수 있다.

그림이 화지의 아래쪽 가장자리에 접해 있는 경우는 불안감이 강하고 더구나 그림이 작고 선이 약한 경우에는 우울 경향성이 강한 것으로 해석된다.

그림의 상이 용지의 아래 면에서 잘려지는 것은 성격을 통합하는 데 있어서 어느 정도 병적으로 저지되고 있음을 나타낸다. 특히 인물화의 경우에는 자주성을 구하면서도 외계의 힘에 의해 방해받고 있음을 나타내며, 비행소년에게서 많이 보여진다.

종이의 윗면에 절단된 그림은 나무 그림 이외에는 보이지 않는다. 이러한 그림은 현실에서 얻지 못하는 만족을 공상을 통해 얻고자 하는 것을 나타낸다. 화지의 왼쪽에서 그림이 잘려져 있는 것은 과거에 고착하며 충동성을 나타낸 것이다.

오른쪽에서 절단된 그림은 미래로 도피하고자 하는 욕구를 솔직하게 받아들이기를 두려워 하고, 지적 통제를 하고자 하는 경향이 강하다.

Tip

위치에 대한 연구자들의 견해

1) 중앙의 위치는 다음과 같은 것들을 나타낸다.

① 정상적이고 안정된 사람: 이것은 모든 연령에서 가장 공통적인 위치이다(Wolff, 1946).

② 도화지의 정중앙에 있을 경우는 불안전감과 완고함 특히 대인관계에 있어서의 완고함을 나타낸다(Buck, 1948; Jolles, 1964; Machover, 1949).

2) 도화지의 상단의 경우는 다음과 같은 것들을 나타낸다.

① 높은 수준의 열망: 어려운 목표를 향해 열심히 노력함(Buck, 1948; Jolles, 1964)

② 종종 부적합한 낙천주의(Machover, 1949)

③ 통찰력의 결여

3) 도화지의 하단은 다음의 것들을 나타낸다.

① 불안정감(Buck, 1948; Burns & Kaufman, 1972; Jolles, 1964)

② 부적합한 감정(Buck, 1948; Burns & Kaufman, 1972; Hammer, 1969; Jolles, 1964)

③ 우울증적 경향, 패배주의적 태도와 관련된 것(Buck, 1948; Hammer, 1971; Jolles, 1964; Machover, 1949)

4) 도화지의 가장자리에 그려진 것들은 다음과 같은 것들을 나타낸다.

① 불안정, 낮은 자신감과 관련되는 지지에 대한 욕구(Buck, 1948; Burns & Kaufman, 1972; Hammer, 1971; Jolles, 1964)

② 의존 경향성과 독립된 행동에 대한 두려움(Hammer, 1971)

③ 새로운 경험에 대한 회피나 공상에 몰두하는 경향(Jolles, 1964)

④ 순서

그림의 순서는 첫째, 집, 나무, 인물화를 전체적 맥락에서 다른 그림과 비교하는 것과 둘째, 한 그림 내에서 부분이 그려지는 순서를 보고 분석해야 한다. 해머(Hammer, 1969)에 의하면, 전체적 맥락에서 경계선급의 정신질환자는 한 그림에서 다음 그림으로 넘어갈 때마다 정서반응을 나타낸다. 이는 집, 나무, 사람이라는 그림의 순서에 따라 점차적으로 대인관계 영역의 주제로 들어감으로써 곤혹스러움이 공포로, 공포는 공황 상태로 변한다고 하였다. 집 그림은 지붕, 벽, 문, 창문, 인물화는 얼굴, 눈, 코, 입, 목, 몸, 팔, 다리라는 일반적인 순서 경향을 보인다. 인물화에서 얼굴의 내부를 먼저 그리고 윤곽을 나중에 그리며, 인물의 얼굴을 맨 나중에 그리는 사람은 대인관계에 문제를 보이는 것으로 타인과의 정서적 접촉을 즐거워하지 않는 사람임을 나타내는 것이다. 하나의 그림에서 어떤 부분을 몇 번이고 고쳐 그리거나 그리다가 그만두는 것은 그 영역이나 그 영역이 상징하는 것에 대한 갈등을 나타내며, 그 갈등에 직면하는 것을 싫어한다고 생각할 수 있다.

⑤ 필압과 선의 농담

필압은 그림의 크기와 마찬가지로 피험자의 에너지 수준을 나타낸다. 필압이 강한 아동은 자신감이 있는 아동이며 필압이 약한 아동은 지능이 낮거나 억제가 많은 아동으로 볼 수 있다. 필압에 있어 강약의 변화가 적당한 것은 유연한 태도를 가지고 외계에 적응하고 있는 사람임을 시사한다. 그림의 전체가 강한 선으로 그려진 경우는 극도의 긴장상태를 의미하며, 그림의 어떤 부분이 진하게 그려진 경우는 그 부분에 대한 고착이나 그것이 상징하는 것에 대한 억압이나 적의를 나타낸다. 그림의 윤곽선이 진하지만 그림 안의 선들은 윤곽선만큼 진하지 않을 경우는 성격의 평형을 유지하는 것이 곤란한 것을 나타낸다. 지면의 선이 진한 것은 현실수준에서 생긴 불안감을 표시하며, 집의 지붕에만 사용된 진한 선은 불안감을 가지고 공상에서 만족을 구하려고 하는 경향을 나타낸다. 매우 약한 선은 자신감이 없는 폐쇄적인 사고의 경향성을 나타낸다. 연한 선으로 불연속적인 스케치 풍으로 그리는 것은 자신을 드러내지 못하는 소심한 사람에게서 보여진다. 정면을 향한 얼굴로 윤곽선만이 진하고 얼굴의 내부가 연하게 그려진 것은 사회활동에 참가하려는 강한 욕구를 가지면서도 실제로는 수줍음을 타는 소심한 사람으로 자의식이 강한 사람이다. 같은 방법으로 옆얼굴을 그리는 것은 폐쇄적인 사고, 자기애가 강한 사람이다. 일반적으로 그림의 윤곽선이 확실하며, 힘 있고 중단되지 않는 경우는 외부압력으로부터 자신을 지키고자 하는 욕구를 나타낸다.

Tip

필압에 대한 연구자들의 견해

1) 강한 필압

① 개인들의 극도의 긴장감(Buck, 1948; Hammer, 1969; Jolles, 1964; Machover, 1949)

② 유기체의 상태, 즉 뇌염이나 혹은 간질의 상태(Buck, 1948; Hammer, 1971; Jolles, 1964; Machover, 1949)

③ 독단적, 힘이 있는, 양가적 감정을 가진 사람들(Alschuler & Hattwick, 1947; Machover, 1949)

④ 공격적이며 공격 가능성의 경향(Petersen, 1977)

⑤ 자신감

2) 몹시 약한 필압

① 부적절한 적응상태(Buck, 1948; Hammer, 1971; Jolls, 1964)

② 주춤거리며 우유부단하고 멍청하며, 두려움이 많은 불안한 상태(Jolles, 1964; Machover, 1949)

③ 낮은 에너지 수준(Alschuler & Hattwick, 1947), 우울증적 상태들, 의지 상실의(정신분열증에 의한 무위) 경향성(Buck, 1948; Hammer, 1971; Jolles, 1964)

④ 지능이 낮거나, 자신의 감정의 표현에 있어서 많이 억제를 보임.

⑥ 운필(stroke)

긴 스트로크는 자신을 통제하는 사람에게서 많이 나타나며 짧은 운필은 흥분하기 쉽고 충동적인 사람에게서 나타나기 쉽다.

직선은 자기주장적이고 공격적인 기분과 관계가 있으며, 톱니 모양의 선은 적대적인 감정과 관계가 있고 둥근 선은 의존적, 여성적인 면과 관계가 있다.

수평방향의 운필은 약함, 여성다움, 공상의 경향성을 나타내며 수직방향의 운필은 결단력, 활동성, 자기주장 등 남성적 경향성을 나타낸다.

운필의 방향이 일정하여 망설임이 없는 경우는 목표를 정하는 것이 가능하고 인내심 있는 안정된 사람이며, 방향이 일정하지 않고 동요하는 것은 자기확신이 없고 불안정한 사람에게서 나타나기 쉽다.

둥근 선은 건강한 표시이지만 극단적인 경우는 관습적인 것에 대한 반항과 혐오를 나타내며, 경직된 선은 성격 내부의 경직을 나타낸다.

연필을 비스듬히 눕혀서 막연하고 특수한 선으로 윤곽을 그리는 것은 불안을 표현한 것이다. 스케치 풍의 선은 피험자가 새로운 장면에 직면하여 행동할 때 가지는 불안, 자신감의 결여, 불확실감, 불안전감 등을 나타낸다. 이것은 자아와 외계와의 경계가 붕괴되는 것을 나타내며 현실에 대한 접촉이 불명확할 때에 생기기 쉽다.

⑦ 지우기

지우개를 적당히 사용하는 사람은 가소성과 순응성이 있으나 지나치게 사용하는 경우는 불안감, 우유부단함, 불확실성과 자신에 대한 불만을 나타낸다. 그림이 불완전함에도 불구하고 다시 그리려고 하지 않는 것은 어느 정도 병적인 거부 반응이며, 어느 부분을 지워 버리는 것은 그 부분이 상징하는 것에 대한 피험자의 강한 갈등을 나타내며, 지우고 다시 그린 경우가 처음의 그림보다 나은 경우에는 바람직한 것이지만 그렇지 않은 경우는 기질적 질환을 나타내기도 한다. 또한 어떤 부분을 몇 번이고 고쳐 그리는 것은 그 부분과 그것이 상징하는 것에 대한 갈등을 나타낸다.

⑧ 대칭성

대칭성의 결여는 피험자의 불안전감을 나타내며, 신체적 면에 부적응감을 가지고 있음을 나타낸다.

좌우 대칭성이 지나쳐서 경직된 인상을 주는 것은 강박적이고 충동성의 표현을 통제하며, 타인과 거리감을 두고 접촉하고, 억압과 지나친 지적 만족을 추구하는 것으로 생각되어진다.

경직된 대칭성은 우울한 사람에게서 보여지며, 기계적이고 형식적이며 기괴한 대칭성은 망상형 정신분열증에서 보여진다.

인물화에 있어서 자로 잰 것처럼 정확하게 대칭적인 것은 신체의 부조화를 두려워하며 죄책감에 괴로워하고 자기통합을 위협하는 충동을 통제하고자 하는 사람에게서 보여진다.

지나친 자발성 때문에 주의산만해지고 통제력을 갖지 못한 조증이나 히스테리적 경향성을 지닌 사람은 대칭성을 무시하기 쉽다.

Tip

선에 대한 연구자들의 견해

1) 선의 종류와 방향성

① 수평적 운동의 강조는 약함, 두려움이 많음, 자기방어적 경향성을 나타낸다(Alschuler & Hattwick, 1947; Petersen, 1977).

② 수직 운동의 강조는 남성적 독단성, 결단력과 과잉 행동성이 있을 가능성을 나타낸다(Alschuler & Hattwick, 1947; Petersen, 1977).

③ 곡선의 강조는 건강한 성격을 나타내며, 관습에 대해 얽매이지 않음을 나타낸다(Buck, 1948; Jolles, 1964).

④ 딱딱한 선의 강조는 완고하거나 공격적 경향성들을 나타낸다(Buck, 1948; Jolles, 1964).

⑤ 필압의 방향에 있어서 계속적인 변화들은 낮은 안정감을 나타낸다(Petersen, 1977; Wolff, 1946).

2) 운필의 질

① 안정되고 민활하며 단호한 운필은 안정적이며, 주장적, 야심 있는 사람들을 나타낸다(Petersen, 1977).

② 진동하는 방향, 희미한 선들과 중단된 운필들은 불안, 우유부단한 경향들을 나타낸다(Wolff, 1946).

③ 끊어지지 않고 곧은 운필들은 빠르고 단호하며 주장적인 사람들과 관련된다(Alschuler & Hattwick, 1947; Hammer, 1971).

④ 끊어지지 않은 곡선의 운필들은 다음의 것들을 나타낸다.-느림, 우유부단한 사람(Petersen, 1977)

- 의존적, 감정적인 경향들(Alschuler & Hattwick, 1947; Hammer, 1971)
- 여성적 성향과 유순함(Alschuler & Hattwick, 1947; Machover, 1949)

⑨ 방향

피험자가 사용하는 방향에 따라 피험자의 환경에 대한 태도와 감정 및 대인관계 방식 등을 알 수 있다.

모든 그림이 완전히 정면을 향하여 그려진 경우는 어느 정도 경직성이 있어 타협이 되지 않는 성질을 나타내며, 내면에 불안이 있어 반동형성이 되어 있다고 말해진다. 인물을 정면으로 그리는 것은 여성에게 많고, 이것은 자신을 노출시켜 현시적인 경향을 나타내며, 남성 피험자가 정면상의 인물을 그리는 것은 노출증으로 여겨진다.

측면으로 서 있거나 배면을 보이는 인물화는 도피적인 경향을 나타내며, 자폐적이고 자기고집대로 외계와 접촉하는 사람에게서 보여진다.

정면을 향한 몸체에 얼굴을 옆으로 돌려 그린 것은 사회적으로 무엇인가 잘 되어가지 않으며, 사회접촉에 죄의식을 느끼고, 어느 정도 부정직하며 신체를 노출시키려는 경향이 있음을 나타낸다.

얼굴을 옆으로 하고 몸체는 정면을 향하며 다리는 옆으로 향하게 그리는 것은 통찰력의 빈곤과 판단력의 빈약을 나타낸다.

남성으로서 남자의 상을 옆으로 그리고 여자의 상을 정면으로 그리는 것은 자기방어가 강한 것을 나타낸다.

집 그림이 한 면만 그려져 있고 문이 그려져 있지 않은 것, 인물화가 완전히 옆으로 향하여 한쪽 팔과 한쪽 다리만 보이는 것은 환경에 직면하는 것을 두려워하는 자기폐쇄적 사고와 진실된 자기를 감추고 친근한 것에만 접촉하려는 경향이 있는 사람에게서 나타난다.

⑩ 세부묘사(details)

그림을 구성하는 부분을 어느 정도 상세하게 그리는가를 말하는 세부묘사는 피험자가 일상생활에서 실제적인 면을 의식하고 처리해가는 능력과 관계가 있다.

보통 이상의 지능을 가진 사람이 필수 구성부분을 그리지 않는 것은 지적 붕괴가 시작되고 있거나 현저한 정서적 혼란이 있음을 뜻한다. 한편 필수 구성부분만을 주의 깊게 그리는 것은 환경 및 타인에 대하여 유연성 있게 접근하는 것이 어느 정도 곤란한 사람이다.

지나치게 상세한 그림을 그리는 것은 자신과 외계와의 관계를 적절히 통합하지 못하는 사람, 환경에 대해 지나친 관심을 가지고 중요한 것과 그렇지 않은 것을 구별하지 못하는 강박적인 사람, 정서장애자, 신경증 환자, 초기분열증, 뇌기질장애자 등의 그림에서 자주 나타난다.

그림에서 적당한 세부묘사가 결여된 것은 피험자의 에너지가 적으며 움츠러드는 경향이 있고, 때로는 우울증이 있는 사람에게도 나타난다.

⑪ 생략과 왜곡

그림의 어떤 부분이 생략되거나 왜곡되어 있는 경우에는 그 부분이 피험자에게 있어서 갈등이 되고 있음을 나타낸다. 예를 들면 외계에 관심이 적은 사람은 창문이 생략된 그림을 그리며, 관음증의 사람은 눈이 없는 사람의 그림을 그리는 경우가 있다.

그림의 특정한 부분이 아니고 그림 한 장 전체에 걸쳐서 생략이나 왜곡을 보이는 것은 적절한 세부묘사가 결여된 것과 같은 의미를 가지고 있다.

⑫ 절단

절단은 그림이 용지의 끝에서 잘려지는 것을 말한다. 용지의 하단에서 절단된 그림은 마음 속에 충동성이 강하게 존재하며, 그것을 강하게 억제하여 성격의 통합을 유지하고자 하는 것을 나타낸다. 용지의 윗부분에서 절단된 그림은 나무 그림 외에는 보이는 예가 적다. 이러한 그림은 피험자가 행동하기보다는 사고하는 것에 관심이 높고 지적인 면에 대한 성취욕구가 강하며 현실생활에서 얻을 수 없는 만족을 구하고 있음을 뜻한다.

용지의 왼쪽에서 절단된 그림은 미래를 두려워하여 과거에 고착하며, 자신의 감정을 자유롭고 솔직하게 표현하려 하고, 타인에게 의존적이며, 같은 것을 강박적으로 반복하려는 경향을 나타낸다. 용지의 오른쪽에서 절단된 그림은 과거로부터 미래로 도피하려는 욕구와 자신의 감정을 솔직하게 표현하거나 경험하는 것을 두려워하며, 행동에 대한 강한 통제를 보일 때가 많다.

일반적으로 집이나 사람의 절단된 그림은 생활공간으로부터의 일탈과 사회생활에 잘 적응하지 못하는 사람에 의해 그려지는 경우가 많다.

⑬ 그림자와 음영(shadow & shading)

그림의 상에 그려진 그림자는 의식 수준에 있어서의 불안과 갈등을 나타낸다.

집, 나무, 인물화의 내부 전체나 일부분을 진하게 칠한 음영이 있는 그림은 불안과 강박으로 인한 우울한 기분을 나타내며, 미숙한 정신상태로 퇴행하고 있는 것을 나타낸다. 이러한 음영이 연하게 그려진 경우는 인간관계에 있어서 타인에게 어느 정도 과민한 경향을 나타낸다.

그림의 일부분에 보이는 음영은 그 부분에 관련된 불안과 갈등을 나타내는 경우가 많다. 이를테면 지붕의 음영은 현실보다는 공상에 만족을 구하는 경향을 나타내며, 창문의 음영은 자신이 직면하고 있는 외계에 대한 적의에 대하여 불안을 나타낸다.

⑭ 투시성

투시화는 정서적, 기질적 원인으로 인한 성격의 통합 상실, 현실검증의 장애, 자신과 외계와의 구별이 안 되는 상태를 나타낸다.

일반적으로 투시화는 병적인 징조이며 정신분열증 환자에게 나타나기 쉽다. 의복을 그려놓고 유방을 그린 것이나 몸 속의 내장을 그린 것 등의 투시화는 정신분열증으로 의심이 가지만, 옷의 소매에 팔이 비치도록 그려져 있는 경우는 수정을 충분히 하지 않은 결과로 인한 부주의로 볼 수 있다. 취학 전의 아동이 투시화를 그렸을 경우는 현실검증력이 확립되지 않은 연령이기 때문에 정상적인 것이라고 할 수 있다.

⑮ 원근법(perspective)

원근법에는 앙시도(아래에서 올려다본 그림: Worm's eye view)와 조감도(Bird's eye view)가 있다. 올려다보는 그림은 피험자가 환경에 접근하기 어려워하는 감정을, 그리고 조감도는 환경에 대한 방관자적 태도를 나타낸 것이다.

조감도가 집 그림일 경우, 피험자가 자신을 우월한 인간으로 보며 가정에서 벗어나 있음을 보여주는 경우가 많다. 이것은 가정이나 가정환경에 부여된 가치를 근본적으로 거부하는 사람에게서 자주 나타난다.

올려다보는 그림은 자신이 열등한 존재라는 감정과 자신은 가치가 없는 존재라는 자기비하적인 평가, 위화감 등을 나타내며, 가정으로부터 행복을 전혀 얻지 못하고 있다고 생각하는 폐쇄적인 사고의 소유자에게서 보여진다.

멀리 보이는 그림은 움츠러드는 사고와 타인에게 근접하기 어려운 감정을 나타내는 사람이나 자신의 가정환경을 극복할 수 없다고 믿고 있는 감정과 가족에게 위로를 받을 수 없다는 감정을 지닌 사람이 그린다. 가까이 보이는 그림은 가정에 도달할 수 있는 따뜻한 감정을 지닌 사람이 그린다.

⑯ 운동성

운동성을 해석할 때는 운동성과 동작이 격렬한가, 온건한가, 자발적인가, 강제적인가, 유쾌한 것인가, 불쾌한 것인가를 본다.

운동성을 느낄 수 없는 극단적으로 경직된 느낌을 주는 그림은 성격이 경직되어 가소성이 없는 정신분열증 환자가 그리는 경우가 많다.

인물화의 운동성은 확장적 운동, 수축적 운동, 기타의 운동으로 나누어진다. 확장적 운동은 높이 뛰거나 달리거나 무용을 하는 등의 적극적인 활동을 표현한 경우이다. 수축적 운동이란 외계로부터의 압력으로 인해 좌절된 것 같은 동작, 피곤하여 웅크리고 앉거나 무엇인가에 기대어 앉거나 짐을 등에 지고 있는 등의 경우이다. 기타의 운동은 적극적 활동이 아닌 걷거나 앉거나 독서를 하는 경우이다.

확장적 운동은 기분이 밝고 활동적인 경향을 나타내지만 때로는 침착성이 없는 성격을 나타낸다. 반면에 수축적 운동은 정신적으로 피로해 있고 에너지 수준이 낮고 의존적인 경향의 사람이 그리는 경우가 많다. 기타의 운동은 자신이 직면한 상황에 대응하여 행동을 변화시켜 나가는 가소성 있는 사람의 그림에 많다. 어떤 연령의 피험자의 그림에서든 인물화에 전혀 운동성이나 동작이 나타나 있지 않는 것은 문제가 있다.

금방 무너질 것 같은 집과 벼락이 떨어진 집, 바람에 휘어진 나무나 낙엽이 떨어지고 있는 나무 등은 병적인 경우가 많다. 이것은 외부의 압력과 무의식의 욕구에 의해 자기가 지배되며, 그것을 자신의 힘으로 통제할 수 없다는 감정을 나타내는 경우가 많다. 또한 성격의 붕괴를 막연하게 느끼고 있는 정신분열증 환자에게서도 이 같은 그림을 볼 수 있다.

⑰ 지면선

인물화에서 지면선을 그리는 경우는 성인의 그림에서는 그다지 보이지 않지만, 나무나 집 그림에는 지면선을 그리는 피험자가 약 반수는 된다.

지면선은 피험자가 불안감을 안고 있으며, 무엇인가 필요한 틀을 그림으로써 안정감을 얻으려고 하는 것이다.

졸스(Jolles, 1964)는 강하고 진하게 그린 지면선은 불안을 나타낸 것이며, 지면선이 경사를 이루며 양끝이 내려간 것은 자신이 고립되었고 몸을 드러내 놓고 있다는 감정과 어머니에 대한 의존심, 때로는 노출증의 경향을 나타낸다고 하였다.

오른쪽이 내려가는 경사는 피험자가 미래가 불확실하여 위협을 느끼고 있음을 나타내며, 오른편이 올라가 있는 경사는 미래를 향하여 노력하고 있다는 것을 나타낸다.

⑱ 기타의 표시

그림에 태양을 첨가하여 그리는 것은 권위적인 인물로서 부나 모를 나타내며 피험자가 그것에 특별한 감정을 가지고 있음을 나타낸다. 날씨가 표현된 것은 피험자가 자신의 환경에 대해 갖고 있는 감정을 표시한 것이다. 외적 환경이 자신에게 적의를 가지고 있거나 압력을 가하고 있다고 느끼는 사람은 궂은 날씨로 표현하는 경우가 많다.

용지를 제시한 방향과 다르게 용지를 회전시켜서 그리는 것은 공격성과 거부경향을 나타내는 것으로 1회 이상 회전시키는 것은 병적이며, 한쪽 방향으로 계속 회전시키는 것은 고집성을 나타낸다.

3 내용 분석

전체적 분석, 형식적 분석 등을 참고하여 그림에서 강조되어 있거나 왜곡되어 있는 부분들을 다룬다.

레비(Levy, 1959)는 그림이 역동적 과거력의 산물이라고 주장하면서 나무, 집, 사람 그림이 각각 특수한 상징을 드러낸다고 하였다. 집은 공상, 자아, 현실과의 접촉, 현실에의 접근 가능성, 가정생활과 가족 내부 관계, 유년기 부모와의 관계 등을 나타내준다. 나무는 신화, 종교, 전설, 무속 등에서 인생과 성장을 상징하는 가장 보편적인 은유로 사용되는데, 나무 그림은 방어적인 태도의 개입이 적어서 보다 깊은 무의식적 감정과 갈등을 반영한다. 사람 그림은 신체적 자기, 심리적 자기, 이상적 자기, 중요한 타인에 대한 지각상 등을 상징한다.

① 집 그림의 해석

- 집은 피검자가 자신의 가정생활과 가족관계, 가족들을 어떻게 인지하며, 그것에 대해 어떤 감정과 태도를 가지고 있는가를 반영한다. 피험자가 현재의 가정을 어떻게 바라보고 있는가 하는 것 외에도 성장하여 온 가정에 대한 과거의 기억이나 경험, 그리고 이상적인 가정에 대한 소망을 나타내기도 한다. 또한 집 그림은 피검자의 자아, 현실과 관계를 맺는 정도와 양상, 그리고 개인의 내적 공상에 대한 정보를 준다.
- 집 그림에서는 그림을 전체적으로 평가함과 아울러 필수부분인 지붕, 벽, 출입문, 창문 등을 어떻게 그리는가에 유의하여 해석해야 한다.
- 단독주택을 그리는 것이 보통이며 약 8%의 사람이 교회, 학교, 절, 아파트, 빌딩 등의 특수한 집을 그린다. 이러한 경우에 그림에 대한 질문이 꼭 필요하다.

Tip

집 그림의 부분적 해석지표들

1) 문

① 문은 집과 외부를 연결하는 통로로서 타인이 자신의 삶에 들어오는 것을 허용하고 자신이 세상으로 나가는 것과 관련된다. 그래서 문은 타인과의 친밀한 관계 형성에 대한 욕구, 그에 대한 불안감, 두려움, 거부, 양가감정, 그리고 타인의 인정이나 애정에 의존적인 정도, 공감능력, 실제로 현실과 세상과 접촉하는 정도 등을 나타낸다.

② 문이나 문의 손잡이의 생략은 세상과의 접촉에 대한 불안 또는 저항감을 나타내며, 자기만의 세계에 고립되고 위축되어 있음을 나타낸다.

③ 마지막에 그려지는 경우는 사람과의 접촉을 꺼리거나 수줍음을 나타내며, 현실도피 경향, 사회적 불안을 시사한다.

④ 너무 작은 문은 친밀한 관계에 대한 양가감정, 두려움, 자신의 경계 침범에 대

한 두려움, 위축되어 있는 사회적인 관계, 대인관계 기술의 부족을 반영한다.

⑤ 너무 큰 문은 과다한 사회적 접근, 타인과의 친밀한 관계에 지나친 비중을 두는 것을 시사하거나 타인의 인정이나 수용에 지나치게 의존적인 것, 과도하게 예민한 것을 보상하려는 것을 나타낸다.

⑥ 양쪽으로 여는 두 짝의 문을 그린 것은 세상에 대한 접근의 불편감을 과잉보상하는 마음이나 실제행동을 의미할 수 있고, 측면의 문은 현실도피를 나타낸다.

2) 창문

① 문의 의미와 비슷하나 창문은 감정과 보다 더 관련된다. 대인관계, 세계와의 접촉 및 상호작용 능력에 대한 주관적인 감정과 경험을 나타낸다.

② 창문이 그려지지 않은 것은 대인관계에 대한 주관적인 불편감, 위축되어 있음, 철회와 상당한 편집증적 경향성을 나타낸다.

③ 많은 창문은 과도한 자기개방과 타인에 대한 과도한 접근을 통하여 타인에게 인정받고 싶은 소망을 나타낸다.

④ 커튼이나 창가의 화분은 창문을 가리지 않는 범위라면 환경에의 접촉에 좀 더 능동적으로 개입함을 의미하나 창문이 가려질 정도라면 대인관계에서 상처받지 않으려는 방어적인 태도나 자기은폐를 나타낸다.

⑤ 대단히 작은 창문은 대인관계에서의 심리적인 거리감, 수줍음을 나타낸다.

⑥ 스테인드글라스는 죄의식 혹은 '더럽혀진' 존재 또는 아름다움에 대한 정신적 탐색을 시사한다.

⑦ 닫힌 덧문은 극단적인 철회를 나타낸다(Jolles, 1964).

3) 지붕

① 사람의 머리에 해당하는 부분으로 내적인 공상활동, 내적인 인지과정과 관련된다.

② 지붕의 생략은 사고장애, 현실검증력의 장애를 시사한다.

③ 덧칠하기, 그물무늬나 빗금, 음영 넣기, 크기 등으로 지붕을 지나치게 강조하는 것은 공상에의 몰두, 공상을 통한 욕구충족, 공상에 대한 과잉통제와 관련된다.

④ 지붕을 지나치게 작게 그리는 것은 내적인 인지활동이 활발하지 않음을 나타낸다.

⑤ 지붕에 문과 창문을 그려 넣는 것은 세상과 접촉하는 주된 방식이 공상이나 사

고활동임을 의미하여 자폐적인 공상세계 속에 몰두해 있는 정신분열증과 관련된다.

4) 벽

① 벽은 집을 지탱해주고 집의 내부와 외부의 경계를 제공하며 집의 내부를 보호하는 역할을 하므로 자아강도와 자아통제력, 자아붕괴의 정도를 나타낸다.

② 적절한 수준의 자아강도와 자아통제력은 직선으로 그려진 벽, 선의 연결이 잘 되어 있음, 입체적인 구조, 투시와 같은 병적인 요소가 없는 것으로 표현된다.

③ 견고해 보이는 벽은 강한 자아를 나타내지만 견고함이 지나치게 강조되어 있는 벽은 위협받는 자아에 대한 두려움, 자아통제에 대한 과도한 욕구를 나타낼 수도 있다.

④ 얇은 벽, 허술한 벽은 약한 자아, 상처 입기 쉬운 자아를 나타낸다.

⑤ 과잉강조된 수평적 차원은 실용주의와 근거에 대한 욕구를 나타낸다.

⑥ 과잉강조된 수직적 차원은 적극적인 환상적 생활을 나타낸다.

⑦ 부서진 벽, 선이 연결되지 않은 벽, 벽을 안 그린 것은 분열된 성격, 현실왜곡, 자아의 붕괴, 자아통제력의 와해, 현실검증력의 손상을 나타낸다.

⑧ 2차원적으로 그려진 벽은 자신에 대해 제한되고 피상적인 부분만 드러내고자 하는 사람과 관련된다.

⑨ 정면과 측면을 모두 그렸음에도 2차원적으로 보이게 그렸다면 신경학적 손상이나 사고장애, 현실검증력의 장애를 시사할 소지가 높다.

⑩ 벽돌이나 통나무 결을 자세하게 그려 넣는 경우는 사소한 것에 대한 과도한 집착, 완벽주의적 성격 경향을 시사한다.

5) 굴뚝

① 굴뚝은 가족 내의 온정적인 분위기, 가족 간의 애정과 교류에 관한 정보를 제공해줄 수 있고, 굴뚝의 연기는 이러한 애정과 관련된 욕구, 상실감, 좌절감, 우울감 등을 시사한다. 또한 굴뚝은 남성 성기를 상징하기도 한다.

② 보강이나 크기를 통한 강조

- 가정에서의 심리적 온정에 대한 지나친 관심(Buck, 1948; Jolles, 1964)
- 남성에 대한 성적 관심(Buck, 1948; Hammer, 1969; Jolles, 1964)
- 힘에 대한 관심

- 벽돌무늬를 통한 강조는 강박적 성격이나 가정에서의 심리적 온정에 대한 강박적 집착을 시사한다.

③ 굴뚝의 생략

- 따뜻한 가족관계를 맺는 데 대한 상당한 수동성, 양가감정을 나타낸다.
- 가정에서의 심리적 온정의 결여(Buck, 1948; Jolles, 1964)라는 연구가 있지만 우리나라 사람에게는 해당되지 않는 경향이 있다.

④ 연기

- 많은 연기를 진하게 그리는 것은 마음속의 긴장이나 가정 내의 갈등이나 정서 혼란이 있음을 시사한다. 또한 남성성에 대한 성적 관심이나 권력에 대한 관심을 시사하기도 한다.
- 연기가 오른쪽에서 왼쪽으로 흐르는 것은 미래에 대한 염세적 견해를 나타내며, 왼쪽과 오른쪽으로 동시에 흐르는 것은 현실검증력이 결핍된 병적 경향을 나타낸다.
- 굴뚝을 그려 놓고 연기를 그리지 않는 것은 가정에서의 심리적 온정의 결여를 나타낸다는 연구도 있고, 연기가 나도록 그렸다는 것 자체가 가정 내 불화나 가족 내의 정서적 긴장감을 반영할 수 있다는 연구도 있다.

6) 방

① 일반적으로 방은 특별한 방과 관련된 부정적 혹은 긍정적 경험이나 방에 대한 특별한 상징을 나타낸다(Burns, 1980).

② 욕실의 강조는 항문기적 성격, 청결에 대한 강박적 강조, 가족들과 긴장하며 싸운 아동기 때의 경험, 가족 내에서의 은신처의 요구 등과 관련된다(Burns, 1980).

③ 침실의 강조는 우울증적 경향이 있는 사람을 위한 은신처, 성적 행위를 위한 장소, 병자를 위한 장소와 관련된다(Burns, 1980).

④ 식당과 부엌의 강조는 양육을 위한 장소로 애정에 대한 강한 욕구를 반영할 수 있다.

⑤ 거실의 강조는 가족 간의 상호교류에 대한 관심이나 욕구를 나타낸다.

⑥ 작업실의 강조는 일벌레임을 나타내 줄 수도 있다.

⑦ 불결한 방은 가정 혹은 자신에 대한 적개심을 나타낸다.

7) 계단과 길

① 세상과 문과의 연결통로로서 타인과의 접촉, 근접성을 의미한다.

② 집 그림에 계단 혹은 길을 그리는 것은 "나에게 오신 것을 환영합니다." 하는 사회적 상호관계의 환영을 나타낸다.

③ 균형이 잘 이루어져 출입문으로 통하는 길은 통제력과 사회적 요령을 가지고 타인과 접촉을 하고 있음을 나타낸다.

④ 집을 향해 나 있는 너무 긴 도로나 너무 좁은 도로는 타인과의 접촉에 대한 접근과 회피의 양가감정이 있음을 의미한다.

⑤ 출입문 쪽에서 극히 좁아진 길은 표면적인 우정에 타인으로부터 멀리하고 싶은 기본적 욕구를 은폐하고 있음을 나타낸다.

⑥ 도로가 출입문에 연결되어 있지 않고 집과는 관계가 없는 길은 타인과의 접촉을 즐기지 않고 별개의 세계에서 살고자 함을 나타낸다.

8) 부수적 표현(나무, 숲, 울타리, 태양, 산)

① 숲이나 기타 건물에 직접 관계가 없는 부속물을 그려서 집을 둘러싸는 것, 특히 숲이나 울타리로 집을 둘러싸는 것은 방어벽을 만들려는 것을 나타낸다.

② 나무가 집을 가리는 것처럼 보일 때는 의존에 대한 강한 욕구와 양친에게 지배되고 있다는 감정을 나타낸다.

③ 집 그림에 산이 자세하게 그려진 것은 어머니의 보호를 구하며 안전의 욕구를 나타낸다.

④ 해를 그리는 것은 성인의 경우 부모와 같은 강력한 자기대상을 추구하는 의존적 욕구를 나타내며, 아동의 경우에는 강한 애정 욕구 및 이에 대한 좌절감을 나타낸다.

9) 집과 지면과의 접촉

① 집의 바닥이 땅에 닿아 있는 방식은 집의 밑바닥 선과 지면선을 통해 표현되며, 이는 현실과 접촉 정도 및 그 접촉의 안정성을 나타낸다.

② 지면선이나 집의 밑바닥 선을 그리지 않았을 경우 현실과의 접촉에 문제가 있음, 현실과의 접촉의 불안정성, 정서적 불안정감을 의미할 수 있다.

10) 집을 바라보는 시야

① Bird' s eye view(새의 관점, 조감도)는 환경에 개입하지 않으려는 태도, 우월

감, 과대망상, 가정에서 떠나 있음, 가정의 전통적인 가치나 사회적 가치규준에 대한에 근본적인 거부와 관련된다.

② Worm' s eye view(벌레의 관점, 앙시도)는 가족 및 환경에 수용되지 못하고 거부당하는 느낌과 그에 접근하기 어려워하는 감정, 근접할 수 없는 가정에 가까이 가고 싶은 욕구, 애정욕구에 대한 좌절감, 열등감, 자기비하, 자존감의 결여와 관련된다.

③ 멀리 보이는 집은 집과 멀리 떨어지고자 하는 소망, 가족상황에 대해 대처할 수 없다는 무력감, 타인에게 근접하기 어려운 감정, 가족에게 위로받을 수 없다는 감정과 관련된다.

② 나무 그림의 해석

나무와 사람 그림은 피검자의 신체상 또는 자기개념을 나타내주는데, 특히 나무 그림은 좀 더 무의식적인, 심층적인 수준에서의 자기와 자기개념에 대한 감정이 투사되는 반면 사람 그림에는 좀 더 현실생활에서 느끼고 있는 자기 자신에 대한 태도와 감정들이 투사된다.

나무 그림에 대한 해석은 먼저 전체를 직관적으로 바라보는 것이 중요한데 이를 통하여 피검자의 정신적 성숙도를 추측해 볼 수 있다. 나무의 형태는 뿌리와 줄기와 가지가 표현되는 수관으로 이루어진다. 그리는 순서는 보통 줄기부터 시작하여 잎으로 그려가지만 화가 또는 통합되어 있는 사람은 뿌리부터 그리기도 한다.

지면의 선을 먼저 그리고 나무를 그리는 것은 타인에게 의존적이며 타인으로부터 인정받고 싶어 하는 사람이다. 한편 나무를 그린 후 지면의 선을 그리는 것은 행동에 있어서 처음에는 침착하지만 곧 불안해지며 타인의 인정을 구하는 사람이다.

잎을 맨 먼저 그리는 것은 마음의 안정성이 없고 표면적인 허영과 허식을 구하는 경향이 있음을 나타낸다.

나무 그림의 부분적 해석지표들

1) 뿌리

① 뿌리는 생명의 원천으로 현실이나 세상에 안정되게 설 수 있는 기반을 제공하며 나무를 지탱하는 데 필요한 영양분을 만들고 확고한 힘을 제공한다. 뿌리는 피검자가 내적으로 느끼는 자기 자신에 대한 안정감, 자기 자신의 근본적인 모습에 대한 이해, 현실을 지배하는 능력과 관련된다.

② 뿌리의 강조는 보통 미성숙이나 과거에 고착되어 있음, 자기 자신에 대한 불안정감의 보상과 관련된다. 정신병자나 알코올 중독자들은 뿌리를 크게 그리는 경향이 있는데 이는 현실에 발판을 붙이기 어렵거나 정신적 발판이 약한 사람들이 강하게 발판을 찾는 것과 같은 이치로 볼 수 있다.

③ 지면선을 그려 놓고 땅 속에 보이지 않는 뿌리를 보이는 것처럼 그리는 것은 현실검증력의 장애를 나타낼 수 있다.

④ 죽은 뿌리는 살려는 의욕의 상실, 현실을 다루는 일에 심각한 문제, 우울증적인 감정을 나타낸다.

⑤ 동물의 발톱, 갈퀴와 같은 뿌리는 사람이나 장소에 의지하고 있음을 말한다.

⑥ 줄기의 밑 부분이 뿌리로 연결되는 것같이 보이지 않고 막대기를 꽂아 놓은 것처럼 보이거나 나무가 붕 떠보이는 인상을 주거나 도화지의 하단에서 절단된 뿌리는 현실과의 접촉과 현실검증력이 불안정하거나 내적인 불안정감과 관련된다. 특히 도화지의 하단에서 절단된 뿌리는 보다 더 미숙하고 퇴행적이며 의존적인 성향과 관련된다.

⑦ 언덕 위에 있는 나무는 종종 정신적인 의존성을 보여준다. 특별히 나무가 단단하고 크다면 위로 올라가고자 하는 노력을 의미한다.

2) 나무기둥(줄기)

① 줄기는 성장과 발달과정에서 획득한 힘, 활력, 생명력, 성격구조의 견고성, 자아강도에 대한 주관적인 느낌을 반영한다.

② 줄기의 윤곽선을 지나치게 진하게 그릴 경우 자아가 혼란되고 분열되는 것에 대한 두려움과 이에 대한 방어적 경향성을 의미하며, 반대로 지나치게 연하게

그렸을 경우 자아붕괴에 대한 불안감이나 위험성을 의미한다.

③ 나무기둥을 안 그리는 것은 자아강도가 극도로 약화되어 있거나 와해되어 정신증적 상태에 있거나 심한 자기 부적절감, 지나친 억제 경향성, 수동성을 의미할 수 있다.

④ 줄기를 지나치게 넓게 그리거나 너무 높이 그리는 경우는 약한 성격구조와 자아강도에 대한 불안감의 보상으로 볼 수 있다. 너무 좁고 약한 줄기는 위축되고 무력해 있음을 의미한다.

⑤ 줄기의 윗부분을 둘 이상으로 갈라서 그리는 경우는 자신에 대한 혼란감, 자기분열감을 시사한다.

⑥ 줄기에 있는 외상적 표시들은 심각한 외상을 경험했던 나이를 반영한다.

⑦ 꼭대기로 갈수록 가늘어지는 줄기는 약화된 활력을 나타낸다.

⑧ 줄기에 있는 짙은 음영은 만연된 불안을 나타낸다.

⑨ 바람에 흔들리는 줄기는 환경에서의 압력과 긴장들을 나타낸다.

⑩ 나무 밑동이나 그루터기만 그리는 잘려진 나무는 심한 유약감, 위축감, 우울감을 나타낸다.

⑪ 나무기둥과 가지를 일차원적으로 그린 경우는 낮은 지능, 기질적 손상을 의심해 볼 수 있다.

⑫ 어린 나무는 미성숙이나 공격성을 나타낸다(Buck, 1948).

3) 가지

① 성장을 위해 뻗어 나가는 부분으로 환경으로부터 만족을 추구하는 피검자의 능력, 양육과 성장을 위해 환경과 접촉하려는 노력, 현재 상황에 대처할 수 있는 능력, 성취하고자 하는 소망을 이루기 위한 노력을 상징한다.

② 조직화되고 조화롭게 형성된 가지들이 균형을 이루며 활발하게 자라는 것이 일반적이다.

③ 엄밀하게 좌우대칭을 이루고 있는 가지는 세상에서의 상호작용에 대한 두려움과 불확실감을 느끼고 있지만 완벽한 균형을 유지하고 통제감을 얻고자 하는 강박적인 욕구를 나타낸다. 이러한 사람은 융통성이 부족하고 경직되어 있는 경향이 있다.

④ 꺾여 있거나 잘려진 가지들은 내적, 외적 자원에 대한 좌절감과 무력감, 외상

혹은 거세에 대한 감정을 나타낸다(Hammer, 1960; Jolles, 1964).

⑤ 죽은 가지들은 생활의 일부에서의 상실감이나 공허함을 나타낸다.

⑥ 나뭇가지를 그리지 않는 것은 사회적으로 매우 위축되어 있음, 세상과의 상호작용에서 매우 억제되어 있음, 우울감을 나타내며, 줄기에 접하지 않았거나 부러진 가지들은 체계적이고 조직적으로 끝까지 해내지 못하는 꿈꾸는 사람이나 공상적인 사람을 나타내기도 한다.

⑦ 버드나무와 같이 아래로 늘어진 가지들은 죄의식, 과거에 집착하는 사고, 우울증과 관련된다.

⑧ 줄기에 비해 지나치게 큰 가지는 성취동기나 포부수준이 매우 높거나 지나친 노력을 하는 부적절함을 나타내거나 환경과의 상호작용에서 자신감 없음을 나타낸다.

⑨ 위로 뻗어 올라간 가지들은 환경 속에서 기회를 찾아가는 것을 말한다.

⑩ 줄기에서 삐져 나온 새로운 성장은 새로운 희망이나 신뢰하는 환경을 향한 새로운 움직임을 나타낼 수 있다.

⑪ 커다란 줄기에 대해 가느다란 가지들은 환경에서 만족을 얻을 수 없음을 나타내며, 일차원적인 나뭇가지는 대인관계 상호작용에 대한 심한 부적절감, 낮은 지능, 정신병적 상태를 나타낸다.

4) 수관

① 수관을 장식하는 잎, 꽃, 열매들은 나무에서 가장 불안정한 요소로 일시적인 장관으로 깊은 인상과 감명을 주지만 시간의 흐름에 따라 사라지는 것이다.

② 꽃은 자아도취적인, 피상적인, 허영심이 많은, 성급한 결실을 바라는, 현재를 사는, 계획성이 부족한, 성취보다는 허식이 많은 사람과 관련된다.

③ 커다란 잎들은 부적합성과 관련된 의존성을 나타낸다(Burns &Kaufman, 1972; Burns, 1982; Jolles, 1964).

④ 떨어지는 혹은 떨어진 열매들은 거리감이나 죄의식을 나타낸다. 이와 같은 '타락한 천사' 증후군은 종종 강간과 같은 외상 후에 보여진다(Jolles, 1964).

5) 나무에 있는 동물들

① 나무에 그린 동물들은 그림을 그린 사람이 동일시할 수 있는 속성을 나타낸다.

② 가장 흔한 것이 다람쥐로 행동에 대해서 연속적으로 박탈 경험을 가지고 있는 사람들에 의해서 종종 그려진다.

③ 새둥지, 나무 구멍 속에 동물 그리는 것은 따뜻하고 보호적인 자궁 속에 있는 것의 상징으로 의존적인 사람들에서 나타낸다(Jolles, 1964). 특히 옹이 구멍 안의 동물은 일시적인 퇴행(상징적으로는 자궁으로의 회귀)을 통하여 손상되고 고갈된 자아를 회복하고 싶은 욕구를 나타낸다.

6) 나무의 나이

① 나무의 나이는 피검자에게 질문을 함으로써 얻을 수 있는데 일반적으로 정서적, 심리적, 성격적 성숙의 정도를 나타낸다.

② 자신보다 어린 나이의 나무를 그리는 것은 미성숙한 상태를 의미하며, 나무의 나이를 너무 많게 말하는 피검자는 내적인 미성숙함을 부인하거나 과시적인 태도를 통해 보상하고자 할 가능성을 시사한다.

③ 노인의 경우 늙었다는 것에 대한 보상으로 아주 어린 나이를 말하는 경향이 강하다.

7) 나무의 주제

① 소나무나 삼목 등의 상록수를 그리는 사람은 자신을 활력이 넘치는 존재로 보며, 그와 같이 행동하고 싶다는 소망을 나타낸다. 특히 삼목을 그리는 사람은 달성욕구가 강하며, 자기를 통제하고 질서 정연한 사람인 경우가 많다.

② 낙엽수를 그리는 피검자는 자신이 외계의 힘에 의해 움직여지고 있다는 감정을 가지고 있는 경우가 많다. 특히 버드나무와 같이 밑으로 처지는 나무를 그린 사람은 폐쇄적인 경향으로 자기주장이 적은 것을 나타낸다.

③ 고목나무는 열등감, 무력감, 우울감, 죄책감을 나타내며 폐쇄적인 사람, 우울한 사람, 신경증이나 정신분열증 환자에게서 보여진다. 고목의 경우 완전히 말라 죽었다고 하는 경우는 부적응의 징후이다.

④ 고목이 벼락을 맞았고, 기후, 벌레 등 외부의 힘에 의해 말라죽은 것은 피검자가 자신의 문제원인이 외계에 있다고 인지하는 경우가 많고, 말라죽은 이유가 뿌리, 줄기, 가지가 썩는 등 내부적 원인에 의한 것은 피검자가 자신을 불건전하고 수용할 수 없는 존재로 인지하는 경우가 많다. 내부로부터 말라죽은 나무

가 외적 작용에 의해 말라죽은 나무보다 병적 상태가 강하며 죄책감이 강한 것을 나타낸다.

⑤ 고목의 경우 말라죽은 지 얼마나 오래 되었는지를 피검자에게 질문함으로써 피검자의 부적응감, 공허감, 실망감 등이 어느 정도 계속되었는지를 알 수 있다.

⑥ 바람으로 인해 고목이 된 그림은 피검자의 감수성이 강하고, 외부의 압력을 의식하면서도 자신의 통제력이 미치지 못한다는 느낌의 표시이다.

⑦ 몇 개의 잎이 달려 있는 고목은 외계의 힘에 대해 자신의 통제력이 남아 있음을 나타낸다. 밑둥치만 남은 고목에 몇 개의 잎만 나온 그림이라면 피험자의 힘으로는 어떻게 할 수 없는 심적 외상이 있음을 나타내며, 동시에 무의식 중에 새 출발하려는 노력을 뜻한다.

8) 줄기의 표면

① 나무껍질은 자신이 외계와 타인과 접촉하는 부분을 나타내는 것으로, 대개의 선이나 음영, 혹은 공백으로 처리한다.

② 나무껍질을 검게 칠한 것은 외계와의 사이에 긴장감을 가지며, 우울한 기분과 불안을 시사한다. 강한 음영은 아니더라도 왼쪽에만 음영을 나타낸 것은 내향적, 몽상적이며 감동하기 쉬운 사람이면서 자신을 타인에게 나타내지 않으려는 사람인 경우가 많고 오른쪽에만 음영을 나타낸 사람은 사고적이며 환경에 적응하려는 적극적인 의욕을 가지고 있다.

③ 나무껍질의 모양을 상세하게 그리는 것은 환경과의 관계에 강한 관심을 가지며 자신을 강박적으로 통제하려고 하는 것을 뜻한다.

④ 나무껍질에 거칠거나 톱니모양의 선을 사용하는 것은 거칠고 고집스러우며 불만이 많고 성을 잘 낸다는 것을 나타내며, 나무껍질의 선이 둥글고 곡선적인 선으로 그려진 것은 타인과의 접촉을 원활히 하며 외계에 적응하려고 하는 욕구를 나타낸다.

③ 인물화의 해석

인물화는 가장 깊이 연구된 것으로 나무 그림이나 집보다 자기상을 더 잘 나타낸다. 그러나 인물화는 피험자에게 경계심을 품게 하고 자기를 방어하려는 생각을 갖게 하기 때문에 의식적, 무의식적으로 자기의 모습을 왜곡시켜 나타내며 자기 이외의 인간을 그리는 경우가 많다.

원칙적으로 인물화는 자기의 현실상이나 이상상을 나타내며 자기에게 있어서 의미 있는 사람, 일반적인 사람을 어떻게 인지하고 있는가를 나타낸다.

피험자가 인물화로 표현하는 자기상에는 심리적인 것과 신체적인 것이 있다. 예를 들면, 보통 키의 성인이나 아동이 작은 인물을 그리거나 약한 인상을 주는 인물을 그리는 경우에는 자기를 작고 무가치한 인간이라고 생각하거나 의존적인 인간으로 인지하고 있는 경우가 많다.

인물화가 신체 상태를 나타내는 경우도 있다. 이를테면 신체장애인이 그리는 그림은 직접적 혹은 간접적으로 장애의 존재를 보인다.

인물화에는 피험자의 현실상뿐만 아니라 이상상도 표현된다. 예를 들면 내성적인 경향의 청년이 무장한 경찰관의 늠름한 모습을 그리는 것은 적극적으로 활동하는 인간이 되고 싶다는 심리적인 이상상을 나타내는 것이며 현실적으로 왜소하고 병약한 사람이 럭비 선수를 크게 그리는 것은 신체적인 이상상을 그리고 있는 것이다. 이러한 인물화로 피험자는 자신의 특별한 공포와 불안, 강박적으로 확신하고 있는 것, 자신의 성적 역할의 인지방법 등을 나타내고 있는 것이다.

아동은 양친의 상을 의미 있는 사람으로 그리는 경향이 있다. 이것은 아동이 양친을 동일시하여 자신의 행동양식의 본보기로 바라보기 때문이다.

인물화의 필수부분은 얼굴, 몸통, 두 개의 손, 두 개의 발, 코, 입, 두 개의 눈이다.

인물화를 그리는 순서는 얼굴을 먼저 그리며 다음에 몸통 그리고 손, 발을 그려가는 것이 보통이다. 특히 얼굴의 부분만을 매우 상세하게 그려 완성하려는 피험자는 강박적인 성격일 경우가 많고, 동체부터 그리는 사람은 자기개념이 충분히 형성되지 않은 사람이라고 한다. 제일 먼저 의복을 그리려고 하는 사람은 인간관계에 문제가 있으며, 따뜻함을 가지고 애정관계를 맺지 못하는 냉정한 사람인 경우가 많다. 또한 다리부터 그려나가는 것은 성에 대한 관심과 갈등 혹은 성도착의 가능성을 나타낸다. 얼굴을 마지막으로 그리거나 얼굴 내부를 먼저 그리고 윤곽을 나중에 그리는 것은 타인과의 정서적인 접촉을 즐기지 않는 사람에게서 자주 보인다. 손을 먼저 그리는 것은 죄악감을 갖고 있거나 인간관계에 문제가 있는 사람인 경우가 많다.

Tip

인물 그림의 부분적 해석지표들

1) 처음에 그리는 성

대부분의 피험자는 자신과 동성인 인물을 먼저 그린다.

인물화에서 이성상을 먼저 그리는 사람은 이성에 대한 성적 관심이 강한 사람, 의미 있는 사람이 이성이며 그 사람과 심리적으로 밀착된 경우, 성의 동일시에 혼란이 있고 자신의 성적 역할을 심리적으로 받아들이지 못하거나 동성애 등의 가능성이 있다. 여자가 남자보다 이성상을 먼저 그리는 경우가 더 많고, 남녀 모두 20세경에 증가하는 경향이 있다. 이성상을 먼저 그리는 피험자에 대한 연구에 의하면 성범죄자, 동성애자, 알코올 중독자, 약물중독자, 정신장애자들이 그렇지 않은 사람보다 이성상을 먼저 그린다는 보고가 상당히 많다.

2) 인물화의 크기

인물화의 크기는 피험자의 자존심과 활동성 등을 의미한다. 피험자의 성별에 관계없이 약 반수는 남성상을 여성상보다 더 크게 그리는 경향이 있다. 어쨌거나 이성상을 지나치게 크게 그리거나 적게 그리는 것은 어떤 의미에 있어서 성적 역할에 혼란이 있다고 생각되어진다. 예컨대, 여성 피험자가 여성상을 아주 크게 그릴 경우 남성의 지배력을 무시하려는 남성적 여성인 경우가 있다. 그려진 여성이 어머니의 상인 경우는 가정 내에 있어서 지배력이 부친보다 모친에게 더 있다고 인지할 수도 있다.

3) 만화적이거나 추상적인 인물화

추상적으로 그리거나 만화처럼 그리는 것은 검사에 대한 자기방어적인 태도와 경계심을 나타내는 동시에 인간관계에 불안을 갖고 있으며, 자기개념이 확립되어 있지 않고 타인에 대하여 적의를 가지며, 인간관계를 피하려고 하는 것을 나타낸다. 피험자 중에서 동성상 또는 이성상의 하나만을 만화적으로 또는 추상적으로 그리는 것은 자기를 나타내려 하지 않는 사람이나 이성에 대한 거부적인 태도와 성적 관심을 은폐시키려는 사람에게서 자주 보여진다.

4) 성차의 표현

성차를 명확하게 표현하기 위해서는 피험자가 성의 동일시를 확립하고 자신의 성적 역할을 체험하고 인지하는 것 등이 필요하다.

하워스(Haworth)가 만든 성차 표현의 5단계를 살펴보면 아래와 같다.

- 제1단계: 성차가 전혀 구별되지 않는다. 유아나 정신지체인 외에는 좀처럼 나타나지 않는다.
- 제2단계: 성차가 조금 표현되어진다. 예컨대, 머리 길이의 장단, 바지와 치마, 유방의 유무 등에 의한 차이를 보인다.
- 제3단계: 2단계보다 성차가 많이 표현되나 4단계보다 적다. 남녀의 표정, 머리모양, 몸매의 차이를 보인다.
- 제4단계: 인물의 표정, 눈 모양, 눈썹 모양, 속눈썹, 입술 모양, 수염 등이 주의를 끌며 어깨, 가슴, 허리, 엉덩이, 다리 등에 성차가 그려지며 남자다움과 여자다움이 나타난다. 또한 복장, 액세서리, 휴대품 등에서 성차가 표현된다. 4단계에서는 성차가 확실히 구별되지만 남성상이나 여성상 중 어느 하나만을 특별히 분화하여 나타낸다.
- 제5단계: 4단계와 동일하지만, 남성상과 여성상의 양쪽을 분화하여 그리는 경우이다.

5) 머리

① 현저하게 큰 머리는 다음의 것을 나타낸다.

- 보통보다 큰 머리는 과대평가 혹은 고도의 열망(Buck, 1948)
- 사람의 체격에 대한 불만(Buck, 1948)
- 그런 대로 괜찮은 유기체, 혹은 두통에 대한 사전징후(DiLeo, 1973)
- 보통 이하의 지능(Machover, 1949)
- 정상적으로 아동들은 성인보다 비율적으로 큰 머리를 그린다(Machover, 1949).

② 현저하게 작은 머리는 다음의 것을 나타낸다.

- 지적으로, 사회적으로 혹은 성적으로 부적절한 감정이나 무기력(DiLeo, 1973; Jolles, 1964; Machover, 1949)
- 열등감, 혹은 약함(Burns & Kaufman, 1972; Machover, 1949)

6) 머리카락

머리카락의 생략이나 부적절함은 낮은 신체적 활력을 나타낸다(Machover, 1949). 머리, 턱, 가슴 혹은 다른 어떤 곳에 있어서 체모의 강조는 다음의 것을 나타낸다.

① 활력에 대한 노력 혹은 성적 징후(Buck, 1948; Jolles, 1964; Machover, 1949)

② 보통 화장의 강조와 더불어 웨이브지고 매력적인 머리카락은 정교한 자기도취로 표현된다. 청년기 여성의 경우에는 정신 신체적 증상이나 천식 혹은 자기도취, 성적 비행 경향성을 가지고 있다(Buck, 1948; Machover, 1949).

7) 얼굴

① 얼굴이 생략되고 나머지 부분이 부적절하게 그려진 것은 다음의 것을 나타낸다.

- 개인 상호 간의 관계가 분명치 않고 피상적임(Burns & Kaufman, 1972; Machover, 1949)
- 부적절한 환경적 접촉(Machover, 1949)
- 치료에서의 나쁜 예후: 만족한 인물화는 좋은 예후를 나타낸다(Machover, 1949).

② 희미한 안면의 형태는 다음의 것들을 나타낸다.

- 철회 경향, 특히 측면일 경우(Machover, 1949)
- 개인 상호 간의 관계에서의 소심함 및 자의식(Burns & Kaufman, 1972; Machover, 1949)
- 얼굴의 과도한 강조와 강한 강화는 부적절함과 약함을 공격적 · 사회적으로 현저한 행동으로 보상함을 나타낸다(Machover, 1949).

8) 눈과 눈썹

① 현저하게 큰 눈은 다음의 것을 나타낸다.

- 의심, 관계망상 혹은 다른 편집증적 특징들로서 특히 눈이 검고 위협적이거나 날카로운 경우에는 공격적 표출 행동 경향을 가진다(DiLeo, 1973; Machover, 1949).
- 상당한 불안: 특히 눈에 음영이 진 경우(Machover, 1949)
- 사회적 의견에 대한 과민성(Machover, 1949)
- 외향적인, 사회적으로 외향적으로 나가는 경향들(Machover, 1949)
- 여성들은 남성들보다 눈을 크게 상세하게 그린다(Machover, 1949)

② 보통보다 작거나 감은 눈은 다음의 것을 나타낸다.

- 내향적 경향(Machover, 1949)
- 자기도취: 관조적, 내향적 경향(Machover, 1949)
- 작은 눈에 비해 큰 안와는 강한 시각적 호기심과 죄의식, 성적으로 훔쳐보는 취미와 관련된 갈등(Machover, 1949)
- 소위 '텅 빈 눈' 인 생략된 동공은 그들의 환경을 인식하는 것에 관심이 없고 막연하게 특성이 없는 것으로 인식하는 사람들의 경우에 있어서 내성적이며 자아도취적 경향을 나타낸다.
- '피카소' 눈(혼란되게 그려진 하나의 눈이나 혹은 인물의 얼굴 중앙에 그려진 하나의 눈)은 다른 사람이나 의미 있는 다른 사람에 대해서 과도한 관심이나 경계심을 나타낸다(Burns & Kaufman, 1972).

③ 눈썹과 속눈썹

- 상당한 정교화, 특히 정돈된 눈썹은 아마도 과도하게 몸단장을 함으로써 솔직한 행동에 대한 비평적인 태도를 반영하는 경우일 수도 있다(Machover, 1949).
- 조잡한 눈썹은 세련된 훌륭한 몸단장과는 거리가 먼 '야만적이고 난폭하며 노골적인' 경향을 보인다(Machover, 1949).
- 일어선 눈썹은 경멸적인 태도를 보인다(Machover, 1949).
- 남성이 속눈썹을 자세히 그린 것은 동성애적 경향의 가능성을 나타낸다(Machover, 1949).

9) 귀와 코

① 강조된 큰 귀 혹은 머리카락을 통해 비쳐 보이는 큰 귀는 다음과 같은 것을 나타낸다.

- 청각장애의 가능성 그리고 청각과 관련된 관심(DiLeo, 1973; Machover, 1949)
- 비평에 대한 민감성(Buck, 1948; Jolles, 1964; Machover, 1949)
- 상당한 관계 망상(Burns & Kaufman, 1972; Machover, 1949)

② 압력이나 크기를 통한 코의 강조는 다음의 것들을 나타낸다.

- 성적 두려움이나 거세에 대한 두려움(Buck, 1948; Hammer, 1971; Jolles, 1964; Machover, 1949)
- 성적 부적절성 혹은 발기불능(특히 나이 든 남성의 경우)(Machover, 1949)

③ 콧구멍이 그려져 있으며 강조되어 있는 것은 공격적 경향과 정신 신체적 증상인 천식 상태를 나타낸다(Burns & Kaufman, 1972; Machover, 1949).

10) 입과 턱

① 입의 강조는 다음의 것을 나타낸다.

- 퇴행적 방어, 구강기(Burns & Kaufman, 1972; Machover, 1949; Jolles, 1964)
- 구강기적 성격을 강조(DiLeo, 1973; Machover, 1949)
- 야만적 경향성(Machover, 1949)
- 언어 문제의 가능성(Machover, 1949)

② 입의 생략은 다음의 것들을 나타낸다.

- 상당한 심리 · 신체적 천식의 상태(Machover, 1949)
- 우울상태의 가능성(Machover, 1949)
- 타인들과 의사소통하는 것을 원하지 않음(Buck, 1948)

③ 입에 대한 여러 가지 취급법

- 성인의 그림에서 이빨이 보이면 유아적이고, 공격적이거나 가학적인 변태 성욕

적인 경향들을 나타낸다(Buck, 1948; Burns & Kaufman, 1972; Machover, 1949).

- 입을 짧고 진한 선으로 나타내는 경우에는 강한 공격적 충동을 나타내지만 보복을 예상하므로 개인적인 신중함을 나타낸다(Machover, 1949).
- 전체적으로 하나의 선으로 된 경우는 상당한 긴장을 나타낸다(Machover, 1949).
- 씩 웃는 효과를 보이는 넓고 끝이 올라간 선은 아동의 경우는 정상적이지만 성인의 경우는 강요된 적응과 상당히 부적절한 정서를 나타낸다(Machover, 1949).
- 여성상에 있어서 큐피드의 화살과 같은 입은 성적으로 조숙한 청년기의 여성, 성인의 심리적인 천식과 관련된다(Machover, 1949).
- 벌린 입은 구강적 수동성을 나타낸다(Machover, 1949).
- 담배, 이쑤시개, 파이프 등과 같은 것이 입 안에 있는 것은 구강적 성애에 대한 욕구를 나타낸다(Machover, 1949).

④ 보통 이상으로 강조된 턱은 다음의 것을 나타낸다.

- 공격적이며 지배적인 경향의 가능성(Buck, 1949; Jolles, 1964; Machover, 1949)
- 강한 충동 가능성(Machover, 1949)
- 허약한 감정에 대한 보상의 가능성(Machover, 1949)

11) 목과 결후

머리와 몸통 사이에 접한 연결부인 목은 지성과 정서 사이의 상징적인 연결부로 간주되어 왔다. 긴 목은 인물화의 해석에서 의존성과 관련되어진다. 종종 목에 대한 해석은 이 이론적 설명에 근거를 두고 있다(Burns & Kaufman, 1972; Machover, 1949).

① 현저하게 짧고 굵은 목은 다음의 것들을 나타낸다.

- 난폭하고, 완고하며, '저돌적인' 경향(Machover, 1949)
- 충동적 성향(Machover, 1949)

② 현저하게 긴 목은 다음의 것들을 나타낸다.

- 교양 있는, 사회적으로 융통성 없는, 완고한, 형식적이고 지나치게 도덕적인 사람(Machover, 1949)
- 의존성(Burns & Kaufman, 1972)

12) 접촉 부위들(팔, 손, 손가락, 다리, 발)

① 일반적으로 그림에서의 팔의 상태와 위치는 사람의 신체적 상태 및 유형 혹은 환경과의 접촉을 반영한다.

- 경직된 두 팔은 강박적이며 억압된 성격을 나타낸다(또한 자세 특징)(Buck, 1948; Jolles, 1964; Machover, 1949).
- 흐느적거리는 두 팔은 일반적으로 무능력한 성격을 나타낸다(DiLeo, 1973; Machovor, 1949).
- 손을 허리에 대고 팔꿈치를 옆으로 벌이고 있는 경우는 자기도취 혹은 으스대는' 경향이 있는 것을 말한다(Machover, 1949).
- 몸통에서 오른편으로 기계적, 수평으로 뻗어 있는 팔은 천박하며 환경에 대해 무감동한 접촉을 하는 단순하고 퇴행적인 개인을 나타낸다(Machover, 1949).
- 약하고 위축된 팔은 신체적 혹은 심리적 약함, 부적절함을 나타낸다(Buck, 1948; Hammer, 1971; Jolles, 1964; Machover, 1949).
- 강화된 팔, 특히 근육이 강조된 팔은 보통 물리적 특성으로 권력 싸움을 나타낸다. 넓은 어깨 등과 관련될 때 공격적 경향성과 연결된다(Burns & Kaufman, 1972; Jolles, 1964; Machover, 1949).
- 길고 강한 팔은 탐욕적이고 보상적 야망, 신체적 강건함에 대한 욕구, 그리고 환경에 대한 능동적 접촉의 욕구를 나타낸다(Buck, 1948; Jolles, 1964; Machover, 1949).
- 매우 짧은 팔은 야망의 결여, 부적절함에 대한 노력의 부족을 나타낸다(Buck, 1948; Burns & Kaufman, 1972; Jolles, 1904).
- 팔의 생략은 손의 생략과 같이 죄의식, 극단적인 우울증, 일반적인 무력감, 환경에 대한 불만, 강한 철회 경향 등을 나타낸다(Machover, 1949).
- 이성의 그림에서 팔의 생략은 이성의 일원들 중 아마도 이성의 부모들에게 거절되었다고 그 사람이 느낀다는 것을 나타낸다. 때로는 죄의식을 반영하기도 한다

(Machover, 1947).

② 손에 대한 해석적 연구들의 예는 다음과 같다.

- 희미한 손은 사회적 상황에서 신뢰감의 결여나 생산성의 결여, 어쩌면 둘 다를 나타낸다(Machover, 1949).
- 음영이 있는 손은 보통 공격적 혹은 자위 행동과 관련된 불안이나 죄의식을 나타낸다(Buck, 1948; Jolles, 1964; Machover, 1949).
- 현저하게 큰 손은 공격성을 나타낸다(Burns & Kaufman, 1972).
- 성기 부위를 덮고 있는 손은 성애적 습관을 나타내며, 성적 부적응 여성이 그리는 그림에서 발견되어진다(Buck, 1948; Machover, 1949).
- 과장된 손은 억제된 충동을 나타낸다(Machover, 1949).
- 인물화에서 가장 흔히 생략되는 부분이기 때문에 손의 생략은 의미가 적다. 그러나 이것의 생략은 부적절함, 거세 불안, 자위에 대한 죄책감, 그리고 신체 기관의 상태와 관련된다(Buck, 1949; Hammer, 1971).
- 마지막에 그려진 손은 부적절한 환경에 접촉하기 싫음을 나타낸다(Buck, 1948).
- 손가락들: 손가락들에 대해 다루는 것은 종종 손이나 팔에 대한 것보다 더 중요하다고 생각된다. 일반적으로 손가락들은 손이나 팔을 그리기 전에 그려진다. 손가락들은 가장 엄격한 감정 속에서의 접촉 특징을 나타내며, 우호적이고, 적극적인, 적대적, 파괴적 방식으로 아주 광범위하게 사용되어질 수 있다.
- 갈퀴 같은, 진하고 곧은 선들, 혹은 끝이 뾰족한 손가락은 유아적, 야만적, 공격적 경향들을 나타낸다(Buck, 1948; Hammer, 1971; Jolles, 1964; Machover, 1949).
- 단단히 쥔 주먹은 공격성과 반항을 나타낸다(Buck, 1949; Machover, 1949).
- 아동화에서 흔한 손이 없고 손가락만 있는 그림이 성인에게 보여질 때에는, 특히 강한 압력으로 한 차원에서 그려진 것일 때는 퇴행과 유아적 공격성, 공격적 경향성을 나타낸다(Machover, 1949).
- 짙게 음영지거나 강조된 손가락들은 일반적으로 죄책감을 나타내는 것으로 간주되고 보통 도벽이나 자위행위와 관련되어진다(Machover, 1949).
- 현저하게 큰 손가락들은 공격적인 경향성을 나타낸다(Burns & Kaufman,

1972).

③ 다리에 대한 해석적 연구들의 예는 다음과 같다.

- 매우 긴 다리도 자율성에 대한 강한 욕구를 나타낸다(Buck, 1948; Jolles, 1964).
- 보통 허리 아랫부분을 그리지 않으려고 하는 것과 관련, 다리 그리기를 거절하거나 혹은 스케치 선으로 그려질 경우에는 심각한 성적 혼란이나 병리적 위축을 나타낸다(Jolles, 1964; Machover, 1949).

④ 발에 대한 해석적 연구들의 예는 다음과 같다.

- 길게 늘어진 발은 강한 안정감에 대한 욕구와 상당한 거세 불안의 가능성이 있음을 나타낸다(Buck, 1948; Burns & Kaufman, 1972; Hammer, 1971; Jolles, 1964).
- 작고 특히 가느다란 발은 불안정감, 위축, 의존성과 다양한 정신 신체적 상태들과 관련되어진다(Buck, 1948; Jolles, 1964; Machover, 1949).
- 발을 그리는 데 있어서의 저항은 우울증적 성향, 실망을 나타내며, 침대에 누워 지내는 환자를 포함하여 신체적으로 위축감을 지닌 사람의 그림에서 종종 보여진다(Machover, 1949).
- 발을 그리지 않는 경우는 도피의 경우에 흔하다(Burns & Kaufman, 1972).

13) 자세의 특징들

벌리고 선 자세는 다음의 것을 말한다.

- 공격적인 저항이나 불안정감(Buck, 1948; Jolles, 1964; Machover, 1949)
- 특히 인물이 도화지의 중앙에 있을 때 공격성, 독선적 공격성, 때때로 불안정감에 의해서 반대로 행동하며, 작거나, 음영이 져 있거나, 강화되었거나, 혹은 약한 필압으로 그려지거나, 지면선을 사용해 발이 그려져 있는 경우에 보다 명백하다(Machover, 1949).
- 다리가 공중에 떠 있고 전체상이 비스듬히 그려져 있을 때 만성적 알코올 중독의 경우와 같이 심한 불안정감과 의존성을 나타낸다(DiLeo, 1973; Machover, 1949).

- 그림이 갈수록 희미해지는 선으로 된 경우, 이것은 히스테리, 정신병, 혹은 히스테리성 정신병을 나타낸다(Machover, 1949).

14) 신체의 다른 부위(몸통, 어깨, 가슴, 허리선, 엉덩이, 접합부 등)

몸통은 기본적 충동과 관련되어진다. 충동들과 활동 잠재력의 발달, 성장과 퇴행, 그리고 이들의 상태들과 관련된 태도들은 몸통에 대한 사람의 표현방법에 의해서 나타날 수 있다. 따라서 몸통의 표현법은 나이에 따라서 더 변화될 수 있다. 타원형에 비해 다소 사각형으로, 비교적 단순하게 그려질 수도 있다. 이것에서 벗어나는 것은 특별한 것으로 생각된다. 남성이 현저하게 큰 유방을 그리는 것은 강한 구강적 의존 욕구를 나타낸다(Machover, 1949).

① 보통과 다르게 그려진 몸통의 의미

- 둥근 몸통은 수동적이며, 보다 덜 적대적이고, 상대적으로 여성적, 유아적이며 퇴행적인 성격을 나타낸다(Machover, 1949; Petersen, 1977).
- 각이 진 형들은 상대적으로 남성적인 성격을 나타낸다(Machover, 1949; Petersen, 1977).
- 어울리지 않게 작은 몸통은 충동의 부인, 열등감, 혹은 둘 다를 나타낸다(Buck, 1948).
- 몸통의 아랫부분을 폐쇄시킨 것은 성적인 편견을 나타낸다(Machover, 1949).

② 보통과 다르게 그려진 어깨의 의미

- 일반적으로 어깨의 표현 방식은 신체적 힘에 대한 욕구 표현으로 간주된다.
- 각이 진 어깨는 공격적, 적대적 경향을 나타낸다(Buck, 1948; Hammer, 1971; Jolles, 1964).
- 작은 어깨는 열등감을 나타낸다(Buck, 1948; Jolles, 1964).
- 그림에서 어깨의 삭제, 강화, 혹은 불확실한 것은 신체 발달에 대한 충동을 나타낸다. 남성다움이 기본적 선입관이다. 이런 표시들은 심리 신체적 증상인 고혈압 환자의 그림에서 발견된다(Machover, 1949).
- 남성의 경우, 불안정한 개인들과 청소년들의 경우에 당당한 어깨는 보상적 반응을 가진 성적인 양가감정이나, 공격적 경향을 나타낸다(Hammer, 1971; Machover, 1949).

15) 의복

① 속옷을 입었거나 혹은 알몸의 인물들은 다음의 것들을 나타낸다.

- 유아적, 성적으로 부적응적인 성격들, 너무 많은 옷을 입은 것도 마찬가지이다 (Machover, 1949).
- 성적인 것을 훔쳐보는 경향(Machover, 1949)
- 과시적 경향들(Machover, 1949)

–인물에 비해 너무 큰 옷은 옷의 부적합성과 자기모멸을 나타낸다(Buck, 1948; Hammer, 1971).

–속이 비쳐 보이는 옷은 성적인 것을 훔쳐보는 경향이나 과시적인 경향(Machover, 1949)

② 단추의 강조는 다음의 것을 나타낸다.

- 의존적, 유아적, 부적합한 성격(Burns & Kaufman, 1972; Jolles, 1964; Machover, 1949)
- 퇴행, 특히 중앙에 기계적으로 그려졌을 경우(Buck, 1948; Jolles, 1964; Machover, 1949)
- 소맷부리의 단추가 강조된 경우는 의존성에 대한 강박상태가 더해진다 (Machover, 1949).

③ 호주머니의 강조는 다음과 같다.

- 유아적, 의존적 남성을 나타낸다.
- 애정 혹은 모성의 박탈로 종종 정신 병리적인 원인이 된다(Machover, 1949).
- 커다란 호주머니가 강조된 경우는 어머니에 대한 정서적 의존성과 관련된 갈등을 지닌 청소년의 남성다워지려는 노력을 나타낸다(Machover, 1949).

④ 넥타이의 강조는 다음의 것을 나타낸다.

- 부적절한 성적인 감정(특히 청소년들과 40세 이상의 남성에게 있어서)(Buck, 1948; Jolles, 1964; Machover, 1949)
- 불확실하게 그려진 넥타이, 무기력하게 보이는 넥타이는 약한 성욕에 대한 절망적인 관심을 나타낸다(Machover, 1949).
- 길고 눈에 띄는 넥타이는 아마도 발기불능의 두려움에 대한 지나치게 보상적인 성적 공격성을 나타낸다(Machover, 1949).

⑤ 신발의 강조는 다음의 것을 나타낸다.

- 커다란 신발은 안정에 대한 욕구를 나타낸다(Burns & Kaufman, 1972).
- 신발, 레이스 등을 너무 자세히 그리는 것은 강박적이며 지나치게 여성의 특징을 나타내는 것으로 사춘기 소녀의 경우에 흔히 관찰되어진다(Machover, 1949).

16) 인물들에 대한 특징

① 신체 부분의 삭제나 혹은 다른 사물에 의해서 방해된 부분은 다음의 것을 나타낸다.

- 이들 부분에 대해 '생각하는' 능력이 없음과 방해된 부분의 부정이나 퇴행(Burns & Kaufman, 1970)
- 소년들의 경우, 아버지나 형들과의 경쟁에 있어서의 거세에 대한 두려움(Burns & Kaufman, 1970)
- 정서적으로 혼란되어 있는 소년들의 경우가 정서적으로 적응된 소년들의 그림보다 많이 발견된다(Burn & Kaufman, 1972; Meyers, 1978).
- 머리의 삭제는 통제에 대한 관심을 나타내거나 통제에 대한 문제를 다룬다(Burns & Kaufman, 1972).
- 인물의 전체를 지우고 다시 그리는 것은 이 사람(혹은, 자신을 그렸다면 자기 자신)에 대한 개인의 신뢰감이나 이상화된 감정을 나타낸다(Burns & Kaufman, 1970).

② 지나친 삭제는 다음의 것을 나타낸다.

- 불확실, 우유부단함, 침착하지 못함(Hammer, 1971; Machover, 1949)
- 자신에 대한 불만족감(Hammer, 1971)
- 불안의 가능성(Machover, 1949)

③ 회전시킨 인물들은 다음의 것을 나타낼 수 있다.

- 방향감각의 상실(Burns & Kaufman, 1972)
- 타인들에 대한 존중감과 다른 감정의 존재(Burns & Kaufman, 1972)
- 관심에 대한 욕구(Burns & Kaufman, 1972)
- 거부감과 관련됨(Reynolds, 1978)

- 신경학적 기능장애(Reynolds, 1978)
- 정서적으로 적응된 소년들에 비해서 정서적으로 혼란된 소년들의 경우에 더 자주 발견된다(Burns & Kaufman, 1972; Meyers, 1978).

④ 신체의 특정 부분의 음영은 다음의 것을 나타낸다.

- 검게 칠해진 것은 신체 부분에 대한 편견(Burns & Kaufman, 1972)
- 불안, 검게 칠해진 신체 부분 혹은 그 신체 부분을 둘러싼 문제들(예를 들면 소년이 허리 아래를 검게 칠했을 때 성행위에 대한 문제)에 대한 불안(Burns, 1982; Burns & Kaufman, 1970)

⑤ 일반적인 음영은 다음의 것을 나타낸다.

- 우울증의 가능성(Burns & Kaufman, 1970)
- 음영이 칠해진 대상을 향한 편견이나 불안을 나타낸다(Reynolds, 1978).
- 충동에 대한 통제 혹은 부정에 대한 시도(Burns & Kaufman, 1972)

⑥ 막대 같은 인물(모든 인물이 막대 같은 인물로 그려졌을 경우에)은 다음의 것을 나타낸다.

- 검사 장면에 대한 방어나 저항 반응, 특히 전체 그림을 완성시키도록 요구했을 때(Burns & Kaufman, 1972; Reynolds, 1978)
- 낮은 지능(Reynolds, 1978)
- 반항을 나타내는 것으로 최소한의 협력(Hammer, 1971)

⑦ 눈사람은 정서적 박탈을 나타낸다.

⑧ 투시화는 다음의 것을 나타낸다.

- 옷을 통해 보이는 신체적 부분은 성인의 경우 성적으로 훔쳐보는 경향을 나타내지만, 아동의 경우는 정상일 수 있다(Machover, 1949).
- 신체기관의 문제들(DiLeo, 1978)
- 현실 왜곡, 빈약한 현실검증력(Reynolds, 1978)
- 나이 든 아동들과 청소년들의 경우 정신병(혼란된 사고 유형)(Reynolds, 1968)
- 낮은 지능(Reynolds, 1978)

3) 동적 가족화에 의한 심리진단법

(1) 동적 가족화 검사의 시행방법

동적 가족화(KFD: Kinetic Family Drawing)는 가족화(Drawing A Family)에 움직임을 첨가한 일종의 투사법이다. 번즈와 커프먼(Burns & Kaufman, 1970)에 의해 발전된 동적 가족화는 개인을 통해 가족의 역동성을 파악하기에 더욱 용이하다는 이점이 있다. 동적 가족화는 주제통각 검사와 유사한 점이 많으며, 일반적인 가족화가 가지는 상동적인 표현을 배제하고 있다(김동연, 2001). 따라서 연령순이나 사회적 지위순으로 그리는 가족화의 단점을 보완하여 가족구성원에 대한 감정이나 태도를 투사하게 하는 것이다.

또한, 동적 가족화는 정신분석학과 장(場)이론, 지각의 선택성 등과 같은 이론을 기초로 하고 있다. 특히 내담자 자신의 눈에 비친 가족들의 일상생활태도나 감정을 그림으로 나타냄으로써 내담자의 주관적 판단에 의존한다. 이러한 판단은 내담자의 과거의 경험이나 현재의 상태에 의존하고 있다. 결국 객관적, 물리적 환경으로서의 가족인지라기보다 자신이 주체적, 선택적으로 지각하는 주관적, 심리적 환경으로서의 가족인지가 적용되는 것이다. 가족치료의 입장에서 볼 때, 동적 가족화의 도입은 의식적, 무의식적 투사기법으로써 내담자를 진단하고 치료하는 데 상당한 가치가 있다고 볼 수 있다.

① 검사도구: 8절 도화지, 연필(HB나 4B 정도), 지우개, 색연필, 크레파스 등이다.

② 방법

위와 같은 검사용구를 피험자의 책상 위에 두고, 다음과 같은 지시를 한다. “당신을 포함해서 당신의 가족 모두가 무엇인가를 하고 있는 그림을 그려 보세요. 만화나 막대기 같은 사람이 아니고 완전한 사람을 그려 주십시오. 무엇이든지 어떠한 행위를 하고 있는 그림을 그려야 합니다.”, “당신 자신도 그리는 것을 잊어서는 안 됩니다”(Burns & Kaufman, 1970, 1972).

내담자가 그림에 대해 “가족 전원이 무엇인가 하나의 일을 하고 있는 것입니까? 그렇지 않으면 개인이 각각 다른 일을 하고 있는 것을 그리는 것입니까?”라고 물어볼 수 있다. 이때 검사자는 “완전히 자유입니다.”라고 대답하면 된다. 또는 내담자가 그림을 거부할 때는 용기를 주어 말이나 몸짓 등을 이용하도록 허용하고 그림을 완성할 때까지 방에 머물도록 한다. 그러나 검사자는 피험자에게 무엇인가를 의미하는 듯한 응답은 절대로 피하고, 완전히 비지시적, 수용적 태도를 취한다.

③ 그림 완성 후의 절차

그림을 완성한 후, 그림 속에서 인물상을 그린 순서, 각각의 인물상이 누구인가, 연령, 무엇을 하고 있는 것인가(행위 종류), 가족 중 생략된 사람이 있는가, 가족 외 첨가된 사람이 있는가를 확인하고 용지의 여백에 기입해 둔다. 이것은 상세하지 않은 그림을 다시 확인하기 위한 절차이고, 기록의 산만을 방지하고 정확한 자료를 얻기 위한 것이다. 또한 내담자의 애매한 가족인지에 통찰을 촉진하여 상담 효과를 수반하는 경우도 있다.

(2) 동적 가족화의 해석

KFD는 인물상의 행위와 그림의 양식, 상징, 그림의 역동성 등으로 크게 나누어 해석하고 인물화 검사에서 실시하고 있는 인물상의 특징과 임상적 의미를 추가하고 있다.

첫째, 인물상의 행위에서는 대체로 아버지, 어머니, 자기상의 행위를 중심으로 분석하는데 그 이유는 세 사람이 공통되는 가족구성원이라는 점과 가정이라는 성격형성의 장(場)에서 아동의 동일시의 대상은 부모라고 할 수 있기 때문이다. 대체로 임상 군에서는 부모가 일하는 부모(사회적 부모)로 묘사되는 비율이 많으며, 자기상의 경우는 공부와 TV 보는 것이 많다. 그러나 행위에 대한 해석은 그림의 양식과 생략 등을 고려한 전체성의 관점에서 해석되어야 한다.

둘째, 그림의 양식에서는 구분과 포위, 가장자리, 인물하선, 상부의 선, 그림 밑의 선 등을 분석한다. 일반적 양식은 장벽이 없고 온화한 우호적인 가족 상호관계를 나타내지만 구분에서는 가족을 선이나 사각형으로 구분하여 고립을 나타낸다. 이러한 그림을 그린 사람에게서 가족과의 감정적 격리, 성격장애, 고립, 내성적인 성격 등을 찾아볼 수 있다. 구분에는 종이를 미리 접어서 그리는 것도 포함된다. 포위는 주로 책상, 그네, 줄넘기, 자동차 등으로 특정 인물을 둘러싼 것을 말한다. 이는 강한 공포나 불안 등을 지닌 사람으로서 비개방적 태도를 보이는 것으로 해석한다. 가장자리

양식은 용지의 주변에 인물상을 그리는 것으로서 방어적인 사람, 상담 시에 강한 저항을 보이는 사람에게 많다. 또한 인물하선의 경우는 가족구성원이나 자신에 대해서 불안감이 강하거나 인간관계에서 불안정성을 지닌 사람에게 많다. 그림상부의 선은 스트레스를 지닌 사람에게 많이 보이며 가정의 불안정감을 해소하기 위한 행위로 해석할 수 있다.

이상의 양식들 가운데서도 임상군의 경우는 포위나 인물하선이 많이 나타나고 있으며, 포위는 동양에서, 구분은 오히려 서양에서 많이 보인다. 필자 등의 연구에서 보면, 최근 우리나라 아동이나 성인들의 경우에도 포위양식이나 구분 등이 많이 나타나고 있어 현대사회의 가족체계를 잘 반영해 주고 있다.

셋째, 상징에 있어서는 동적 가족화에서 구체적으로 나타나지는 않지만, 간혹 감정을 집약적으로 표현하는 경우가 있다. 임상군의 경우에는 책상, 부엌, 싱크대 등이 많이 보이며, 보통군에서는 TV, 의자, 책상 등의 순으로 나타나는 예가 있다. 여기서는 한 개인이 그린 가족화에서 공통적으로 발견되는 사물을 찾아 임상적 의미를 찾는다. 예컨대, 비행청소년과 같은 집단 속에서 공통점을 발견할 수 있을 것이다.

넷째, 그림의 역동성에서는 인물상의 크기, 생략, 가족 이외의 타인묘사, 인물상의 방향, 인물상 간의 거리 등을 통해서 가족 간의 감정을 읽을 수 있다. 예컨대, 가족의 생략(아버지 생략의 경우)에서는, 아버지를 가족구성원과 동일 장면에 두기 어려울 정도로 아버지에게 적의나 공격, 불안 등의 부정적 감정을 안고 있는 것이다. 또한 인물상을 뒷모습이 보이게 그린 것은 특정 가족에 대한 부정적 감정으로 해석할 수 있다.

다섯째, 인물화 성격 검사에서도 기준이 되는 바와 같이 음영(불안, 공격성), 일반적 윤곽(강박적 사고), 신체 부분의 과장 또는 생략(도벽아동의 팔 생략), 얼굴의 표정, 의복의 장식(의존성), 인물상의 크기(극도로 큰 인물은 내적 통제의 부족), 경사진 인물(소심한 사람, 절도), 너무 정확한 묘사, 필압(충동의 방향) 등을 보고 해석한다.

이상과 같은 동적 가족화에 의한 심리진단은 개인에게나 특정 집단을 대상을 하여 실시할 수 있다. 특히, 최근에는 한 개인이 지각하는 가족 내지는 학교의 생활 등을 파악하고자 동적 가족화와 학교생활화(Kinetic School Drawing)를 동시에 받아 보는 방법도 사용하며, 직장인, 군인, 정치인 집단에서도 응용되고 있다.

KFD 해석방법

1) 일반적 기준

① 인물상의 상대적 크기

- 각각의 심리적 크기나 그 인물의 내부에 포함되어 있는 힘의 양을 반영(해당 인물에 대한 자신의 관심도와 연결)
- 극도로 큰 인물상: 내적 통제의 부족, 미성숙의 지표
- 극도로 작은 인물상: 소심, 우울, 극단적인 정서 불안정

② 신체 각 부분의 생략과 강조

- 눈과 눈동자의 생략은 보고 싶지 않음
- 눈의 과장은 과도한 경계를 의미
- 코의 생략은 분노를 나타내지 않으려는 것을 나타내고 대개 분노가 수용되지 않은 가정에서 양육된 사람들에게서 나타난다.
- 코의 과장은 외부로 향한 분노
- 입의 생략: 의존성과 약함을 표현할 수 없는 것
- 입의 과장: 의존성
- 목의 생략: 강한 의지의 사람들에게서 보이며
- 긴 목: 의존성
- 팔의 생략: 힘에 대한 불안의 의미
- 길게 늘어진 팔: 힘과 조정에 대한 욕구
- 허리 밑 부분의 생략: 성에 관한 부정의 의미
- 발의 생략: 불안정과 집시 같은 성격
- 길게 늘어진 발: 안정성 및 안정성에 대한 욕구의 표현

③ 얼굴의 표정

- 누가 웃고, 울고 있는가, 행복한가, 불행한가, 인물상은 눈을 가지고 있는가, 그들은 보는 것이 가능한가 등을 살펴본다.

④ 인물상 바로 위의 상징

- 상징은 종종 그 인물과 관련되는 감정
- 상징의 많음은 관심을 의미
- 적음은 상호작용의 단절을 의미
- 인물상의 상징은 긍정적인 상징인지, 특징적인 상징인지를 파악한다.
- 인물상 바로 위의 하트는 사랑을 의미
- 인물상 위의 칼은 분노

⑤ 인물상 간의 거리

- 거리는 심리적 거리를 의미

⑥ 인물상의 위치

- 중심에서 어느 위치에 있는가?

⑦ 경사진 인물

- 기울어져 있거나, 옆으로 누운 인물상은 공격적 혹은 소심한 아동, 절도자에게 보여진다.
- 강한 불안과 정서 통제가 되지 않는 아동이 많다.

⑧ 정확한 묘사

- 환경구성에 대한 아동의 관심이나 욕구의 반영
- 위협적인 환경을 통제하려는 시도

2) 건강하게 내재화된 부모상과 자기상의 그림 특성

- 전체의 인물상이 생략되거나 왜곡되어 있지 않다.
- 신체 각 부위가 적당한 크기로 균형을 이루고 있다.
- 인물상의 눈, 코, 입이 그려져 있고, 화목한 얼굴표정을 보인다.
- 자신의 상이 중심에 있고 통제되고 있다.
- 인물상의 상호 간에 지나치게 접촉되어 있지 않고 적당히 떨어져 있다.
- 부모상이 대조적으로 위치하고, 인물상에는 신체왜곡이 없다.

- 이상적으로는 부모상은 자신의 상을 부상시켜 바로 보고 있다.
- 주위의 상징이 긍정적이고 희망적이다.
- 살고 싶은 세계가 그려져 있다.

3) 불건강하게 내재화된 부모상과 자기상의 그림 특징

- 인물상의 신체 각 부위가 생략
- 인물상이 지나치게 크거나 왜곡
- 얼굴표정이 화목하지 않거나 생략
- 부친상과 모친상이 중심부에 있거나 중심부가 비어 있다.
- 인물상들이 서로 멀리 떨어져 있다.
- 부모가 자신을 보지 않고, 눈이 없거나 앞만 보고 있다.
- 주위의 상징들이 부정적
- 살고 싶지 않은 듯한 세계를 그리고 있다.

4) 인물상의 행위

인물상의 행위는 두 가지 관점에서 해석되어질 수 있다.

첫째, 행위의 상호작용 측면에서 볼 수 있는데, 가족 모두가 상호작용하고 있는가 아니면 일부가 상호작용하고 있는가, 상호작용 행위가 없는가에 따라 가족의 전체적 역동성을 엿볼 수 있다.

둘째, 각 인물상의 행위를 중심으로 가족 내 역할 유형 등을 알 수 있다. 주로 아버지, 어머니, 자기상을 중심으로 분석하는데 그 이유는 이 세 사람이 공통되는 가족구성원이라는 점과 자녀에게 있어서 부모는 성격 형성의 중요한 장을 형성해 주기 때문이다. 대체로 아버지상은 TV, 신문 보기, 일하는 모습이 많이 나타나고, 어머니상은 부엌일이나 청소 등과 같은 가사일을 하고 있는 모습을 많이 볼 수 있다. 자기상은 공부, TV 보기, 노는 모습 등으로 그려져 있다. 그러나 행위에 대한 해석은 다음에 언급할 그림의 양식, 상징 등을 함께 고려하여 전체적 관점에서 해석되어야 한다.

5) 양식

내담자는 그림에서 다른 인물상의 접근, 거리를 강조하기도 하고, 숨기기도 하기 때문에 의식적으로 혹은 무의식적으로, 명확하거나 혹은 교묘한 여러 가지 그림의 특징을 나타낸다. 일반적으로 양식은 가족관계에서의 자기의 감정과 상태, 신뢰감을 나타낸다. 양식은 일반양식, 구분, 포위, 가장자리, 인물하선, 상부의 선, 하부의 선 등 7가지의 유형으로 나누어 해석한다.

① 일반적 양식

보통의 신뢰감에 가득 찬 가족관계를 체험하고 있는 아동의 그림이다. 복잡한 혹은 명백한 장벽을 나타내지 않고 온화한 우호적인 상호관계를 암시하는 그림을 그린다.

② 구분

하나 또는 그 이상의 직선이나 곡선을 사용하여, 그림에서 인물들을 의도적으로 분리하는 경우이다. 또는 미리 용지를 접어서 몇 개의 사각형의 테를 만들고 그 안에 가족성원을 각각 그리는 경우도 있는데 이것은 구분의 극단적 양식이다. 솔직한 애정 표현이 허용되지 않을 때, 내성적인 아동에게서 나타난다. 다른 가족성원으로부터 그들 자신과 그들의 감정을 철회하고 분리시키려는 욕구를 표현한다.

③ 포위

하나 또는 그 이상의 인물을 어떤 사물이나 선으로 둘러싸는 경우이다. 위협적인 개인을 분리하거나 치우고 싶은 욕구로서 가족과의 관계에서 자기 자신이 개방적인 감정적 태도를 갖지 못할 때, 가족원 혹은 자기 자신을 닫아버리는 양식이다. 두 인물을 함께 포위할 때 둘 사이를 밀접하게 동일시하는 경향이 있다. 주로 책상, 그네, 줄넘기, 자동차 등으로 교묘히 표현되는 경우가 많다.

④ 가장자리

인물상의 용지의 주변에 나열해서 그리는 경우이다. 이 양식은 상당히 방어적이며 문제의 핵심에서 회피하려는 경향이 있다. 또한 친밀한 관계를 맺는 데 대한 강한 저항을 나타낸다.

⑤ 인물하선

자신 혹은 특정 가족구성원에 대해서 불안감이 강한 경우에, 그 인물상의 아래에 선을 긋는 경우가 있다.

⑥ 상부의 선

한 선 이상이 전체적 상단을 따라서 그려졌거나 인물상 위에 그려진 경우이다. 용지의 상부에 그린 선은 날카로운 불안 또는 걱정, 공포가 존재함을 의미한다.

⑦ 하부의 선

한 선 이상이 전체적 하단을 따라서 그려진 경우이다. 붕괴 직전에 놓여 있는 가정이라든가 강한 스트레스 하에 있는 아동이 안정을 강하게 필요로 하고 또 구조 받고 싶은 욕구가 강할 때 나타낸다.

6) 상징

동적 가족화에서 나타난 모든 사물들에 대한 임상적 의미를 부여하기는 어렵다.

많은 동적 가족화를 통해 보편적으로 발견되는 사물(日比, 1977)과 거기에 공통된 임상적 의미를 예측한 것이 상징의 영역으로 간주되고 있다. 아래의 영역은 임상적으로 의미를 부여할 수 있는 사물들을 영역화 해서 나열한 것이다.

① 공격성, 경쟁심: 공, 축구공, 그 밖에 던지는 물체, 빗자루, 먼지떨이 등
② 애정적, 온화, 희망적: 태양, 전등, 난로 등에 열과 빛이 적절할 때, 빛이나 열이 강렬하고 파괴적일 때는 애정이나 양육의 욕구, 증오심을 나타내기도 한다.
③ 분노, 거부, 적개심: 칼, 총, 날카로운 물체, 불, 폭발물 등
④ 힘의 과시: 자전거, 오토바이, 차, 기차, 비행기 등은 모두 의존적 요소에 의한 힘의 과시
⑤ 우울감정, 억울함: 물과 관계되는 모든 것으로 비, 바다, 호수, 강 등

7) 역동성

가족 간의 감정을 전체적 맥락에서 파악할 수 있는 영역이다. 여기에는 인물 묘사의 순위, 인물상의 위치, 인물상의 크기, 인물상 간의 거리, 인물상의 얼굴의 방향, 인물상의 생략, 타인의 묘사 등이 속한다.

① 인물묘사의 순위

가족 내의 일상적 서열을 반영하는 경우가 많다. 때문에 특별히 고찰할 필요가 있다.

② 인물상의 위치

용지를 상하로 구분했을 때, 윗쪽으로 그려진 인물상은 가족 내 리더로서의 역할이 주어지고 있는 인물을 나타낸다. 반대로 아래쪽은 억울함이나 침체감과 관계한다. 좌우로 구분했을 때 우측은 외향성과 활동성에 관계하고, 좌측은 내폐성이나 침체성과 관계한다. 일반적으로 자기상을 남자는 우측에, 여자는 좌측에 그리기 쉽다고 한다. 따라서 좌측에 그린 아버지 또는 남자 가족과 우측에 그려진 어머니 또는 여자 가족에 대해서는 해석상 특히 주의를 요한다. 단, 적절히 적응하는 사람들은 남녀 모두 자기상을 우측에 그리는 일이 많다. 중앙부에 그려진 인물상은 문자 그대로 가족의 중심인물인 경우가 많다. 만약 아동이 중앙부에 자기상을 위치시켰을 때는 자기중심성이나 미성숙한 인격을 의미하는 일도 있다.

③ 인물상의 크기

인물상의 크기는 가족에 있어서의 존재와 태도를 나타낸다고 볼 수 있다. 즉, 키가 크게 나타난 것은 존경받는 대상을 나타내거나 혹은 권위의 대상이거나, 여하튼 긍정적이든 부정적이든 중심적 위치에 있음을 의미하고, 키가 작게 나타난 것은 경멸이나 무시의 의미가 될 수도 있다.

④ 인물상 간의 거리

인물상 사이의 거리는 피험자가 본 그들 사이의 친밀성의 정도나 혹은 감정적 거리를 의미할 수 있다. 인물상이 겹쳐지거나 접촉되어 있을 때 두 개인 간에 친밀함이 존재함을 의미한다. 반대로 거리가 먼 두 인물상 간에는 실제 생활에서도 상호작용이나 의사소통이 소원한 경우가 많다.

⑤ 인물상의 방향

그려진 인물상의 얼굴의 방향이 '정면', '측면', '배면' 어느 것인가는 임상적 의미가 크다. 이것은 피험자의 가족관계 방향을 표현하고 있다. 얼굴의 방향으로 봐서 정면은 긍정, 옆면은 반긍정 혹은 반부정, 배면은 부정적인 인물로 지각한다고 해석한다.

⑥ 인물상의 생략

인물상의 지운 흔적은 지워진 개인과의 양가감정 또는 갈등이 있음을 시사할 수도 있고 강박적이거나 불안정한 심리상태일 때도 나타난다. 또는 가족원의 일부를 용지의 뒷면에 그리는 경우는 그 개인과의 간접적인 갈등을 시사한다.

⑦ 타인의 묘사

가족구성원이 아닌 타인이 동적 가족화에 그려지는 경우는 가족 내의 누구에게도 마음을 허락할 수 없는 상태에 있음을 지적할 수 있다. 주로 내담자의 친구가 묘사되나, 묘사된 타인과는 매우 친밀함을 나타낸다(Reynold, 1978).

8) 인물상의 특징

동적 가족화는 기본적으로 가족원이 포함된다. 다음은 동적 가족화에서 해석할 필요가 있는 특징만 나열해 보기로 한다.

① 음영이나 갈기기

신체 부분에 음영이 그려질 경우 그 신체 부분에의 몰두, 고착, 불안을 시사한다. 정신신체증상의 호소와도 관련된다.

② 윤곽선 형태

강박적 사고와 관련이 있다. 내담자는 인물상을 빈틈없이 그릴 수 없을 정도로 과도하게 집착되어 있음을 시사한다.

③ 신체 부분의 과장

신체 부분의 확대, 혹은 과장은 그 부분의 기능에 대한 집착을 나타낸다. 어떤 이들은 신체내부를 투명하게 보여주는데 이는 현실왜곡, 빈약한 현실감각, 정신장애 가능성을 내포하며 낮은 지적 기능을 시사한다(Reynolds, 1978).

④ 신체 부분의 생략

신체 부분의 생략은 종종 그 신체 부위의 기능의 거부와 그 부분에 집착된 불안 또는 죄의식을 의미한다(Burns & Kaufman, 1972; Reynolds, 1978; Burns,

1982).

⑤ 얼굴 표정

얼굴에 나타나는 표정은 직접적인 감정을 나타내는 것이기 때문에 해석상에 더욱 확실한 지표이다.

⑥ 의복의 장식

의복의 단추모양이나 액세서리의 강조는 의존성 또는 애정욕구의 불만을 의미한다.

⑦ 회전된 인물상

인물상이 기울기도 하고 옆으로 누워 있는 경우가 있다. 각도에 대한 인식기능이 상실되었을 때, 거절, 다른 가족성원과의 분리감정을 나타낸다. 보편적으로 강한 불안과 정서의 통제가 되지 않는 아동에게서 나타난다.

⑧ 정교한 묘사

그림이 극히 정교하고 정확하며 질서가 있을 경우, 환경 구성에 대한 내담자의 관심이나 욕구를 반영하는 것이다. 그러나 과도한 표현이 되었을 때 강박적이고 불안정한 심리상태를 의미한다.

⑨ 필압

선이 굵고 강하게 나타날 때 충동이 밖으로 향하고 공격적이고 활동적이다. 반대로 약하고 가는 선으로 나타날 때는 우울하거나 소극적인 경우이다.

이상에서의 다섯 가지 영역에 대한 해석의 관점이 모든 경우에 동등하게 적용될 수 있는 것은 아니다. 개개의 그림은 각각 다른 의미와 깊이, 내용을 갖추고 있고, 피험자의 마음의 눈으로 본 자신을 둘러싼 세계, 그 중에서 가족에 대한 해석을 내리는 수단이다. 하나의 동적 가족화에 의해서 피험자의 심리역동적 기제를 해석한다는 것은 매우 신중을 기해야 한다. 융통성 있는 해석과 함께 다른 심리검사 결과나 피험자의 가족적 배경에 관한 정보가 첨가된다면 보다 유효한 동적 가족화 해석에 가까이 갈 수 있을 것이다.

4) 동그라미 중심 가족화(PSCD: Parents-Self-Centered Drawing)

(1) 동그라미 중심의 원리

번스(Burns, 1970)에 의해 개발된 투사적 방법으로 동그라미 중심 가족화는 원의 중심에 그려진다. 각 인물상 주위에 그 인물에서 떠오르는 상징을 표현하게 함으로써 상징에서 연상되는 상징중심탐색을 한다. 상징은 시각적인 자유연상을 기본으로 하며 여기에서 추상화된 사고와 정서를 발견한다.

원의 중심에 인물상(부친상, 모친상, 자기상)을 각각 따로 그리고 원 테두리 주변에 상징물(시각적인 자유연상을 기본으로)을 그리는 방법(FCCD: Family-Centered-Circle Drawing)과 부모상과 자기상을 한꺼번에 하나의 원 안에 그려 분석하는 방법(PSCD: Parents-Self-Centered Drawing)이 있다.

동그라미 중심 부모 · 자녀 그림은 내재되어 있는 부모와 자신과의 관계를 보고, 그 관계를 통해 자기 자신을 바라보도록 하는 방법이다. 부모와 자기 자신의 주위에 그려진 상징 안에서 몇 개의 상징을 뽑아내어 그것에서 연상된 상징의 중심을 탐색한다. 본인 스스로가 창조하는 것이므로 부모와 자녀와의 관계를 깊이 탐구할 수 있도록 해준다. 개인의 문제가 많은 경우 인간관계의 문제가 발생한다. 부모와 자신을 하나의 원 안에 그리는 것이 부모와 자녀의 관계를 더 명확히 진단하는 데 유용하고 진단의 시간도 절약할 수 있다. 그려진 그림에 대한 이야기를 통해 그림의 전달 내용을 보충할 수 있다. 진단에서 그림의 비언어적인 측면과 그림에 대한 피험자의 이야기를 통한 언어적 측면의 결합은 진단에 유용하다.

① 동그라미 중심 부모 · 자녀 그림의 특징

내재된 부모와 접촉할 수 있는 방법에는 언어를 사용하여 부모에 대한 이야기를 하는 방법과 시각에 의한 그림-상징체계를 통한 방법이 있다.

프로이트(Freud)의 방법은 자유연상을 통해 언어에 의한 무의식을 의식화하는 것이다. 언어는 발신자와 수신자의 친숙한 신호체계에 한정되며, 객관적 의미를 지니고 있다. 언어를 통해 나누는 감정은 남아 있지 않고 증발해 버리는 경우가 많다.

융(Jung)은 치료자로부터의 신호체계의 한계를 인정하였고, 상징체계에 초점을 두었다. 상징은 주관적 감정, 의식의 여러 수준을 연결하는 기능으로 회화, 조각, 노래,

춤, 교회양식 등 여러 문화 형태에 표현되고 있다.

언어신호체계에서 볼 수 없는 보편성으로 상징형성은 마음의 계속적인 과정이다. 건강한 개인의 경험의 세계와 상징의 세계 사이에는 자유로운 상호작용이 존재하며, 현재의 경험이 계속 상징을 재형성해 준다. 잘 기능하지 못하는 개인의 경우 경험의 세계와 상징의 세계 사이에 균열이 있고, 상징은 고정되어 성장을 억제시킨다. 상징, 은유, 메시지가 담긴 이미지는 각 개인의 독특성에 새로운 시각적 진실과 명확성을 준다. 그림을 통해 부모와 접촉하는 상징체계는 타인에 의해 창조되는 신호체계와는 달리 개인 스스로가 창조하는 것이다.

② 만다라

대칭적인 도형으로 중심화의 상징이다. 중심화는 성스러움과 영감을 부여하는 경우도 있고 혹은 균형을 유지하며, 대상은 상징이다.

융(Jung)은 만다라와 중심화는 자신의 마음의 균형을 유지, 건강을 추구하는 이상으로 중요하게 여겼다. 동그라미 중심 가족화는 만다라와 같이 원의 중심에 그려진다.

③ 대칭과 중심

동그라미는 어느 방향에서나 같은 모양이면서 균형과 통일을 이룬다. 인간의 이상, 원만한 성격을 상징하며 원의 중심에 모든 것이 모아지므로, 인생의 중심이 부모로부터 형성 성장함으로써 자신이 중심이 되는 인간의 성장과정과도 부합된다. 질문지에 의한 방법은 언어에 의한 방법이므로, 언어는 바람직하게 여기는 방향으로 반응할 가능성이 높다.

④ 내재된 부모

비언어적인 표현 수단으로서 인간의 감정이나 사고가 자신도 모르게 구체화되는 동시에 시간과 공간의 제약을 받지 않는다. 부모자녀 관계의 과거나, 현재 상황에 관계되는 생각과 감정, 미래에 대한 생각까지도 표현하여 관찰하기 어려운 부모자녀 관계에 대한 개인의 의식을 알아볼 수 있다. 자녀가 부모에 대한 부정적인 감정을 직접 표현하는 것이 상당히 어렵고 표현한 후에 죄의식을 가질 수 있으나, 그림에 의한 표현이므로 사회적으로 수용되며, 분노, 적대감 등을 해소시킬 수 있는 정화의 기능이 있다. 자신을 극도로 방어하고 있을 때 순간 진실을 그대로 드러나게 해줌으로써,

개인의 무의식적인 갈등, 정신역동을 파악할 수 있다.

(2) 동그라미 중심 가족화 실시방법

① 준비물

백지(210×297mm, A4 용지), 둥근 원이 그려져 있는 21.6~27.9cm의 표준용지, 연필(HB나 4B 정도), 지우개 등이다.

여기서 색채화를 하지 않고 연필화로 하는 것은 색채에 부여되는 심상과 감정을 제외시키기 위해서이다.

② 실시방법

위와 같은 검사용구를 내담자의 책상 위에 두고, 다음과 같은 지시를 한다. "당신을 포함해서 당신의 가족이 있는 그림을 동그라미 안에 그려 보세요. 만화나 막대기 같은 사람이 아니고 완전한 사람을 그려 주십시오."

③ 그림 완성 후의 절차

그림을 완성한 후, 그림 속에서 인물상을 그린 순서, 각각의 인물상이 누구인가, 연령, 무엇을 하고 있는 것인가(행위 종류), 가족 중 생략된 사람이 있는가, 가족 외 첨가된 사람이 있는가를 확인하고 용지의 여백에 기입해 둔다. 이것은 상세하지 않은 그림을 다시 확인하기 위한 절차이고, 기록의 산만을 방지하고 정확한 자료를 얻기 위한 것이다. 또한 내담자의 애매한 가족인지에 통찰을 촉진하여 상담 효과를 수반하는 경우도 있다.

(3) 동그라미 중심 가족화의 장점

① 가운데에 원이 있으므로 빈 공간일 때보다 편안한 마음으로 그림을 시작할 수 있다.

② 원은 통일과 균형감, 원만함을 나타낸다.

③ 방법이 간접적이므로 검사를 받는다는 부담감을 줄여 주므로 누구나 쉽게 사용 가능하다.

④ 현실의 부모가 아니라 심리적 부모상과 심리적 자아상을 보게 해준다.

⑤ 인물상 주위의 상징을 통해 추상화된 사고와 감정의 탐색을 가능하게 한다.

⑥ 이성의 검열을 덜 받기 때문에 반응이 자유롭고 부모자녀 관계의 여러 측면을 동시에 잴 수 있어 특정 개인의 전체이면서도 하나인 부모자녀 관계의 역동이나 구조를 파악하기 쉽다.

⑦ 구체적 유형의 자료가 남기 때문에 자신의 그림을 객관화 할 수 있다.

⑧ 자신이 의도하지 않은 표현을 인식함으로써 자신의 본질을 돌아볼 수 있는 기회가 된다.

⑨ 자신의 작품을 보면서 자신을 변화시킨다.

⑩ 부모에 대한 분노, 적대감 등을 정신적 손상 없이 해소할 수 있는 정화의 기능을 제공한다.

⑪ 작품을 통해 부모자녀 관계에 대해 이야기할 기회를 제공한다.

⑫ 이미지를 언어로 인식할 수 있게 해준다.

⑬ 지나간 상황을 보게 되고 그 상황에 대한 다른 정의와 해석을 가능케 한다.

⑭ 보관이 가능하므로 필요한 시기에 작품을 재검토할 수 있어 치료의 효과를 볼 수 있고, 새로운 통찰(재검토 시)이 가능하다.

⑮ 동그라미 중심 부모자녀 그림의 변화를 통해 자신의 변화과정을 이해할 수도 있다.

⑯ 표현은 공간적인 것이며, 시간적인 요소는 아니다.

우리가 언어로 가족을 소개할 때는 먼저 아버지, 어머니를 소개하고 두 분의 관계를 이야기하고 나서 나와의 관계를 말할 것이다. 그러나 동그라미 중심 부모자녀 그림에서는 이 모든 것을 동시에 표현할 수 있다.

5) 풍경구성법(LMT)

풍경구성법(LMT: Landscape montage technique)은 미술치료 혹은 그림 검사법의 하나로 1969년에 나카이 히사오(中井久夫) 교수에 의해 창안되었다. 이 풍경구성법은 원래는 정신분열증 환자를 주 대상으로 하여 모래상자 요법의 적용 가능성을 결정하는 예비 검사로서 고안되었으나 독자적인 가치가 인정되어 이론적으로 분석되고, 치료적으로도 많이 활용되는 기법이다. 또한 이 풍경구성법은 일본에서 고안되어 널리 이용되고 있는 기법이었으나 1977년 제10회 독일어권 표현병리, 표현요법 학회에 발표된 이후 독일, 미국, 인도네시아에서도 시행되고 있으며, 진단도구로서 뿐만 아니라 치료과정 속에 활용되어 많은 효과를 인정받고 있다.

나카이 히사오(中井久夫) 교수에 의한 이 풍경구성법은 로샤 검사(Rorcschach test)와 같이 앞에 있는 패턴을 읽고, 선택, 해석하는 투영적 표상과 대조적인 접근방법으로서 4면이 테두리로 그어져 있는 구조화된 공간에 통합적 지향성을 지닌 하나의 전체를 구성하는 구성적 표상을 기초로 하는 방법이라고 말할 수 있다.

(1) 풍경구성법의 실시방법

① 준비물

도화지, 사인펜(보통 흑색 사인펜을 사용한다), 크레파스, 혹은 색연필

② 도입과 실시방법

먼저 치료사가 4면에 테두리(통제받는다고 느끼지 않도록 함)를 그린 도화지와 사인펜을 내담자에게 건네준다. 그 다음에 치료사가 말하는 사물 즉 ① 강, ② 산, ③ 밭, ④ 길, ⑤ 집, ⑥ 나무, ⑦ 사람, ⑧ 꽃, ⑨ 동물, ⑩ 돌 등 이상 10가지 요소를 차례대로 그려 넣어서 풍경이 될 수 있게 한다. 그리고 마지막에 그려 넣고 싶은 사물이 있으면 그려 넣게 한다. 모두 다 그린 다음에 색을 칠하도록 한다. 지도 시 사용하는 언어나 행동은 치료의 흐름을 파괴하지 않도록 배려해야 한다. 풍경구성법에서 가장 현저한 변화를 보이는 부분은 색이라고 하였으며 색채는 투영적이다.

다음의 LMT의 도입과 실시방법에 관하여 구체적으로 제시해 본다.

① 치료사가 한 장의 도화지를 꺼내어 사인펜으로 테두리를 그린 다음 사인펜과 도화지를 내담자에게 건네주고 "자, 지금부터 풍경을 그릴 거예요. 잘 그리는 것을 보려는 것이 아니니까 자신이 원하는 대로 그려 주세요. 단, 내가 말하는 순서에 따라서 그려주세요."라고 부드럽게 말한다. 내담자가 "싫어요. 최근에는 그림을 그린 일도 없고…." 혹은 "그림을 그리라고요?", "못 그려요." 등으로 난색을 나타내는 경우도 있지만, "먼저 강을 그려 주십시오." 하고 구체적으로 '강'을 지시하면, 조금 머뭇거리다가 사인펜을 쥐고 쉽게 그리는 경우가 많다. "이 강은 오른쪽에서 왼쪽으로 흐르고 있어요?"라든가 "한가운데서 좌우로 갈라져 버렸네, 어디로 흘러가는 것인가요?", 혹은 "아주 작은 강이네요. 이것을 표현하는 것은 대단해 보입니다. 초조하게 생각하지 말고…." 등 치료사는 내담자가 그리는 여러 가지 패턴을 보고 혼잣말로 관심을 나타내어 동기유발을 시킨다.

② "자, 강을 그렸습니다. 다음은 산입니다. 산을 그려 주십시오."

처음에 "풍경을 그린다"는 말을 염두에 둔 사람은 대개 산이나 암벽 등의 공간을 어느 정도 위쪽에 남겨두고 강을 그리는 경우가 많기 때문에, 그대로 안심하고 그린다. 그러나 뒤에 그릴 것을 전혀 상관하지 않고 강을 종이 윗부분에 그려버린 사람은 "산"이라는 말을 듣는 순간에는 당황하지만 잠시 후, 여러 형태로 산을 처리한다. 공간의 왜곡이나 주저함 없이 잘 그려 넣는 사람, 상당히 생각하고 나서 지도처럼 등고선상의 산을 그려 넣는 사람, 강의 상부를 색칠해서 그곳에 산을 그려 넣는 사람 등 다양하다.

③ "다음은 밭입니다. 밭을 그려 주세요."

일반적으로 별 문제없이 그리지만, 밭을 본 적이 없는 사람의 경우에는 "논이라도 상관없습니다."라고 말을 덧붙이는 것이 좋다.

④ "자, 다음은 길입니다. 길을 그려 넣어 주세요."

이 단계에서 "2개 그려도 괜찮습니까?", "다른 길을 그려 넣어도 됩니까?" 등을 묻는 경우도 있다. 물론 강이나 산도 마찬가지이지만 그려진 수는 단수든 복수든 상관없다.

강, 산, 밭, 길이 그려지면 '풍경' 은 거의 형태를 갖추게 된다. 다시 말하면 풍경의 골격을 갖추고 구성의 기본을 형성한다. 그런데 정신병원에 입원해 있는 만성분열증 자나 정신지체자, 사춘기형의 일부는 '풍경' 을 구성하지 못하고 이들은 그 자체가 하나의 두드러진 증상이며 표현이기 때문에 느낌을 말하거나 수정시키지 말고 그대로 계속 시행한다.

⑤ "길 다음은 집입니다. 집을 그려 주세요."

이와 같이 집, 나무, 사람을 순서대로 그려 넣게 한다. 창안자 나카이 히사오(中井久夫)는 "집이 있으면 좋겠네.", "나무가 있어도 괜찮을까?" 등으로 대상에 따라서는 웃으면서 말끝에 신경을 쓸 필요가 있다고 지시하였다. 아무튼 검사는 명령에 의해서가 아니라 참여하여 하나의 그림을 서로 음미하듯이 진행해 나가는 것이 좋다.

집, 나무, 사람은 일반적으로 인격을 투영하는 것으로 알려져 있는데 그 때문인지 사람을 그리는 것을 거부하는 경우가 자주 있다. 앞 단계에서는 길을 좀처럼 그리지 못하는 경우도 자주 있다.

또한 사람을 거부하지는 않지만, 멀리 아주 작게 그려 넣거나, 혹은 가까이에 크게 그리기는 했지만 'stick figure' 라고 하는 선 묘사만의 도식적인 표현으로 처리하거나 또는 사람만 색칠하지 않는 경우가 많다. 사람의 표현은 그만큼 저항이 강한 항목인 것 같다.

⑥ "자, 다음은 꽃입니다. 꽃을 그리세요."

내담자에게 있어서 사람 다음으로 거부감이 큰 것은 꽃에서 여실히 드러난다.

⑦ "꽃 다음은 동물입니다. 어떤 동물이라도 상관없습니다. 동물을 그려 넣어 주십시오."

사람을 그리는 것을 거부한 사람도 동물은 그리는 경우가 많다. 선택되는 동물은 그 사람의 어떤 측면을 절묘하게 나타낸다.

⑧ "다음은 돌입니다. 돌을 그려 주세요."

일반적으로 어떤 풍경화를 보아도 빠짐없이 그려져 있는 항목이다. 대부분 눈에 띄지 않는 돌을 길가, 물가, 혹은 집구석, 밭두렁, 나무 밑 등 10개 항목의 맨 구석진

곳에 둔다. 정신분열증 환자들은 사람이나 동물, 길을 거부해도 돌만은 지키려고 확실하게 바른 위치에 두는 경우가 많으며, 신경증 환자들은 많은 돌을 여러 곳에 흩어 놓는 경우가 많고, 강박증 환자들은 강가에 돌을 세심하게 정돈해 놓는다.

⑨ "자, 내가 말하는 것은 이것뿐입니다. 마지막으로 무엇인가 부족한 것이나 자신이 그려 넣고 싶은 것을 그려 주세요. 또한 첨가해서 그리고 싶은 부분이 있으면 그려도 좋습니다. 아무튼 풍경을 완성시켜 주세요."

가장 많이 추가하는 것이 다리이다. 다리는 흔히 길의 단계에서 강을 건널 때 이미 그려 넣는 경우가 많다. 태양이나 달을 첨가하는 경우도 있다. 하늘에 구름, 강에 물고기가 헤엄치는 것을 그리는 자도 있다. 이러한 풍경화의 장식물들은 환자의 내적 상황을 아는 데 상당한 도움을 준다.

⑩ 풍경화가 완성된 후 12색 내지 24색 크레파스나 색연필을 제시하고 "자, 여기에 색칠해 주세요."라고 지시한다. 분열증 환자들은 흔히 강과 길을 바꾸어서 색칠하는 경우가 있다. 또한 낮 풍경에 하늘을 까맣게 칠해 버리거나, 빨갛게 칠하는 자도 있다.

풍경구성법에서 가장 현저한 변화를 보이는 부분은 색이라고 하였으며 색채는 투영적이라고 말하고 있다. 어떤 색을 선택하여 산을 칠하는가 하는 의미로는 확실하게 투영적이지만 아이템(item)과 아이템 사이의 공백을 채색하는 묘화를 마무리해 나가는 단계에 실시하기 때문에 풍경구성법에 따른 변화가 묘화 면보다 색에 있어 현저하게 나타난다고 말할 수 있다.

색칠이 끝난 뒤 치료사는 내담자가 그린 그림을 보고 2~3가지 질문을 한다. "자, 가르쳐 줄래요?, 이것은 사계절 중 언제입니까?, 시간은 몇 시경입니까?, 기후는?, 강은 어디로 흐르고 있습니까?, 사람은 몇 살이며 남자입니까 여자입니까?" 등의 질문을 한다. 날씨는 대부분은 맑음이라고 표현하는 경우가 많으나 때로는 소나기가 내리는 것으로 표현하는 경우도 있다.

이상이 나카이 히사오(中井久夫) 교수가 고안한 풍경구성법의 도입과 실시방법이다. 처음에는 스케치북을 사용하였으나, 현재는 A4 크기의 용지를 주로 사용하고 있다.

풍경구성법

(2) 해석

구성과 요소는 미리 예고하지 않는다. 순서대로 제시한다.

시간의 제한은 없다. 이는 속도의 개인차를 인정해 주어야 한다. 과정을 유심히 관찰한다. 그리고 난 후 질문을 한다. 도중에 개입을 하지 않는다.

1 상징과 의미

그림의 각 요소 중 가장 많이 차지하고 있는 것은 그 요소가 자신의 내면을 가장 많이 차지하는 요소라는 것이다.

① 강: 무의식의 세계를 나타낸다. 그림의 1/2, 2/3 이상 넘어가면 무의식의 세계에 잡혀 있다는 것을 나타낸다. 무의식이란 프로이트의 이론 중 꿈에 대한 것과 연결지을 수 있다. 이러한 무의식의 세계에 잡혀 있다는 것은 갈등이 야기된다는 것으로도 볼 수 있다.

- 내담자: 강이 넘쳐난다(억압된 사람).

무의식에 지배되어 있는 자는 세차게 흐르는 강이나 넘쳐 흐르는 강을 그리며 강박경향이 심한 자나 무의식에 대해서 자아경계가 약한 자는 강가를 돌로 쌓거나 콘크리트로 방파제를 그린다.

② 산: 도화지 밑의 우뚝 선 산은 앞을 가로막는 장애물이 있음을 의미하며, 넘어야 할 문제, 갈등의 수를 말한다. 크기, 모양, 수를 주의 깊게 살펴야 하는데 크기가 매우 크다면 큰 고민이 있는 경우이며, 모양에 따라 너무 끝이 날카롭다면, 매우 힘든 상태를 이야기하며 둥근 경우 힘들어도 나름대로 잘 넘어간다는 뜻을 내포하고 있다.

③ 밭(논): 그곳에서 자라는 곡식을 어떻게 그렸느냐에 따라 마음이 어디를 지향하고 있는가 암시한다. 일하는 사람의 모습이나 논밭을 갈고 정리하는 모습은 아동의 면학과 관계가 있으며 벼이삭을 세심하게 그린 것은 강박경향이 있다. 밭은 일, 현재 놓여 있는 상황, 상태를 의미한다. 또한 밭의 상태는 일의 상태를 의미하기도 한다. 밭에 과실이 열려 있다면 현재 가지고 있는 일의 수확의 상태를 의미한다.

④ 길: 의식 세계의 진로를 뜻하며 삶의 방향을 표시한다. 길이 강 위의 다리와 연결되어 있으면 안정된 상태를 나타낸다. 오솔길이나 네거리 쭉 뻗은 대로 등을 보면 인생의 길을 알 수 있다. 길이 유유히 흐르고 있다면 현재 평탄히 걸어가고 있다는 말이며, 산처럼 위험하거나 힘든 곳으로 이어져 있다면, 애써 힘든 길로 올라간다거나, 미지의 세계로 가고자 함을 뜻한다.

⑤ 집: 살아온 삶의 만족도를 나타낸다. 가정과도 밀접한 연관이 있으며, 집의 붕괴는 가정불화와 연결될 수 있다. 이러한 집은 내담자가 꿈꾸는 가정일 수도 있으며, 집의 수가 많다는 것은 여러 사람과 함께 살고 싶음을 뜻한다. 그러나 풍경이기 때문에 그림의 분위기에 의한 집(예 옛날 집)인지 자세하게 살펴볼 필요가 있다.

⑥ 나무: 성장, 성취의 욕구를 뜻한다. 수와 크기는 성장하고자 하는 욕구와 연결된다.

⑦ 사람: 자신의 신체상, 자아상을 뜻한다. 사람은 자신의 모습이며 사람을 많이 그린 경우 타인이거나 혹은 모두 자신의 모습일 수 있다. 그림을 그린 후 나이를 물어보는데, 이 나이는 자신이 추구하고자 하는 나이를 뜻한다. 사람이 취하는 자세를 살펴보아야 하는데, 내담자가 심적으로, 육체적으로 피곤한 경우 서 있지 않고 다른 물체에 기대어 있거나 누워 있는 그림으로 나타난다.

⑧ 꽃: 아름다움을 상징한다. 꽃은 그 사람의 영혼이며 성장발달의 상징이다. 꽃에 색칠을 안 한 경우는 정서적으로 메마른 사람들의 표본이다. 사랑과 아름다움을 상징하는 꽃은 애정의 욕구를 뜻한다. 꽃의 수나 크기에 따라 미의 추구, 애정의 욕구가 나타난다.

⑨ 동물: 그 자체가 상징성을 가지고 있다. 동물이 가지고 있는 특성, 생태, 신화,

전설 등에 맞추어 해석한다. 동물을 사람보다 크게 그리면 그 사람이 지닌 에너지의 총량은 크다고 해석한다. 또한 내담자에게 질문을 하여 내담자의 성향을 알아본다. 새의 경우는 자유롭고 싶다는 것을 뜻한다.

- 대인공포증: 토끼
- 등교거부아: 소, 말
- 교내 폭력소년: 고양이에게 몰려 있는 듯한 쥐

⑩ 돌(장애물과 큰 짐)

- 강을 따라 규칙적으로 방파제처럼 배치: 강박경향, 자아경계가 약함
- 여기저기에 흩트려 놓은 그림은 신경증 환자인 경우가 많다.
- 큰 돌이라 하더라도 위치에 따라 여러 가지 의미를 가진다. 돌은 장애물을 뜻하는데 크기와 위치가 중요하다. 밭에 돌이 있다면, 그것은 자신의 현재 일에 걸림돌, 즉 장애가 존재한다는 뜻이다.

⑪ 그 외: 다리는 연결이라는 의미를 가진다. 다리가 있다면 다른 세계, 다른 곳으로 넘어갔는지를 관찰해야 한다. 또한 결혼의 의미도 가지고 있다.

- 계절: 자신의 내면의 성향을 나타낸다.
  - 봄: 화사한 포근함
  - 여름: 활기참
  - 가을: 과실과 풍성함, 잎 떨어짐, 쓸쓸함
  - 겨울: 차가움, 냉정함
- 날씨: 심리상태를 의미한다.
- 행위: 에너지 수준을 뜻한다. 위의 '사람' 항목과 연결시켜 쉬고 있거나 앉아 있는 경우 에너지의 충전이 필요한 상태이며 뛰어다니거나 서 있는 경우는 에너지가 충족되어 있다는 것이다.
- 물고기: 어머니
- 태양: 유아의 태양은 인정
- 구름: 불안
- 과일: 욕구, 추구하는 욕구

- 배: 안식처, 탈피하고자 함
- 강이 거꾸로 흐르는 경우: 혼란스러움

검사 시 가장 중요한 점은 그림의 분위기와 요소를 잘 관찰해야 한다는 것이다. 만약 유아가 어두운 색을 좋아해서 그림을 어두운 색으로 그렸을 경우 해석자는 유아의 정서가 불안정하다고 해석하면 안 된다는 것이다. 따라서 그림의 분위기와 색, 구성요소를 유아의 안에서 적절하게 해석해야 한다.

6) 그 밖의 미술치료 기법

(1) 미술치료의 자유화 심리진단기법

자유화

자유화 기법은 스스로 주제를 결정하여 그리게 하고 이미지를 자유롭게 연상해 보는 것이다. 이때 무의식적 세계의 환상이 표출될 수 있으므로, 그 상징을 해석하고 이를 언어로 표현하도록 한다. 이 심리진단은 제재나 방법을 내담자가 스스로 결정하여 그리게 하고, 색채 사용, 선과 형태, 공간 이용과 공간적 형태, 내용(부모, 형제, 자신, 산, 태양 등) 등을 분석한다. 이것은 정서 및 성격과 관련이 있다. 이 같은 분석 방법은 아직 신뢰도나 타당도에서 동의를 얻지 못한 부분이 있으므로 제한성에 유의해야 한다.

(2) 미술치료의 과제화법

인물, 가족, 친구, 집, 나무, 산, 동물, 길 등의 과제를 미리 주고 내담자에게 상상화를 그리게 한다. 이상행동에 대한 내면의 욕구와 그 욕구를 지지하는 압력을 잘 알 수 있다. 인물화 묘화 완성법, 나무 그림, 집 그림 검사, 산과 해의 묘화법, 풍경구성법 등이 여기에 속하며 산 · 길 · 집과 같은 특정의 과제를 부여할 수도 있다.

(3) 묘사화법

어떤 그림을 내담자에게 제시하고 그것을 똑같이 그리게 하는 방법이다. BGT 검사와 비슷하며 눈과 손의 협응력, 뇌손상 문제, 정서적 문제 등을 파악할 수 있다.

(4) 미술치료의 상상화 그리기 기법

한 장의 종이에는 주제를 주지 않고 상상화를 그리게 하고, 다른 또 한 장에는 사람, 태양, 집 등 세 가지의 내용이 있는 상상화를 그리게 한다. 즉 후자는 과제를 제시한 것이다. 형태, 색채, 구도, 동적 요소, 내용 등이 분석기준이 된다.

(5) 미술치료의 나무 그림 기법

나무 그리기 법은 진단에 많이 사용되며, 열매가 달린 나무를 한 그루 그리도록 지시한다. 나무를 통해 내담자의 질병상태를 발견할 수 있다(나무 그림의 검사기준 참조). 우울증의 경우는 도화지의 한쪽에 작은 줄기를 그리고 색채도 연하며 뿌리는 가늘다. 가지나 잎의 수도 적고, 색조 전체가 어둡고 음울하며, 몇 번이고 지웠다 그리기도 한다. 반대로 조울증의 경우는 굵은 줄기, 굵은 뿌리, 정열적인 색조, 거친 터치 등으로 공격성도 찾아볼 수 있다. 예컨대, 나무 그림자를 강조할 때는 부모의 문제, 친구 간의 트러블, 형제 간의 갈등에서 고통 받고 있음을 표시하며, 가지의 묘사는 대인관계의 증가와 일치한다.

나무가 특정인물을 상징하며 그 사람에 대하여 갖고 있는 감정과 욕구를 나타낸다는 가정, 특히 자기상을 직접적으로 나타내며 무의식적으로 느끼고 있는 자신의 모습을 나타낸다는 가정에서 출발하였다.

한국판 검사도구가 개발되어 있다. 나무 그림을 그리게 하여 진단할 때에는 나무 그림 검사기준을 참조하여야 한다. 대체로 줄기, 가지, 뿌리, 열매, 잎, 전체 인상 등을 기준으로 분석한다.

(6) 미술진단의 인물화 검사(DAP: Draw A Person)

인물화에 의한 성격 검사로 많이 사용되며 전신상의 남녀를 따로 받는다. 자유화에 비해서 저항이 적어 심리검사로 애용되고 있다. 한국판 표준화 검사는 없으나 미국이나 일본의 기준에 준하여 분석한다. 인물화 분석은 HTP나 가족화의 기초가 되므로 깊이 이해할 필요가 있다. 예컨대, 남성이 여성상을 먼저 그리면 성에 혼란이 있거나 이성의 부모에 대한 의존이나 집착이 있다고 해석하며 뒤로 향한 머리를 그리면 분열증적 편집성을 의심하게 한다. 눈동자가 생략되면 무엇인가의 죄책감을 나타내는 것으로서 이것을 감추어진 팔이나 손의 모습과도 관련지어 해석한다. 코와 입은 성과 관계하며, 큰 입은 성적인 이상을 나타낸다. 길이가 다른 다리와 발의 그림은 충동과 자기 통제와의 갈등이 있다고 본다.

(7) 학교생활화/친구화(KSD: Kinetic School Drawing)

크노프(Knoff)와 프루트(Prout, 1988)가 개발한 학교생활 그림은 학교 내에서 학생들과 관련성이 있는 학교 인물을 그리게 하여 학교 환경 내에서의 상호관계 및 역동성(심리적 거리나 우월감, 관계상 갈등)을 파악한다. 학업 성취성과 학교생활 적응수준을 어느 정도 파악할 수 있고, 건전하게 성장할 수 있는 학교 내 환경을 조성하기 위한 기초자료가 되기도 한다.

역동성의 변인은 인물의 우월성, 그린 순서, 인물 간의 방향, 크기, 표정 등 7가지이다. 학교생활화(KSD)는 학교의 친구와 선생님을 포함해서 그림을 그리게 하여 내담자의 학교생활을 분석한다. KFD와 함께 받아 보면 좋다. 이것을 합쳐서 '동적 그림체계(KDS)' 라 한다.

친구화는 학급집단 내의 사회적 위치나 역할, 적응상태를 파악하기 위해서 사용한다. 6~10세 아동의 경우에는 놀고 싶은 친구, 하고 싶은 것 등을 그리게 하고 성인은 직장, 정치생활 등에도 이용할 수 있다.

(8) 미술진단의 협동화 기법

가족이나 내담자들이 소집단을 이루어 한 장의 종이에 협동해서 그림을 그리게 하는 방법이다. 집단치료에 유용하며 자발성의 정도, 경험의 표출, 협동성, 그리는 위치와 내용, 그림순서, 주의력 등을 관찰하여 분석한다. 정해진 제재를 주는 경우와 주지 않는 경우로 나누어 실시할 수 있다. 집단치료의 장점을 함께 활용하면 효과적이다.

한 종이에 여럿이 함께 의논하여 그림을 그린다.

협동화는 대인관계를 알 수 있고, 감정 조절 능력을 키울 수 있다.

(9) 난화게임법(SDG: Squiggle Drawing Game)

난화는 '긁적거리기'라는 의미로서, 그리고 싶은 욕구를 일깨워 준다. 이 방법은 의사소통을 위한 기법으로 쓰이며, 관계형성에 도움이 된다. 또한 유아들의 심리를 평가할 수 있고, 심리치료나 언어치료에 응용되고 있다.

난화를 제시하고 그림을 완성하게 하여, 다 그리고 난 뒤에 질문을 하고 이야기를 꾸며 나가게 한다. 질문은 "이게 뭐야?", "무엇을 하고 있니?" 등을 하고 이야기하게 한다. 분석은 주로 미술작업의 평가와 그림과 이야기에 대한 평가를 실시한다.

- 미술작업평가: 여기서는 미술작업의 질(표현의 성공과 실패 등), 외형적 특징(가득 참 등), 대상, 태도 등이다.
- 그림과 이야기 분석: 여기서는 주로 확장(우주), 주된 그림의 대상(자기 등), 상호관계 및 사회적 관계, 감정의 차이, 난화와의 관계(인지, 자극), 독창성, 줄거리 등을 평가한다.

(10) 콜라주(Collage) 기법

최근에 가장 많이 사용되는 미술치료 기법이다. 거부의 감소, 분노의 노출, 희망에 대한 상징 등 다양하게 활용할 수 있다. 표현이 쉽고, 그리기보다 정확한 감정 전달이 우수하나 선택할 수 있는 사진 매체가 많아야 한다. 자기감정 나타내기, 가족이나 친구에게 말하고 싶은 것, 선물 주고 받고 싶은 것, 타인에 대한 느낌 표현, 문제의 예방 및 대처 방법 등을 쉽게 표현할 수 있다.

(11) 어항 가족화-어항 그림을 이용한 심리진단

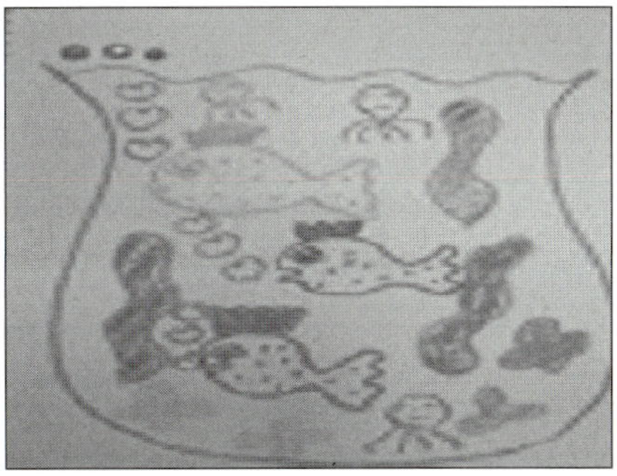

어항을 그린 도식을 주어서 그 안을 자신이 꾸미고 싶은 세계로 꾸며보게 한다. 또한 치료자가 의도하여 '나'를 포함한 물고기의 세계를 자신의 가정에 대한 비유나 마음속 내면에 대한 것을 그리도록 코멘트를 주어도 무방하다. 이 도식화는 가족 관계나 또래 관계를 이해하는 데 도움이 되며, 현재 심리적 갈등을 일으키는 존재를 파악할 수 있다. 완성된 그림의 어항 안은 어항을 꾸민 사람의 마음의 세계로 생각한다. 전체적인 구조의 짜임새가 어떤 형태를 하고 있는지를 관찰하여, 내용과 형태에 의한 해석을 한다.

어떤 투사 검사에 있어서 그 검사를 통해서 나오는 자료들은 한 개인을 대변하기는 하지만, 한 개인 이상의 것을 나타내줄 수는 없다. 또한, 모든 세부적인 것들이 보편적이고 절대적인 의미를 갖는 것은 아니므로 피검자 자신의 독특한 의미를 간과해서는 안 된다. 따라서 검사자는 충분한 라포(rapport) 형성을 통해서 검사 상황에서 피검자가 자신의 능력을 최대한으로 발휘할 수 있도록 도울 수 있어야 한다. 뿐만 아니라, 단지 평가나 진단을 위한 검사보다 어려움을 호소하는 개인을 이해하려는 차원에서 검사가 이루어져야 하며 더불어 피검자에게 치료적인 수단으로 느껴질 수 있도록 하는 것도 잊지 말아야 한다.

Tip

진단도구로의 사용 시 유의점

1) 심리검사 실시와 해석 시의 유의사항

그림에 따르는 언어화 작업(Verbalization)을 고려해야 그림에 대한 충분한 평가가 이루어질 수 있다. ① 그림에 관한 자료를 알아보는 것, ② 현재의 욕구에 관한 투사, ③ 분석적인 합당한 논리에 근거를 둔 상징적인 해석 등을 고려해야 한다.

그림의 전반적인 인상에 의한 가설형성 → 세부 특징에 의한 가설형성 → 행동관찰과의 통합을 통한 가설들의 검증을 통해 해석이 이루어진다.

그러므로 단 한 가지의 지표(sign)로 어떤 결론을 내릴 수 없다. 지표들의 전체적인 윤곽들이 어떤 단 한 가지의 지표보다 더 중요하게 고려되어야 한다.

2) 실시에 있어 유의사항

① 피검자가 만화적이고 우화적인 그림을 그린 경우에는, 실제의 모습을 그려보도록 다시 지시할 수 있으나, 그래도 같은 식으로 그리는 경우에는 놔두고 행동관찰에 기록해 둔다.

② 피검자가 "나 잘 못 그리는데요." 혹은 "잘 그려야 돼요?"라고 묻는 경우에는, 이것은 피검자의 미술 실력을 보려는 것이 아니라고 말하여서 피검자의 평가불안을 안심시키고 할 수 있는 만큼, 열심히 그려보도록 다시 격려한다.

③ 시간제한이 없는 검사이므로, 피검자의 그림을 여러 번 수정하여 시간을 끌더라도 재촉하거나 서두르지 말고, 유의미한 행동관찰로 기록해 둔다.

3 치료적 도구로서의 미술치료 기법

1) 콜라주

(1) 콜라주의 개념

콜라주는 미술치료의 한 기법으로서 프랑스어의 'Coller(풀로 붙이다)'에서 유래되었으며 일상의 비예술적인 소재, 즉 종이나 헝겊 등의 재료를 잘라내어 붙이는 기법을 말한다.

미술 표현에서 책이나 잡지, 합판, 천 등의 평면재를 도입하기 시작한 것은 초현실파의 에른스트(Ernst)와 입체파의 피카소(Picasso)였다. 최초의 콜라주 작품은 피카소의 '등의자가 있는 정물'이다(한국미술치료학회, 1994).

콜라주는 재질감(Texture)이 서로 다양한 평면재를 붙여서 실재의 재질감을 회화적 방법으로 느끼게 하는 그림이다. 특히, 현대 건축의 표면이나 벽화에 많이 도입이 되며 시각적 촉각예술을 의미하는 오목볼록의 자극을 준다.

(2) 콜라주 치료의 특성

회화기법과 모래상자 기법에 있어서의 표현 특징으로 다음과 같이 말하고 있다.

언어 표현보다 정확하고 구상적이며 집약적이고 상징 표현을 취하는 것이며 다양한 해석이 가능하다. 이것들은 물론 콜라주 기법에도 맞는 것이다.

콜라주 기법의 특징으로써 아래의 사항을 들 수가 있다.

- 바탕종이, 가위, 풀, 잡지 등이 있으면 언제 어디서든지 실시할 수가 있다.
- 내담자의 가까이에 있는 잡지 등을 가지고 오게 하는 경우는, 보다 그 사람의 내적 세계가 나타나기 쉽다.
- 그림을 그릴 때 저항이 있는 사람에게도 도입하기 쉽다.
- 기술적으로 간단하므로 유아에서 고령자에 이르기까지 연령에 상관없이 할 수

있다.

- 저항이 많은 성인 남성도 가능하다.
- 표현의 방법에 의해, 그 사람의 성격 또는 병리성과 상태를 파악할 수 있다.
- 상호법(동시제작법)에 의해 내담자와 치료사의 교류가 쉽고, 모자상호법의 경우에는 모자 간의 의사소통이 현저하게 개선되어진다. 또한 치료사와 어머니와 내담자의 3자 간 의사소통이 쉽다.
- 심리치료학파의 어떠한 기법에도 좌우되지 않고 그것과 융합하여 행할 수가 있다.

적용 범위가 넓다. 급성 정신분열증을 제외한 분열증 환자로부터 정신지체아에 이르기까지 적용할 수 있다.

① 활동성

예술가들이 말하는 콜라주는, 하나는 신경이 예민해진 상태에서 완성된 작품이고, 또 다른 하나는 무의식에서 제멋대로 떠오르는 이미지로 만드는 작품이 있다. 일반인과 내담자가 만드는 콜라주 작품은, 신경이 예민해진 의식에서 만들어지는 작품과, 꿈과 같은 무의식적인 표현에서 만들어지는 작품과의 거의 중간 부분에 있다. 따라서 자기 자신도 명확히 파악하고 있지 않는 심층의 심리를 볼 수 있는데 콜라주의 활동성은 상당히 큰 힘을 가지고 있다고 할 수 있다. 자신의 마음을 안다고 하는 것은 일반적으로 말을 통하여 이해되는 경우가 많지만, 콜라주의 활동성에서는, 언어가 아닌 이미지로 파악할 수가 있다.

한편, 한눈에 시야가 들어올 정도의 크기인 종이 위에, 다양한 자신의 이미지를 붙인다는 것은, 마음 전체와 관련이 있고, 말에 의한 것과 비교하면 한층 총체적, 전체적으로 자신을 파악할 수 있다. 게다가 자신의 의식을 작성하는 단독법과 내담자와 치료사의 쌍방이 각각 작성하는 상호법(동시제작법)이 있다. 상호법에 있어서 상호작용의 힘은 상당히 크다고 할 수가 있다. 내담자와 치료사 양방에서 작성하고, 서로 쳐다보며 내담자든 치료사든, 자신의 작품, 타인의 작품을 보고 여러 가지로 느끼기도 하고 생각하기도 하며 새로운 자신을 발견한다. 진심으로 보면 볼수록 자신의 내면세계가 분화되고, 섬세하게 인식되며 동시에 상대의 작품도 알게 된다. 이것은 다시 말해서 의식이 확대되어 통찰이 이루어진다는 것이다.

② 구성적 요소와 투영적 요소

비언어적 방법은 투영적 방법과 구성적 방법으로 나눌 수 있다. 투영적 방법으로는 점토공작, 로샤 검사, 급하게 갈겨서 묘사하는 난화, 긁적거리기 법 등을 들고 있다. 또 투영은 두드러지게 과거를 지향하고, 구성은 두드러지게 미래를 지향한다고 말하고 있다.

투영과 구성은 과거와 미래로 향한 시간의식에 깊이 관련되어 있고 이 상대성의 중요성을 생각해 볼 수가 있다. 건강한 사람은 이 두 개의 심리공간을 묘하게 구분하여 시간 속에 살아갈 수 있는 것이다. 콜라주 치료에 있어서 내담자는 잡지에서 마음에 든 것 혹은 염려되는 것, 거리끼는 것 등을 잘라낸다고 하는 투영적인 행위 뒤에도 구성적인 행위가 있다. 내담자는 과거와 미래를 현재의 상에 놓고 통합하고 있으며 여기에서 치료적 의미를 발견할 수 있는 것이다.

③ 개방적 제작성

콜라주 치료와 모래상자 치료와의 공통성에 대하여, 개방적인 제작성이라고 하는 중요한 개념을 주장하고 있다.

모래상자 기법을 사용하고 있는 놀이도구와 모래의 크기, 종류 등 모래상자의 크기 이외에는 완전하게 각 개인과 그룹의 의지에 맡기고 있다. 그리고 도입의 형태도 각 치료사의 계획에 따르고 있다. 이것은 그 외의 검사가 폐쇄적인 제작성을 선택하고 있는 것과는 대조적이다. 즉 후자의 경우 위대한 심리학자들의 손에 의해 자극, 절차, 해석법이 거의 일정하게 표준화되어 있다. 그러나 현재와 같이 복잡화되고 충동적인 사회에 살고 있는 내담자의 욕구에 대해서는 융통성이 없는 기법이 사용되기 어렵다. 그러므로 이 콜라주 치료는 융통성 있는 치료기법으로 매우 유용하며 이러한 개방적인 제작성은 모래상자와 비교하여 보다 콜라주 활동의 특질을 잘 표현한다고 할 수 있겠다.

④ 대상과 전(前) 대상

사물과 현상의 차이가 실제라면, 우리는 끊임없이 세계에 존재하고 있는 대상과 전대상적인 것을, 의식적이기도 하고 무의식적이기도 하지만 의미 있는 것으로써 파악하려고 시도하고 있는 것이다. 콜라주에는, 하나의 놀이 속에서 상당히 무의식적으로 간단하게 실행되지만 그것에 치료적인 의미가 내포되어 있다.

⑤ 재료

주재료가 되는 잡지는 미리 치료실에 어느 정도 준비해 두기도 하지만 내담자가 준비해 오는 것을 원칙으로 하고 있다. 내담자가 어떤 잡지를 준비하는가, 사용하는가도 내담자를 파악하는 중요한 자료가 된다.

동일 재료를 사용하더라도(동일 잡지의 동월호를 준비하여 주더라도) 표현하는 사람마다 자신의 특성에 따라 다르게 표현하며 희고 큰 켄트지에 저항을 나타내는 사람은 색도화지를 사용하기도 한다.

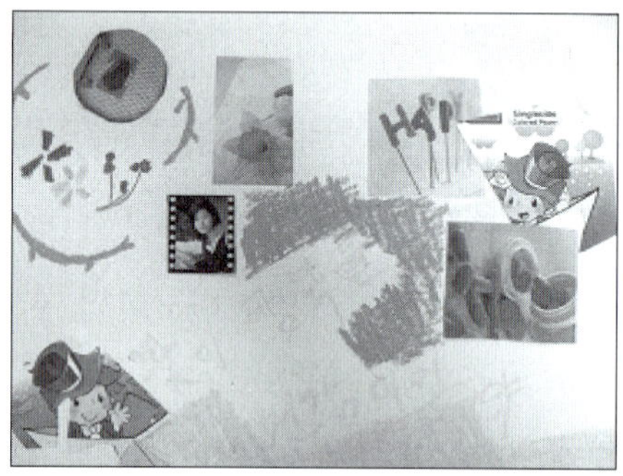

나를 광고하기

(3) 콜라주의 치료적 특성

① 콜라주의 치료적 효과

콜라주 기법은 모래상자 놀이치료자들이 많이 애용해 왔으며, 직감이나 감각 등의 비합리적 기능을 이용한 현대적인 치료기법이다. 이 기법은 자신을 개방시키고 심상을 발견하거나 개발시킨다. 또한 내담자의 관심과 흥미를 분명히 해주며, 아울러 이상과 현실의 차이를 이해하는 데도 유용하다.

이 기법은 사진이나 그림만을 이용하여(포토몽타주 형식) 자신의 감정(선물, 하고 싶은 일, 남편에게 원하는 것, 퇴원 후의 계획 등)을 쉽게 나타낼 수 있는 장점이 있다. 그러나 표현할 수 있는 다양한 재료들이 충분히 준비되어야만 표현의 제한점을 극복할 수 있다.

콜라주 기법을 통하여 내담자를 치료해 나갈 때는 크게 두 가지 방법을 생각할 수 있다.

그 하나는 미술에서 말하는 순수한 콜라주 작품을 내담자가 만들어 나가는 방법이다. 이 방법은 구상-밑그림-붙이기-정리-건조 등의 순서를 거치고 다 만든 뒤에는 그림에 대한 이야기를 교환한다.

둘째, 콜라주(포토몽타주 형식)를 할 때 하나의 미술작품과 같은 형식을 취하기보다는 자신의 감정을 표현하기 위한 수단으로 적당한 그림을 찾아 붙여 구성하고, 상호 이야기해 나가는 방법이다. 최근에는 후자 쪽이 내담자의 부담을 경감시켜 준다는 입장에서 많이 애용되고 있다.

콜라주 기법은 개인치료나 집단치료(가족, 부부)에 모두 유용하며, 주제를 주거나 자유화 형식으로 실시하는 등 다양한 방법을 취할 수 있다. 실시의 방법에서도 내담자가 작업하는 것을 곁에서 치료자가 도와주는 방법이 있고, 치료자와 내담자가 함께 제작해 나가는 방법이 있으며 대화 없이 각자 실시하는 방법, 이야기를 하면서 각자 실시하는 방법 등을 사용할 수 있다.

콜라주 기법의 효과는 내담자가 작품을 제작하고 설명해 나가는 과정 자체에 있다. 치료자는 내담자의 작품에 나타난 그림들의 내용, 화면의 색채 및 변화, 구도, 이야기 내용 등을 분석하고, 해석하면서 치료해 나간다. 예컨대 우울증 환자는 거꾸로 된 것이나 사물이 떨어지는 사진을 많이 붙이기도 한다. 사진을 붙인 것 위에 중복해서 붙이는 경우에는 그것을 뜯어보면 내담자의 무의식을 알 수도 있다(한국미술치료학회, 1994).

② 콜라주의 치료적 요인

- 안전성(선택성)과 회피성이 있다: 콜라주 치료는 도입의 시기에 내담자가 마음이 내키지 않는 경우는, 거부할 수 있는 여건의 분위기를 만들어 두는 것이 필요하다. 설령 시작했다고 하더라도 마음이 내키지 않는 경우도 있으므로, 매회 "오늘은 어떻게 할까요?"라고 질문한다. 계속 진행되는 경우에도, 안정성과 회피성이 보증되어 있다고 말할 수 있다. 또한, 여러 곳의 정신병원에서 분열증 환자에게 콜라주를 행하고 있는데, 이는 안정성과 회피성이 높기 때문일 것이다.

- 분산과 통일이 있다: 인간은 자신의 사고와 감정과 의지 또는 행동을 하나로 모으려는 통일적 방향이 있다. 콜라주에서는 이 통일과 흩트린다고 하는 분산의 두 방향이 있고 이 통일과 분산과의 통합이 가능하게 된다.

Tip

콜라주의 치료적 효과 (일본 인간성 심리학회)

① 심리적 퇴행
② 내면의 의식화
③ 자기표현과 미의식의 만족
④ 언어의 보조적 요소
⑤ 진단자료
⑥ 라포 형성에서 의사소통의 매개

(4) 콜라주 미술치료의 프로그램 활용

① 살아온 인생 반성(여태까지는 이렇게 살았지만, 앞으로는 이렇게 살겠다.)
② 주고 싶은 선물, 받고 싶은 선물(가족, 부모, 애인, 아이, 남편-인물과 선물을 함께 옆에 붙일 것)
③ 5년 후 혹은 10년 후에 뭘 하고 싶을까(미래 인생설계)
④ 사진을 순서대로 붙여 놓고 이야기하기(노인의 경우 젊은 날, 좋았던 날 회상)
⑤ 자기 장 · 단점(왼쪽에 붙여 놓고, 오른쪽으로 고쳐 나가는 방법-고치고 싶은 새로운 결단 각본 만들기)
⑥ 역할극 해보기

(5) 콜라주 미술치료에서 유의해서 관찰할 사항

- 허약: 확대
- 목 잘림: 목이 붙음

- 고정적: 움직이는 그림
- 거꾸로 매달림: 바로 된 그림
- 색이 어두운 그림: 밝은 색

콜라주 기법은 저항이 있거나 표현력이 부족한 경우에도 쉽게 대상을 표현할 수 있는 장점이 있다. 작품을 만들고 얘기하는 과정 자체가 치료적이며, 이 방법은 개인과 집단 치료에 다 적용될 수 있다. 최근에 많이 사용되는 기법이며, 현실에서 경험되는 구체적 내용을 보다 용이하게 표출시켜 준다. 분노나 소망 등 자신과 관계되는 내용을 선택하게 되며, 잡지 사진을 오리고 조합하고 붙이는 과정에서 표현하고자 하는 것들이 상징적으로 드러나게 된다. 이 과정을 통해 자신의 모습을 재창조할 수 있고, 내면세계를 재구성할 수가 있다(예 행복했던 경험이나 웃는 사람들 사진만 골라서 붙였다. 콜라주는 욕구를 상징적 매체로 표현할 수 있으므로, 희망이나 분노 등을 구체화해서 표현할 수 있다.) .

2) 소조활동

소조활동을 통해서 찰흙을 마음껏 만지고 두드리고 형태를 만들면서, 내면의 공격성을 표출할 수가 있다. 이 방법은 원초적 충동성과 유아기의 초기 감정을 끌어낼 수 있으며 자유로움을 준다.

아이들은 찰흙을 통해 내적인 환상 세계를 직접 체험한다. 공룡도 만들고, 로봇도 만들고….

바베큐 파티

(1) 전통반죽 기법을 이용한 흙밟기 놀이치료

① 대상

소극적이고 감정표현을 극도로 자제하며, 활동성이 결여된 5~7세 아동

② 주제선택의 동기

전통도예기법의 하나로 도자기재료인 흙을 두 발을 이용하여 반죽하는 방법이다. 전통 흙반죽 기법은 흔히 볼 수 있는 방법이 아니며 손으로 흙을 만질 때보다 발로 만질 때 아이들의 감성에 더욱 큰 자극을 줄 수 있다.

③ 전체적인 내용

이 흙밟기는 생각보다 장소의 구애를 받지 않으며(실내 · 외) 흙 이외에 다른 재료는 필요하지 않기 때문에 비용의 부담도 없다. 준비물은 흙만 있으면 된다.

④ 진행과정

일단 아이들이 흙하고 친해지기 위해서는 흙이 더럽다는 생각을 버리도록 흙의 부드러운 감촉을 느끼게 해준 다음 흙으로 발을 옮기도록 한다. 갑작스럽게 흙을 밟게 한다면 오히려 심한 거부 반응을 보일 수 있기 때문이다. 그런 후에 흙 위에서 자유스럽게 행동하도록 유도하고 어떤 행위를 할 수 있게 치료사가 옆에서 도와준다. 예를 들어 같이 흙 위로 올라가 어떠한 놀이를 한다든지 치료사가 먼저 행동으로 옮기면 아이도 자연스럽게 행위를 하게 될 것이다. 그리고 흙을 단지 평평하게 펴 놓는 것이 아니라, 낮은 언덕(봉우리)을 만들어 지루함을 최대한 느끼지 않게 하고, 만약 벽이 있는 곳이라면 구석구석에 설치물(뼈대)을 세워 발로는 흙을 밟고 손으로는 바닥에 있는 흙을 떼어 그 설치물에 붙여 나가며 하나의 완성된 작품으로 만드는 과정을 연출해도 좋다. 또 아이 혼자 놀이를 하는 것이 아니라 여러 명의 아이들이 함께 한다면 어울리면서 사회성 또한 발달하게 될 것이다.

⑤ 흙밟기의 장 · 단점

- 장점: 대체로 소극적인 아이들은 작은 흙덩이 하나를 쥐어줘도 하지 못하는 경우가 많다. 더 심한 경우는 하지 않겠다는 말조차 하지 않는 아이도 있다. 그러나 이 흙밟기는 아이들의 호기심을 자극할 뿐만 아니라 손으로 만질 때보다 발로 만질 때 감성을 더 자극하므로 더욱 효과적이다. 또한, 더 큰 장소에서 이루어지고 많은 양의 흙을 이용하기 때문에 대범하고 자유스러우며, 아이들의 현재 감정 상태를 표현하도록 유도할 수 있다. 사람은 흙을 밟아야 건강에도 좋고, 더불어 그림으로 치료하는 방법보다 더욱 편하고 자연스러운 치료분위기를

연출할 수 있다.

- 단점: 소극적이고 활동성이 결여된 아동들을 대상으로 하기 때문에 놀이에 관심을 갖게 하기까지 많은 관심과 시간이 소요된다. 아이들이 얼마만큼 적극적으로 임하는지, 또 그 분위기를 잘 이끌어 내는지는 그 어느 방법보다 치료사의 몫이 크다고 하겠다.

⑥ 예상효과

위에 장점에서도 언급한 내용이지만, 이 방법은 최대한 아이들이 편하고 즐기면서 할 수 있기 때문에 남에게서 자신을 보호하려는 극도의 긴장감이 느슨해진다. 또한 일정한 정해진 자리에서 하는 것이 아니고 자신이 원한다면 뛰거나 앉거나, 혹은 누울 수도 있기 때문에 더욱 자유스럽고 편안한 분위기 속에서 이루어지는 치료방법이므로 소극적인 아이는 적극적으로, 자기감정 표현이 억제되어 있는 아이는 자유스런 감정표출을, 그리고 활동성이 결여된 아이들은 활동적으로 변해가는 모습을 기대해 볼 수 있을 것이다.

(2) 핀칭기법을 이용한 미술치료

① 대상

자신감이 부족한 5~6세 아동

② 진행

- 상황설정: 5~6세 아동이 5명 있다.
- 이 아동들은 자신감이 부족하거나 또래 친구들과 어울리지 못하고 겉도는 아동들을 대상으로 한다.
  - 준비물: 흙 3덩이(시중에서 파는 크기), 스펀지, 물
  - 우선 아이들이 서로 마주볼 수 있도록 원형으로 배열하여 앉는다. 이는 앞에서 마주보며 서로 눈을 마주칠 수 있는 기회를 주기 위함이다. 또한 아이들이 어느 정도 상황에 적응되었을 때 움직이며 친구들과 접하고 대화할 수 있는 공간을 만들기 위한 이유도 있다.
  - 준비한 흙은 아이들 사이사이에 놓아두어 본인이 원하는 만큼 직접 가져갈 수

있도록 한다. 단, 아이들이 소극적일 경우를 대비하여 반드시 시작하기 전에 치료사가 자신 있게 흙을 떼어가는 것을 보여주도록 한다.

- 아이들의 배열과 흙이 준비되었을 경우 치료사는 소극적인 아이들인 만큼 동작을 크게 하거나 과장하여 시범을 보이도록 한다.
- 시범이 끝나고 아이들이 직접 만들기에 들어갈 땐 조용한 음악을 틀어 분위기를 부드럽게 만들어 준다. 처음부터 음악을 틀지 않는 것은 아이들이 설명을 들어야 할 상황에서 작은 음악소리에도 설명을 놓치거나 행동을 놓쳐 자칫 위축될 수 있는 상황이 되지 않게 하기 위한 것이다.

(3) 기대효과

핀칭(Pinching)기법은 점토 덩어리를 꼬집듯이 하여 성형하는 기법으로 특정한 모양이나 틀이 있는 것이 아니므로 아이들이 마음대로 성형할 수 있다는 데에 큰 장점이 있다.

자신감이 없고 소극적인 아이들의 경우 자신을 표현하는 데도 소극적일 수밖에 없으므로 흙을 꼬집고 손가락으로 꾹꾹 눌러줌으로써 틀에 박힌 표현이 아닌 자율성에 의해 스스로 해 나가는 좀 더 적극적인 성향을 보일 것이다.

(4) 점토의 장 · 단점

① 장점

- 부드러운 흙을 만짐으로써 손으로 직접 느낄 수 있고 어떤 것이든 만들 수 있으며 부수고 다시 만들 수 있다는 데에 아이들이 부담감을 덜 가질 수 있다.

② 단점

- 주위가 지저분해지거나 손이 더러워진다.
- 시간이 오래 지나면 흙이 마르고 갈라지므로 아이들이 조금은 조급한 마음을 가질 수 있다.

4) 그 밖의 미술치료 기법

전통적인 미술치료에서는 미술작업을 통한 정서적 갈등의 해소를 치료적 가치에 포함하고 있다.

이는 해결되지 않은 감정과 정서적 적응 간의 관계를 강조하는 정신역동이론과 관계가 있는데 카타르시스(억눌린 감정의 표현)와 같은 경험은 아동들로 하여금 그림이나 다른 형태의 이미지 표현을 통해 정서 문제나 긴장을 해결하도록 도울 수 있다는 점에서 미술치료과정의 중요한 부분이라 생각된다.

여동생에 대한 분노를 그림으로 표현한 아동은 미술을 통해 그 상황에 대한 갈등적 감정으로부터 어떤 안도감을 가질 수 있고 감정을 언어로 잘 표현하지 못하는 아동들에게는 미술 표현이 상반된 감정이나 혼란스러움, 또는 말로 표현하기 힘든 감정을 정리해 준다고 볼 수 있다.

미술작업을 통해서 심리상담이나 심리치료를 하는 것을 미술치료적 행위라고 할 수 있다. 대상에 따라 다양한 기법이 적용될 수 있으며 여기서는 몇 가지만 소개하고자 한다.

(1) 테두리법

내담자에게 도화지를 제시하면서 용지에 테두리를 그어서 건네주는 방법이다. 조형활동을 자극하고, 공포를 줄일 수 있어 자아가 허약한 환자들에게 많이 사용되고 있다. 테두리를 그릴 때에는 자를 사용하지 않는다. 또 도화지에 원을 그려주고 원 안에 그림을 그리거나 채색하게 하여 과잉행동, 주의산만 등을 통제할 수 있으며, 심리적 지지도 해줄 수 있다.

(2) 출발 그림(Starter sheet)

그림 그리는 데 저항이 있거나 공포, 수줍음 등을 줄여서 그림 그리기를 자극하고, 촉진하는 데 사용한다. 장애아동이나 정신질환자에게 모두 사용할 수 있다. 종이에 치료사가 직접 잡지에서 얼굴사진을 오려 붙여 주거나 그려 주거나, 눈을 오려 붙여 주어 그림을 완성하는 방법이다. 처음 작업을 시작할 때 사용되는 기법이다.

(3) 그림완성법

소정의 용지에 기호가 그려져 있는 8개의 정방형을 제시하고 그 기호를 사용해서 그림을 완성하게 하는 방법이다. 유아나 성인, 정상적인 사람, 정신질환자 등에게 모두 적용할 수 있다. 그린 순서를 적고, 무엇을 그렸는가를 해석하게 한다. 이것은 미술치료과정이나 초기에 사용할 수 있으며, 환자의 거부감이나 저항, 공포를 제거할 수 있다. 동그라미를 그리고 그 안에 임의의 점을 찍어 환자에게 제시함으로써 환자를 지지해 줄 수도 있다.

(4) 이미지 묘화법

그림을 환자와 치료자 사이에 두고 그것이 산출한 이미지를 매개로 하여 환자와 치료자 사이의 사고수준(인식과정)과 지각수준에서 교류를 도모한다. 언어적 커뮤니케이션을 통한 심리치료법이다. 구체적 이미지, 심리적 이미지, 가족 이미지 등의 과제를 사용할 수 있다. HTP, 색의 연상, 추억, 꿈, 신앙, 선과 악, 애정, 음악 등에서도 연상할 수 있고, 이상적인 아버지, 생각나는 사람 등을 통해서도 이미지를 떠오르게 한다. 자유화 또는 과제화를 모두 사용할 수 있다.

(5) 난화 상호 이야기 만들기법

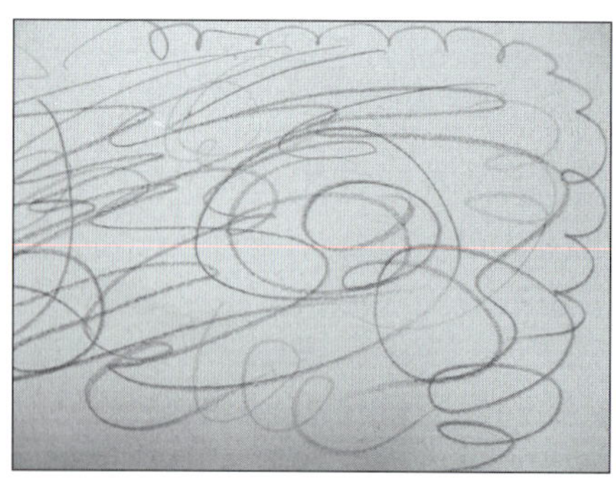

유아들의 심리평가에 사용하고 있으나 심리치료나 언어치료에 응용되고 있다. 난화를 제시하고 그림을 완성하게 하여 다 그리고 난 뒤에 질문을 하고 이야기를 꾸며 나가게 한다. 질문은 "이게 뭐야?, 무엇을 하고 있니?" 등으로 하고 이야기를 유도한다. 분석은 주로 미술작업의 평가와 그림과 이야기에 대한 평가를 실시한다.

난화법과 이야기법을 종합하여 응용한 것이다. 난화에서 이끌어 낸 심상의 형성이 중요하며 치료자와 내담자가 서로 교환하며 이야기를 만들어 나가게 한다. 최근에는 표현이 부족한 환자들에게 난화와 콜라주를 합친 기법도 사용되고 있다. 이 기법은 중증장애보다 경증장애의 경우에 좋다.

(6) 색채 선택법

내담자가 좋아하는 색을 선택하여 그림을 그리게 하는 방법이다. 가족체계 진단법에서도 좋아하는 크레용을 골라 사용토록 하는데 내담자에게 자유를 부여하는 데 의의가 있다. 자유를 부여하면 책임의식이 많아지는 원리도 포함된다.

(7) 갈겨 그리기법

환자에게 사인펜을 주어 손으로 직접 갈겨 그려서 선을 따라 가게 한 후 "어떻게 보이는가? 어디가 어떻게 되어 있는가?"에 대해 얘기한 후 채색시킨다. 환자와 치료자가 갈겨 그리기를 하면 환자의 동력을 더욱 강하게 할 수 있다.

(8) 자아감각 발달법

심신장애인은 신체영상이나 자아개념이 부정적이다. 이를 높이기 위해서 출발 그림(Starter sheet)이나 묘화완성법, 손도장과 발도장 찍기, 조소활동, 동그라미기법, 씨앗으로 얼굴 만들기, 가면 만들기, 자기신체 본뜨기(실물 크기), 인체퍼즐 게임, 거울 보고 자기 그리기, 손 본뜨기 등을 할 수 있다. 특히, 섭식장애 환자나 신체장애인에게 효과적이다.

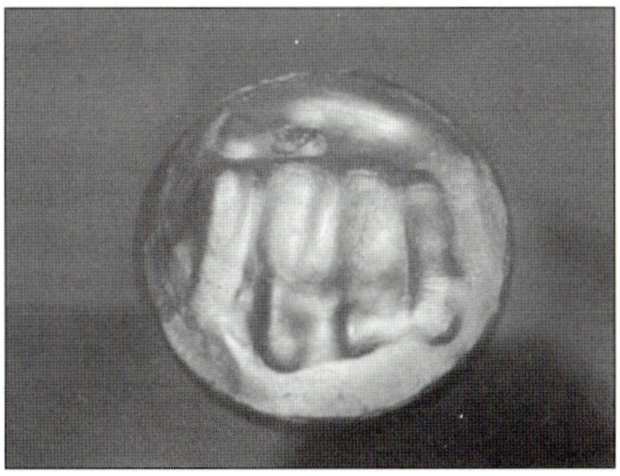

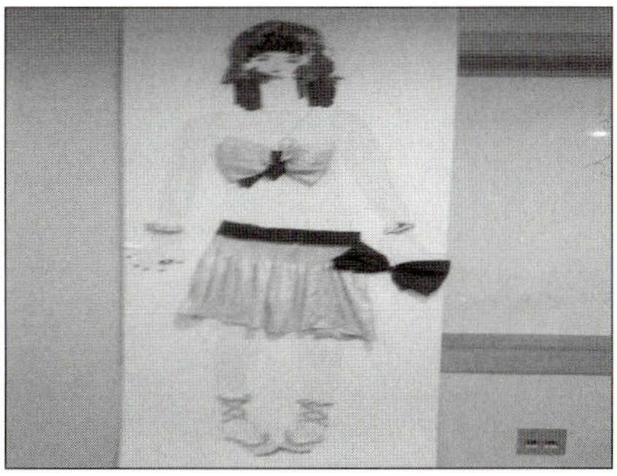

(9) 생활선 그리기

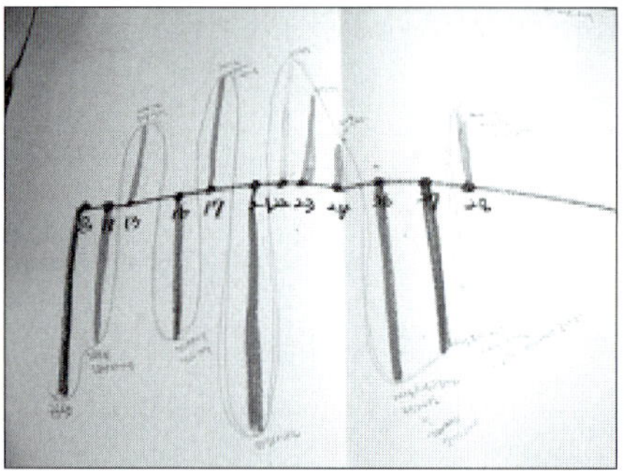

유아 시절부터 현재까지 그리고 미래에 대하여 생활선을 표시하게 하는데 연령 단계별로 높낮이, 선의 굵고 가는 정도 등으로 자신의 생의 주기를 나타내게 한다. 그리고 환자가 설명하면서 자신을 발견하고 느끼게 할 수 있다. 과거, 현재, 미래에 대한 자신의 생각을 나타내는 기법으로 과거와 현재 또는 10년 후의 미래를 표현해 본다. 이때 잡지 사진을 골라서 콜라주로 나타내 보아도 좋다.

잡지 콜라주법은 자아정체감을 발달시키기 위하여 실시하고, 소집단에서는 서로 그림을 돌려가면서 피드백을 하고 비교활동을 통해 통찰한다. 자기를 선전하는 포스터를 만들기도 한다.

(10) 역할 교환법

채색이나 콜라주, 난화, 그림 그리기 등에서 내담자와 치료자가 서로 번갈아 가며 작품을 제작한다. 화면분할법(한 장의 종이에 적당한 선을 그어 나눔)과 같이 사용하기도 한다. 라포 형성이나 거부감 감소, 흥미 유발, 촉진 등에 효과적이다.

(11) 상호의존 역할놀이법

짝을 지어 서로 역할을 바꾸어 그리도록 한다. 그림을 그리면서 타인의 역할을 함으로써 역할놀이의 효과를 얻는다. 그 후에 경험했던 감정을 서로 얘기하고 교환한다. 부부치료에도 큰 도움이 된다.

(12) 그림대화법

짝을 지어 비언어적으로 그림을 통해 의사소통을 하게 한다. 사회성, 편안함, 집단 이해 등을 배운다. EQ를 높일 때도 그림대화법을 활용하면 좋다.

(13) 감정차트 만들기

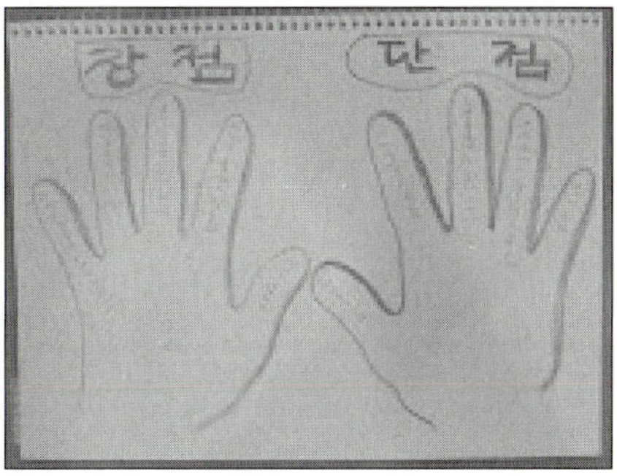

도화지에 몇 개의 칸을 구분하고 최근의 감정을 그리거나 색종이로 나타내게 한다. 감정을 표현한 후에 모든 인간은 불편한 감정을 가지고 있음을 확인시킨다. 또한 칸 없이 한 장의 종이에 표현할 수 있다. 스펙트럼 형태의 띠로도 나타낼 수 있는 방법이다.

(14) 만다라 그리기

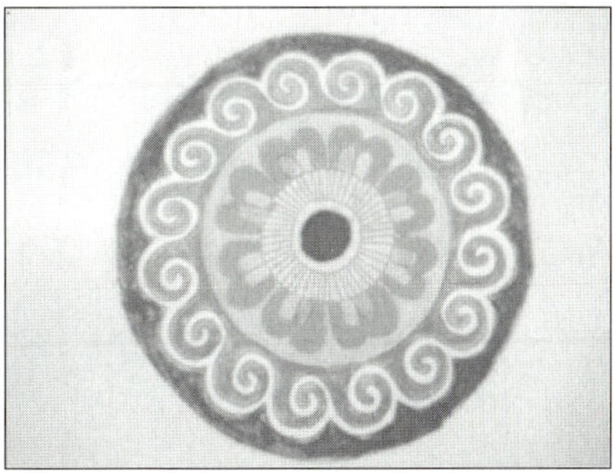

만다라 그림은 개별적인 작업으로 한다. 자유연상으로 그림을 그려도 좋으며 무의식적으로 떠오르는 어린 시절의 기억이나 경험을 그릴 수도 있다.

마음의 창을 통해서 원하는 것, 좋아하는 사람, 힘들었던 것을 떠올려서 과거를 그려본다.

질문은 "왜?"라고 묻지 말고, "어떻게?"라고 묻는다. 그리고는 "뭐가 보이니?"라고 묻고, 떠오르는 것을 그리게 한다. 크레용, 크레파스 등을 이용하거나 색종이도 사용할 수 있다. 자유연상을 그려도 좋다. 그리고 나서 심상을 시로 써서 나타내기도 한다. 색채를 사용하면 좋으며 환자의 기억과 감정을 통합하는 데 유용하다.

(15) 집단 만다라 벽화 그리기법

집단 속의 자기이해, 집단이해, 협동심 등을 기른다. 특히 벽화는 공동화(협동화)를 제작할 때 책상 위에서 그리는 것보다 거부감이 적고, 편안하며, 역동성을 더 잘 나타내 준다.

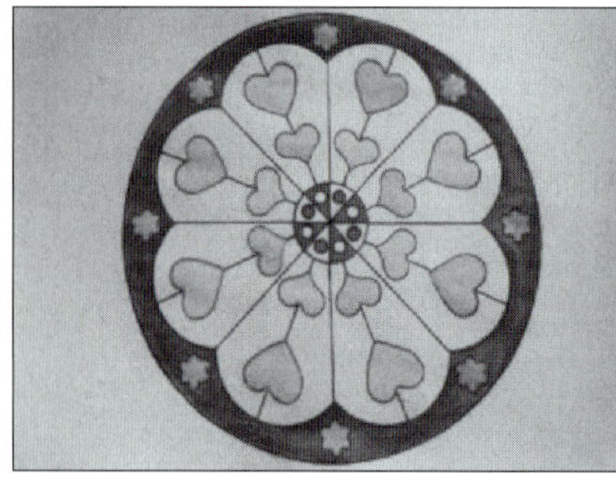

(16) 삼자 관계 그리기

삼자 관계 그리기는 가족 간의 관계를 알아보고, 내담자가 가족 내의 삼자 관계를 깨닫게 하기 위해 실시한다.

(17) 가계도 그리기

가계도 그리기는 가족치료에서 많이 활용하며, 색종이를 사용하여 세대별로 표현하게 한다.

가족치료에서 많이 활용하며 색종이를 사용하여 세대별로 표현한다. 가족의 세대 사이의 갈등과 가풍의 계승과 순환 등을 이해한다.

(18) 자기집 평면도 그리기

어린 시절(가능하면 유아시절)에 자기가 살았던 집의 평면도를 그려서 "가장 무서웠던 곳", "비밀 장소", "누구와 함께 살았는가?" 등을 설명하여 자신의 과거를 회상한다. 자기에게 영향을 미친 사람, 성격의 형성 등을 발견하고 부적응 행동에 대한 재결단을 하여 새로운 각본을 형성하게 된다.

(19) 나의 어머니(아버지), 나의 딸(아들) 그리기법

환자의 어머니(아버지)와 환자의 딸(아들) 관계를 그리게 한다. 꼭 그림이 아니더라도 난화로 표시해도 좋고, 콜라주를 사용해도 된다.

(20) 조소활동법

점토로 인물상을 만들거나 자기의 느낌을 표현하게 하여 해석하게 한다. 묽은 점토는 수채 물감과 같이 액체 도구로서 언어화가 결핍된 내담자에게 유용하며 과도한 언어화를 나타내는 사람들에게는 감각적 요소를 강조할 때 사용한다. 특히, 대상관계가 부족한 내담자의 치료에 유용하다.

(21) 핑거페인팅(Finger painting)

그림치료 초기나 말기에 사용한다. 정서의 안정과 거부, 저항의 감소, 이완 등의 효과를 가진다. 또한 작업의 촉진, 스트레스 해소에도 큰 도움이 된다. 이것은 나중에 작품으로 게시해도 좋고, 크리스마스 카드로 제작해서 사용할 수 있다.

이외에도, 구체적인 치료기법으로 활용되고 있는 것은 매우 많다. 예컨대, 동물가족화 또는 동물자화상 그리기, 난화와 콜라주를 합쳐서 표현하기, 누구에게 받고 싶거나 주고 싶은 선물 표현하기, 상동적 표현을 수정하기 위하여 또는 표현을 자극하기 위하여 무용이나 노래를 도입하는 법,

사진 기법, 색채치료 기법, 만화 그림 방식으로 대화하기 등을 활용한다.

크레이머는 미술이 단지 시각적 상징 전달만이 아닌 감정에 대한 미술 표현의 치유력과 잠재력에 있어 중요하다고 강조하였다. 미술은 아동의 정서적 삶에 대한 든든한 용기(container)가 되며, 아동을 이해할 수 있는 중요한 방식이다.

이렇게 미술치료 기법의 적용 시에는, 다양한 접근 방식이 필요하다. 장애 양상에 따른 유의 사항을 참고로 살펴 보겠다.

콜라주와 난화는 유아나 성인 모두가 사용할 수 있는 좋은 프로그램이지만 적절한 시기에 적용해야 한다. 거부감이 있거나 공포증이 있을 때는 제외한다. 콜라주는 치료자가 미리 개입하기보다는 상호작용과 피드백이 중요하며, 자아를 발견하거나 통합할 수 있는 활동의 목표를 가질 수 있다. TV 광고 문구에 집착하는 자폐아동에게 잡지 사진 콜라주는 효과적이다.

찰흙 등 만들기를 통해서는 눈, 손 협응 등 운동성을 촉진할 수가 있고, 불쾌한 감정을 해소할 수 있으며, 공격성 등 그 욕구를 알 수가 있다. 정서장애 아동의 경우에는 자극을 통한 동기유발과 성공 여부도 중요하며, 행동장애 아동의 경우 제한 규칙을 미리 설정할 수 있어야 한다. 이 밖에도 장애 양상에 따라 매체의 특수성을 다양하게 치료에 적용할 수 있어야 하겠다. 치료에 있어서 기법이나 소재가 앞서지 않도록 하고, 항상 내담자의 상태에 맞게 적절하게 도움을 줄 수 있는 안내자가 되도록 노력하고 연구하는 태도가 치료자에게 요청된다.

나카이 히사오(Nakai) 교수에 의하면 모래 상자의 독해법을 풍경구성법(LMT)과 집-나무-사람(HTP) 그림에 준거하여 해석하였는데, 언어 표현을 잘 못 할 때 모래 상자놀이 과정 자체를 해석하여 적용시켰다고 한다. 모래상자는 보호의 의미를 가지므로 과정 자체가 치료적이다. 특히 젖은 모래는 퇴행된 아동에게 효과적이다. 또한 풍경구성법은 특정 물체에 집착하는 자폐행동을 교정할 수가 있다. 풍경구성법(LMT)은 도화지에 '강, 산, 밭, 길, 집, 나무, 꽃, 동물, 돌, 만족하지 않다고 생각하는 것' 을 순서대로 그려 넣게 하고 하나의 풍경이 되게 채색하도록 한 다음 그것에 대해서 계절, 시각, 기후, 시냇물의 흐르는 방향, 사람과 집, 밭 등의 관계에 대해서 이야기한다. 치료 가능성의 평가와 문제점의 추측과 관찰에 유용하다. 진단과 치료에 모두 사용할 수 있으며, 모래상자 놀이 치료 전문가들이 즐겨 쓰는 방법이다.

5) 자아개념 미술치료 프로그램

번호	구분	사진	설명
1	자화상		충분한 시간을 주고 그릴 수도 있고 2분 정도의 짧은 시간 동안 자신의 특징적 모습을 중심으로 재빨리 그릴 수도 있다.
2	거울자화상	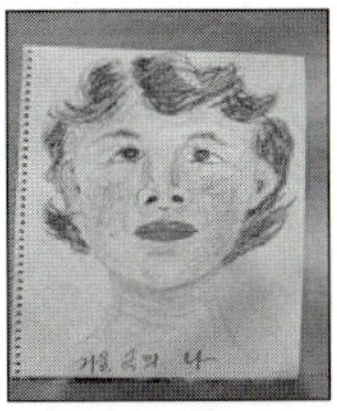	자신의 얼굴을 거울에 비추어 보면서, 다양한 표정을 지어보고 그것을 그린다.
3	광고		나 자신을 광고하는 광고지를 만든다. 이때 자신의 장점과 단점 모두를 다루게 하여 전체적인 자신의 모습을 표현하게 한다. 다른 사람들(친구, 가족)을 위한 광고지를 만든다.
4	신체 본뜨기		큰 화지에 자기 몸 외곽선을 그린다(이것은 다른 사람이-치료자나 집단일 경우 다른 집단원-그려 주어야 한다.). 그 다음 몸을 꾸미는데 단순히 옷을 입힐 수도 있고 추상적으로 표현할 수도 있다. 다 그려진 후 신체 부위별로 "눈으로 가장 보고 싶은 것은?", "코로 가장 맡고 싶은 냄새는?", "입이 가장 하고 싶은 말은?", "귀가 가장 듣고 싶은 말은?", "손이 가장 하고 싶은 일은?", "발이 가장 가고 싶은 곳은?" 하고 질문할 수 있다.
5	나의 상징적 표현		나를 상징할 수 있는 것을 그려 본다.

번호	구분	사진	설명
6	은유적 초상화		자신을 집, 나무, 동물, 음식, 섬, 색, 꽃 등으로 표현해본다. 내가 만일 변신할 수 있다면 어떤 것으로 변할 수 있는지 표현해 본다.
7	정서 그리기		한 그림 안에 반대 정서를 그린다. 낙서로 그림을 시작하여 그것으로 부정적인 감정을 표현하고 나중에 긍정적인 감정으로 변화시켜 표현해 본다(음악을 함께 사용하거나 상황 설명이 주어지면 더 효과적이다.).
8	인물 콜라주	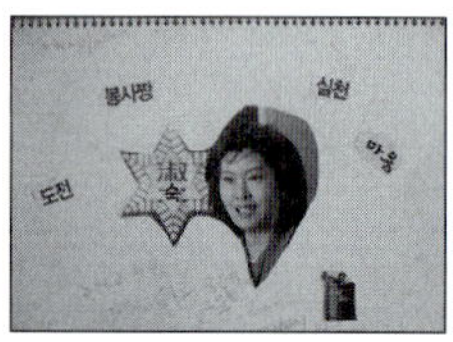	다양한 정서를 표현하고 있는 사진을 오려 붙이고 인물이 하는 말을 상상하여 써 본다.
9	자기상자		빈 상자를 이용해 밖은 다른 사람이 보는 나를 표현하고 안은 내가 보는 나를 표현해 본다. 이것은 외부세계의 요구나 자신에 대한 기대 때문에 얼마나 자신의 감정을 숨기고 억제하는지를 알게 해준다. 이 작업은 나중에 개인상자를 함께 쌓아서 구조물을 만들 수도 있는데 이때 집단 안에서 자신의 위치를 느낄 수 있게 한다.
10	가면		여러 가지 정서의 가면을 만들어 보고 가면들을 사용하여 놀이나 극으로 연결시켜 본다(이 가면작업은 특히 여러 가지 형태로 변형시킬 수 있다. 예 내가 되고 싶은 얼굴, 내가 버리고 싶은 얼굴 등).
11	자소상	눈을 감고 한 손으로 얼굴을 더듬고 다른 손으로 찰흙을 빚어 자소상을 만든다.	
12	인생 콜라주	잡지 사진들 중에서 나의 인생과 관계된 그림을 오려 붙인다.	
13	창문	치료자가 창문을 그려주고 창문을 통해 보이는 장면을 내담자가 표현할 수 있게 한다.	

번호	구분	설명
14	공포	위험인물이 뒤를 따라오고 있다, 혹은 숲에서 길을 잃었다, 감옥에 갇혔다 등 위협 상황에서 자신은 어떻게 할지 그림으로 표현한다. 이때에는 화지에 칸을 나누어 만화 형식으로 그림을 그려 첫 번째 컷은 치료자가 문제 상황을 제시하고 나머지는 내담자가 생각해서 그리게 하는 것이 효과적이다.
15	소망	강을 건너고 있는 그림을 제시하고 강 건너 다른 쪽에는 무엇이 있을지 표현해 본다. 나는 막 성장하려고 하는 씨앗이다. 나에게 필요한 것은 무엇인지 표현해 본다. 나는 미지의 세계에 도착했다. 그 세계를 나 자신이 어떤 모습으로 새롭게 건설할지 표현해 본다. 종료 시기에 이 프로그램을 사용하면 내담자의 예후를 느낄 수 있다.
16	나의 과거, 현재, 미래	화지에 자기 나름대로 자신의 과거, 현재, 미래를 구체적인 그림으로 표현할 수도 있고 색이나 선을 사용하여 추상적으로 표현할 수도 있다.

6) 대인관계 프로그램

(1) 셀로판지 구성

각자 원하는 모양으로 여러 가지 색의 셀로판지를 오려서 공동의 배경지 위에 함께 구성해 본다.

(2) 색물총

물총에 물감을 넣고 공동화지에 함께 쏜다.

(3) 집단 데칼코마니

각자 데칼코마니를 한 후, 깨끗한 화지를 그 위에 찍어 같은 것을 두개 만든 후 물감이 많이 묻어 있는 것을 다른 사람의 데칼코마니와 겹쳐 찍어 본다.

((1), (2), (3)번 프로그램은 모두 색이 서로 섞이면서 주는 느낌이 강해 집단응집력을 강하게 할 수 있다.)

(4) 말과 그림

각자 한 장의 그림을 그린 후, 차례대로 한 사람씩 자신의 그림을 보이지 않고 언어만을 사용하여 설명하고 다른 집단원들은 그 설명을 듣고 그림을 그린다. 다 그린 후 원래의 그림과 얼마나 비슷한지 알아본다. 상대방에게 자신의 의사를 정확히 전달시키는 능력을 기를 수 있다.

(5) 만화

화지를 긴 필름처럼 여러 칸으로 나눈다. 만화 영화를 만들 듯이 집단원들이 순서를 정하고 첫 번째 사람이 첫 그림을 그리면 차례대로 그 그림과 내용이 이어질 수 있도록 그림을 그려 나간다. 다 그린 후 어떤 내용인지 서로 이야기를 하여 보고 제목도 함께 붙여본다. 이때 이야기의 내용이 다를 때가 많다.

(6) 돌려 그리기

각자 자신의 그림을 2~3분 동안 그린 후 서로 그림을 바꾸어 다른 집단원들이 그린 그림 위에 덧붙여 그린다. 자신의 그림이 다시 돌아왔을 때 그림을 정리한 후 그림의 내용을 설명한다.

(5), (6)번 프로그램은 상대방의 감정, 의도를 정확히 인식하는 능력이 요구되는데 특히 (6)번은 상대방에 대한 존중감도 필요하다. 다른 사람의 그림에 덧붙여 그릴 때 존중감이 없으면 그림을 손상시킬 수 있다. 또한 각자가 다른 사람의 그림에 어떻게 그려 주었는지 관찰하여 보면서 다른 사람과 어떤 형태로 관계 맺고 있는지를 느낄 수도 있다.

(7) 당신에게 필요한 것은?

서로 번갈아 큰 화지에 누워서 상대방의 몸 외곽선을 따라 그린다. 그림 안쪽에(몸 안쪽) 그 그림의 주인공에게 필요한 것을(옷, 마음, 성격, 물건 등) 다른 집단원들이 그려 주거나 잡지에서 오려 붙인다(다른 사람이 보는 나를 큰 상처 없이 간접적으로 알아볼 수 있다.).

(8) 비밀

각자 내용이 담긴 그림을 그린 후 어떤 내용인지 다른 집단원들이 알아맞힌다.

서로 제목을 붙여주기도 한다. 아동 집단의 경우 자신의 그림을 단순히 소개하는 형식으로 토론시간을 이끌면 다른 사람의 말을 주의 깊게 듣지 않는 경우가 많다. 자신의 그림을 설명하기 전에 다른 사람들에게 먼저 자신의 그림의 내용을 알아맞히도록 하는 게임 형식으로 토론이 진행되면 좀 더 흥미를 가지고 집중하게 된다.

(9) 벽화 그리기

① 자유화

공동 화지를 주고 각자 자신이 원하는 내용을 원하는 공간에 마음대로 그리도록 한다. 이때 언어를 사용하는 경우와 언어를 전혀 사용하지 않는 경우 두 가지 형식으로 진행할 수 있는데 언어를 사용하면 서로의 의견을 반영하고 조절할 수 있어 집단의식을 기르기에 적합한 반면 비언어적 벽화작업은 개인이 어떻게 집단에 반응하는지 그대로 통찰할 수 있어 집단역동을 가장 잘 알 수 있는 방법이다.

② 공동주제

집단원들이 의논하여 한 가지 주제를 결정하고 공동작업을 한다.

(10) 교환

집단을 둘로 나누고 양쪽에 종이를 준다. 그리고 두 집단에 각기 다른 재료를 주고(예 한 집단에는 가위만 주고 다른 집단에는 풀만 준다.) 서로 협력하여 작업할 수 있게 한다.

(11) 선물

집단원들이 서로 상대방에게 주고 싶은 것을 그리거나 만드는 데 정신적인 것부터 컴퓨터, 옷 등 무엇이든 가능하다.

(12) T-셔츠

집단원들이 의논하여 집단 심볼(마크)을 만들고 그것을 T-셔츠에 염색하여 함께 입는다((11), (12) 번 프로그램은 집단치료 종결 단계에 효과적임.).

4 미술치료 작업평가

미술치료 작업평가는 미술 작업의 질(표현의 성공과 실패 등), 외형적 특징(가득참 등), 대상, 태도 등으로 나타낼 수 있다. 또한 그림과 이야기 분석은 주로 확장(우주), 주된 그림의 대상(자기 등), 상호관계 및 사회적 관계, 감정의 차이, 난화와의 관계(인지, 자극), 독창성, 줄거리 등을 평가한다.

그림은 크게 형식과 내용으로 나눌 수 있는데 두 부분 중 하나라도 빠뜨리거나 하나에만 치우친다면 제대로 된 그림평가라 볼 수 없다.

- 형식: 객관적인 기술이 가능한 부분
- 내용: 주관적인 느낌과 통찰을 요구하는 부분(공간 사용 정도, 화면에서의 위치, 미술재료의 선택, 중요 대상의 크기, 필압, 선의 성질, 글씨 넣기)

1) 그림의 형식

(1) 공간의 사용

공간 사용의 개념으로 화면을 크게 몇 덩어리로 나누었을 때 각 덩어리마다 밀도는 낮더라도 그 덩어리 내에 선이 그어져 있다면 그 공간을 사용한 것으로 본다.

대개의 경우 공간 사용 정도는 높은 것이 더 건강한 징후로 본다.

① 30% 이하로 사용하는 경우 → 우울하거나 진단 및 치료 동기가 매우 낮은 환자들로 극도로 제한적으로 사용하며, 가끔 우울하지 않더라도 저항적이고 거부하는 환자의 경우에도 이런 현상을 보인다.

② 100% 이상 사용하는 경우(과도하게 공간을 사용한 것으로 분류) → 조증삽화를 겪는 환자들이나 충동통제에 문제가 있는 경우이며 이러한 환자들의 특징은 다음과 같다.

- 과잉 활동적
- 주의집중에 문제가 있다.
- 정서적으로 불안정해서 쉽게 폭발하고 급작스럽게 우울해짐
- 경계나 한계에 개념이 불분명하기 때문에 대인관계 양상에서도 지나치게 의존적이거나 요구적이며 다른 사람 일에 부적절하게 개입한다.

표 6-2 그림의 위치

그림의 위치	특징	비고
어떠한 경우에도 한 위치만 고집하는 경우	• 경직성: 문제해결방식이 경직되어 있음 • 자기중심성: 대인관계에서 어려움을 호소 • 의심이 많거나 회피적이거나 변화에 둔감할 수 있음	• 아동의 경우: 자기중심성이나 연습과정을 나타내는 것으로 아동 발달 단계에서 일어나는 정상적인 반응이다.
화면의 중앙	• 평이한 반응으로, 흔히 정상인에게서 자주 볼 수 있는 유형	
화면의 아래쪽만 사용하는 경우	• 우울한 경향과 관련 • 일반화된 불안정감을 표현 • 외부적 지지를 필요로 하는 환자	• 정상인의 경우: 구체적이고 현실적인 경향을 지닌 사람에게서 보이는 패턴
화면의 위쪽에만 그림이 그려지는 경우	• 들뜬 경우 • 자신이 침체되어 있다는 것을 과도하게 숨기고자 하는 경우 • 생각이 불안정적인 경우 • 목표를 높게 잡고 있는 경우	
화면의 한쪽 구석에만 그림을 그리는 경우	• 부적절감, 비관, 우울, 자기비하, 우유부단 • 의기소침하고 철회하였거나 자신감이 없는 환자들	
도화지의 가장자리만 사용하는 경우	• 불안을 자주 느끼거나 의존적인 경우가 많다.	• 정신지체일 경우나 우울하게 느끼는 환자들의 경우 도화지의 가장자리를 어떤 틀로 사용하는 것을 좋아하는 경향을 보이곤 한다.
가장자리 때문에 그림의 내용이 잘려지는 경우	• 환자들에게 뇌손상이 없는지, 지나친 억제 경향은 없는지, 과대화나 행동화(acting-out) 경향은 없는지 살펴보아야 한다.	

(2) 대상의 위치

화면에서의 위치를 고려할 때는 왼쪽이나 오른쪽일 경우에 어떠하다는 해석(이러한 해석은 대개 타당성을 증명하기도 어렵고 의미가 없는 경우가 많다)을 하기에 앞서 ① 공간 사용 정도를 먼저 생각해야 한다. ② 도화지의 크기도 반드시 고려해야 한다. (아동이나 노인에게 2절지나 3절지는 부담스러운 크기일 수 있다.)

(3) 재료의 선택

① 특정 재료를 선호하거나 선택한 것을 통해 환자의 성격 특성이나 병리와의 관계를 알 수 있다.

- 여러 가지 재료들 중 특정 재료를 선택한 환자의 선택은 의미를 갖는다. 선택된 재료의 통제용이성, 유동성, 촉감, 사용 정도, 환자의 재료 친숙도 등의 관점에서 주의해서 보아야 한다.
- 선택된 재료의 성격은 환자가 재료선택 당시 갖고 있던 내면적 요구를 드러내기도 한다.

② 미술재료는 두 가지 측면에서 고려될 수 있다.

- 친숙도(familiarity): 특정 재료가 친숙해서 선택했다고 한다면, 왜 새로운 것을 시도하지 않고 친숙한 것을 선택했는지 탐색해볼 수 있다. 만약 환자에게 친숙하지 않은 재료만 주어졌다면, 환자가 그 상황에서 어떻게 반응하는가 하는 것 역시 환자의 특성을 드러내주는 대목이다.
  - 미술평가 회기에서 한 종류의 특정 재료만 주었을 때 자신이 친숙하게 여기는 재료를 굳이 고집하는 환자가 있는데, 그럴 경우 환자가 환경에 대처하는 능력이 제한되었다거나 환자가 경직되어 있다고 볼 수 있고, 환자의 자기주장이 강하다고 볼 수 있다.
  - 새로운 재료나 과제에 관심을 표현하는 환자들은 대부분 건강해지고 있는 환자들이며 자신감이 고양된 경우라는 것을 종종 발견하게 된다.
- 유동성(fluidity): 미술재료는 통제 가능 정도에 따라 나누어 볼 수 있는데 통제가 어려운 것이 유동적인 것이고 통제가 쉬운 재료는 단단한 재료로 볼 수 있다

(다분히 상대적인 비교이다.). 유동적인 재료를 쓰는 사람의 특징은 자기지배가 약하거나 경계에 대한 개념이 모호한 경우가 많다. 유동적 재료로 파스텔, 템페라 페인트, 수성물감, 물기가 있는 찰흙이 있고, 덜 유동적 재료로는 유동적이지 않은 재료이며 통제하기 쉬운 재료이다. 연필, 지우개, 색연필, 마커, 물기가 없고 손에 잘 묻지 않으면서 쉽게 변형이 가능한 찰흙 등이라고 볼 수 있다. 통제하기 쉬운 재료를 쓰는 사람의 특징은 통제에 대한 강한 욕구가 있거나 조심성이 있거나 억제적 성향이 있다. 내부로 함입한 경우에도 통제하기 쉬운 재료를 쓰는 경향이 있으며, 내면적인 유약성을 만회하기 위한 보상행위로 통제하기 쉬운 재료를 선호하기도 한다.

(4) 그림의 크기

중요 대상을 얼마만한 크기로 그렸는가를 보면 그린 사람의 자아강도를 알 수 있고, 그려진 대상이 어느 만큼 그 사람에게 중요한가를 알 수도 있다.

① 지나치게 큰 그림은 공격적이고 반항적이며 과대망상적 경향성에서 잘 나타난다. 때로는 부적절감이나 억압적인 방어기제의 반향에서 생기는 행동으로 조증, 정신지체, 편집형 정신분열증 등과 관계 있다.

아동의 그림인 경우에는 지나치게 크게 그린 아동이라 하더라도 정상에 속하는 경우가 많기는 하지만, 충동통제가 잘 안 되고 멋대로 행동하는 아동들 중에 과장되게 큰 대상을 그리는 사례가 많다.

② 지나치게 작은 그림은 성인이나 아동에 있어서 불안함을 표출하는 방식, 자기만의 세계에 함몰하거나 우울한 경향과 퇴행적이고 의존적인 태도가 나타나는 것이라고 볼 수 있다.

(5) 필압

필압이 어느 정도 일관되면 이는 정상적이고 안정적인 반응이다.

① 지나치게 자주 변화가 있는 필압은 산만한 성격이나 불안하거나 긴장한 경우,

불안장애가 있는 경우가 많다.

② 쥐고 있는 미술재료가 거의 부러질 만큼 힘껏 눌러서 그린 그림의 경우는 그리는 사람이 몹시 긴장한 경우이거나 기분이 고양된 경우, 공격적이거나 자기주장이 매우 강한 경우, 반항적인 경우, 심한 스트레스 때문에 위축되어 있거나 불안을 느끼는 경우에도 간혹 나타나는 현상이다.

③ 스쳐 지나가듯 미약한 필압은 그리는 사람이 무엇인가 주저하고 있거나 소심한 경우, 겁을 먹었거나 우유부단한 경우, 우울하거나 기분이 가라앉은 경우, 의지를 상실한 경우 그리고 치매 같은 기질적인 장애가 있는 경우이다.

(6) 선의 모양

선이 갖는 기능은 영역을 나누는 명확한 경계가 된다는 것이다. 선이 불분명한 것은 명확한 경계를 나누기 어려워하는 것으로도 볼 수 있는데 이는 자신감이 없거나 불안한 상태를 나타낸다. 그림에서 사용된 선이 불규칙적으로 비뚤비뚤 그려져 있거나 뚝뚝 끊겼다든지 위 · 아래로 작은 떨림이 보이는 경우에는 정신지체나 기질적 손상으로 인한 정신질병을 고려해야 한다. 선이 중간에 갑자기 끊기고 새로 시작한 선은 환자가 처음 의도와 달리 중간에 생각을 바꾸었거나 우유부단하다는 것을 짐작하게 한다. 한 번도 끊기지 않은 채 쭉 단번에 그려진 선은 환자의 태도가 단호하며 주장이 강하거나, 실패를 두려워하지 않거나 신경 쓰지 않는다는 것을 보여준다.

긴 선은 보다 더 통제된 행동인 경우이고, 짧고 연결되지 않는 선은 충동적이거나 흥분한 상태, 기질적 손상과 관련 있을 때가 많다.

마치 스케치를 하듯이 여러 개의 짧은 선이 반복되어 하나의 긴 선을 형성했다면 환자의 소심함이나 불안정성, 정확한 것에 대한 지나친 욕구, 자신감의 빈핍 등을 생각할 수 있다.

(7) 그림 속의 글

그림에 제목이나 글이 있다면 그것들의 의미와 그림 내용과의 관계를 파악해야 한다. 환자들이 적은 말은 그들이 미술과정 동안 무엇을 생각하고 어떤 경험을 했는지를 압축해서 보여주는 것들이다. 환자가 써놓은 글이 환자의 처지를 직접적으로 설명하든 아니면 그저 모호한 말일 뿐이든, 글을 적는 것은 명료화에 대한 소망을 반영한다. 정상인들 중에서도 자신의 묘사 능력이 부족하다고 느끼는 사람들은 자신의 그림이 무엇을 나타내는지를 알리기 위해 글씨를 쓰는 경우가 있는데, 그림 내용의 의미를 확실히 하고자 하는 욕구는 이들에게서나 환자들에게서나 공통적인 것이다.

정체성에 문제가 있거나 불안을 느끼는 환자들, 자신의 처지를 알리기 원하는 환자들, 정신분열증 환자들에게서 나타나는 특징이다.

2) 그림의 내용

그림의 내용을 이해할 때 가장 중요하게 생각해야 할 세 가지는 숙련된 치료자가 그의 직관적 통찰을 통해 환자의 그림에서 어떠한 것을 느끼는가, 환자가 자신의 그림을 어떻게 기술하는가, 그 둘의 관계는 어떠한가 하는 것이다.

이 세 가지를 중심축으로 하여 완성도, 전체적인 짜임새, 왜곡과 생략, 추상적 표현 또는 추상화, 경직된 대칭, 주제 및 제목, 반복 등의 내용적 측면을 살펴보기로 한다.

(1) 완성의 깊이

그림을 볼 때 가장 먼저 눈여겨봐야 할 내용은 그림의 완성도와 전체적인 짜임새이다. 그림의 완성도란 그림의 미적 성취도가 아니라 환자가 그릴 수 있는 만큼 다 그렸는가에 대한 대답이다. 환자가 자신이 그릴 수 있는 만큼 자신의 능력만큼 그렸다면 완성도가 높다고 할 수 있다. 그러나 환자가 자신이 그릴 수 있는 것보다 덜 그렸다면 완성도는 그만큼 떨어지는 것이다.

완성도가 지극히 낮은 그림은 거의 그림을 그리지 않은 것으로서 환자가 철회했거나 우울하거나 불안하거나 치료자에게 반항하거나 혹은 치료자를 시험하는 것일 수 있다. 또는 환자가 그림을 그리기 시작했지만 환자의 행동이나 그림 진행 상태로 보았을 때 중간에 그만두었다는 것이 뚜렷한 경우이다.

그림의 완성도는 화면의 공간을 어느 만큼 이용했는가 하는 문제와 종종 밀접한 연관을 맺는데 완성도가 낮은 그림은 대체로 화면의 이용도가 적은 편이다.

지나치게 완성도가 떨어지거나 완성도가 아주 높은 그림이 아니라면 모두 완성도가 보통인 그림에 속한다. 이는 개인에 따라 처음부터 완성도가 보통일 수도 있고 처음에는 완성도가 매우 낮다가 점진적으로 높아질 수도 있다.

완성도가 높다는 사실 하나만으로도 환자의 강점이 될 수 있는 중요한 특징이다. 이는 환자가 지닌 능력이자 치료에서 강력하게 사용될 수 있는 강점이다. 그림의 완성도가 높다는 것은 미술과정과 미술 후 과정에 환자가 깊숙이 들어와서 자신을 열어 보이고 치료자의 피드백에 반응하며 몰입해 있다는 것이다.

(2) 전체 짜임새

전체 짜임새는 환자가 어느 정도 통합력이 있는지를 알아보는 데 유용한 개념이다. 통합력은 환자의 인지적 측면뿐 아니라 동기적 측면, 정서적 측면과 관련이 있다. 짜임새가 혼란스럽고 무질서한가 아니면 어떤 내적인 질서 상태를 유지하는가에 따라 환자의 상태를 가늠해 볼 수 있다. 이때 미적 균형을 바라보는 시선으로 보아서는 부적절하다.

(3) 왜곡과 생략

왜곡과 생략은 그림의 내용을 이해할 때 주목해서 보아야 하는 요인이다. 환자의 그림에서 어떠한 부분이 독특한지 먼저 보아야 한다. 간혹 없어도 되는 부분을 그리거나 반드시 있어야 될 부분이 빠진 경우는 왜 그럴까 생각해 봄 직하다.

아동에게 있어 왜곡이나 생략은 정상적인 것으로 간주되며 특히 그림의 발달단계에서 자연스럽게 나타나는 것이다. 객관성의 개념을 이미 획득한 청소년이나 성인의 그림에 왜곡이나 생략이 드러난다면 이는 심리적 불편감이나 부정적인 자기개념을 이야기하는 것일 수 있으므로 유의해서 보아야 한다. 생략된 표현은 생략된 부분과 직접, 간접적으로 갈등이나 걱정이 관련되었을 뿐 아니라 그 부분이 갖는 상징적 의미와 연관이 있다고 볼 수 있다.

(4) 내가 알 수 없는 너의 추상화

환자들 가운데는 자신의 그림에 부분적으로 추상적인 표현을 사용하거나 혹은 전체적으로 추상화를 그리기도 한다. 이러한 추상화 경향은 몇몇 이유가 복합적으로 작용해서 영향을 미치기도 하고 완전히 다른 이유에서 추상화라는 결말을 갖게 되기도 하므로, 환자의 추상화를 대할 때는 열린 마음을 가지고 왜 이 환자가 추상적인 표현을 썼으며 그 의미는 무엇일까 생각해 보아야 한다. 만약 환자가 자신의 추상화에 대해 설명하거나 언급하면 그 이야기를 경청해 주고, 그렇지 않다면 추상화를 그린 의도를 추론해 볼 수 있다.

(5) 왜 그리 뻣뻣하지?

정상적인 사람의 그림에서 흔히 중요하게 여겨지는 것 중 하나는 균형이다. 거의 정확히 둘로 나누어진 대칭은 정상적인 균형과는 거리가 멀다. 지나친 대칭은 과도하게 통제하기를 원하는 사람들이 사용하기 좋아하는데, 이들은 억압된 대상이 누출되는 것을 과도한 통제를 통해 막고자 하는 것으로 보인다. 대칭은 그리는 사람이 통제력이 유약하고 자아강도가 약하며, 외부구조나 지시에 상당히 의존적이라는 것과, 정서가 메마르고 빈약하다는 것을 반영하는 것으로 보인다.

(6) 주제와 제목에 주목

환자가 자유롭게 무엇이든 그릴 수 있는 상황에서 무엇을 그렸는가 하는 물음은 말할 나위 없이 핵심적인 물음이다. 환자는 자신의 관심사를 그린다. 그 관심은 대개 직접적으로 관계있는 대상으로 표현되지만, 때로는 은유적으로 표현되기도 한다.

그림을 이해하는 데 있어서 제목이 차지하는 의미는 흥미롭고도 중요하다. 그림의 제목은 환자로 하여금 자신의 그림에 대해 전체적으로 조망할 시간을 주고, 그림을 의식하게 하며, 그림과정에 대해 요약하게 해준다. 제목은 압축된 말이며, 그림을 그리는 과정 동안 환자의 관심사가 무엇이었는지를 드러내 보이는 도구이다.

(7) 반복

반복되어지는 것은 의미가 있다. 주제가 반복되면 그 주제를 깊이 이해해야 한다. 그리고 반복해서 그려지는 대상이나 반복적인 상황묘사 등에 관심을 기울여야만 한다. 색이나 수가 반복되었다면 그러한 반복이 그 사람의 그림 스타일 혹은 도식일 가능성과 반복된 색이나 수가 그 사람에게 특별한 상징적 의미를 가졌을 가능성을 생각할 수 있다.

5 색채심리

1) 색채의 정의 및 개념

(1) 색이란 무엇을 의미하는가?

의식 중이든 무의식 중이든 항상 우리들은 여러 가지 색 속에서 생활하고 있다. 태양이 지고 날이 저물어 빛이 없어지면 색이 보이지 않듯이 색은 빛에 의해 지각할 수 있다. 색은 빛이 눈을 통해 들어와 시신경을 자극하여 뇌의 시각중추에 전달함으로써 생기는 감각이다. 이같이 '빛 → 물체 → 시각기관 → 대뇌' 라는 과정을 거쳐 색이 보여지는 것이므로 "색이란 빛이 눈을 자극함으로써 생기는 시감각이다."라고 색을 정의할 수 있다. 빛이 없이는 볼 수 없고 눈이 없으면 빛을 볼 수 없는 색깔은 눈과 빛의 협조 작용으로 비로소 성과를 거두는 것이며 인간 존재가 없으면 그 색깔도 무의미하다.

요컨대 '색', '색깔' 은 빛이라는 물리적 측면과 눈이라는 생물학적 측면과 덧붙여 마음이라는 심리적 측면이 동시에 작용하여 일체화 된 것이다.

(2) 색의 연구

① 외적인 측면

- 물리학적: 이성적 접근, 색의 원인 분석, 색은 빛이다.
- 생물학적: 눈에서 대뇌에 이르는 신경 계통에서 색을 느끼게 하는 광화학적 활동에 대한 연구(광학, 광선학), 즉 색은 시신경을 자극하는 물질이다.

② 내적인 측면

- 심리학적: 감성적 미학적 접근, 개인이 받은 심리적 색채반응, 지각되어진 색이 색채이다.

- 사회학적: 심리학적인 측면의 기억을 환기시키고 가치판단을 하여 외부와 대응하는 행동으로 연결되어 생겨나는 감정적인 반응이다.
- 미학적: 심리학적인 측면이 생활조형의 표현으로 연결되어 생겨나는 감정반응이다.

2) 색치료의 정의

색은 에너지의 형태로 살아 움직이고 있기 때문에 특정 색의 이용에 따라 사람에게 영양소를 공급하고 역동적으로 사람의 심신 상태를 조화롭고 균형 있게 유지, 복원시켜 주는 작용을 할 수 있다. 이것이 소위 이야기하는 색치료(color therapy)이다. 이는 엄격히 말하면 스스로 창작하는 과정을 통해 치료하는 것을 주로 하는 미술치료와는 반대로 색이 심리적, 생리적 반응을 일으키는 과정을 거꾸로 이용하여 인간에게 적용한 것이다. 미술치료에서도 이와 유사한 접근방법은 있다. 바로 수용적 관점에서의 미술치료라고 볼 수 있는데, 이는 그림을 감상함으로써 심리적, 정신적 이완을 도와 마음의 고요와 평화뿐 아니라 새로운 힘을 얻게 되는 것을 말한다. 또한 인지학적 미술치료에서도 색의 본질과 색에 대한 고유한 객관적 특성이 인간에게 개인적, 정서적 영향을 준다고 생각하여, 색이 미치는 영향에 주안점을 두고 특정 색을 이용하여 그림을 그리게 하여 그리는 사람으로 하여금 정서에 영향을 주고 심장박동과 혈액순환에 도움을 주는 역할을 하게 한다. 앞에서 살펴본 바와 같이 미술치료에서 색이 가지는 효과는 색치료에서 바라보는 관점과 같다고 할 수 있다.

3) 색치료의 기원

색치료의 기원은 고대 이집트와 중국에서 찾을 수 있다. 강렬한 태양을 에너지의 근원으로 숭배했던 이집트인들은 태양 에너지인 색상을 일찌감치 질병 치료에 이용했다.

현대의학에서는 서기 1세기경에 아우렐리우스 코넬리우스셀수스가 의학에 관한 8권의 책을 저술했는데, 그의 색에 대한 태도는 실용적이고 합리적이었다. 약이 색을 염두하여 처방되었다고 보고되는데, 제비꽃, 붓꽃, 수선화, 장미, 백합과 같이 다양한 꽃과 검정, 녹색, 빨강, 흰색의 고약들이 색에 따라 처방되었다. 그는 빨강에 대하여 '거의 모든 빨간색의 고약은 환자의 상처를 보다 빨리 아물게 한다' 라고 기록했다. 또한 현대과학의 시초라고 할 수 있는 연금술에서는 색에 대한 자료가 매우 풍부하다고 알려져 있다.

지금부터 약 반세기 전인 1947년, 미국 여성교육자 알 슈우라와 하트 위크가 '페인팅과 퍼스널리티' 라는 보고서를 발표하였고, 같은 해에 스위스의 심리학자 막스 륙사가 발표한 '컬러 테스트 심리학' 을 발표하였는데, 이 두 저서는 색채 심리 연구에 영향을 미치는 기초가 되었다.

의학계에서는 색채요법이 인체에 생물학적으로 직접 작용한다는 견해를 부정하는 측면도 있으나 심리적인 요인이 인체에 미치는 작용과 영향에 대해서는 매우 긍정적이다. 현재에 이르기까지, 정신병의학 분야에 종사하는 여러 연구자들이 인간의 색채기호에 관한 몇 가지 흥미롭고도 기본적인 사실들을 지적해 왔는데, 그 중 하나가 검사법으로 널리 알려진 로샤 검사이다. 이는 정서적으로 억제된 사람들에게는 그 색채가 자기의 내면생활 속으로 침입해 들어오는 것처럼 느껴지므로 충격을 받거나 당황하게 된다고 설명한다. 현재 색치료는 심리학, 의료, 비즈니스 분야 등에 다양하게 적용되고 있다.

4) 이론적 근거: 삶의 구성요소로서의 색

오늘날 감정과 행동에 관련된 색은 심리학과 미술치료 진단의 일환이 된다. 미술에서 색은 특히 종교와 종교적인 의식에 관련되어 있을 때 항상 상징적으로 사용되어 왔다.

칸딘스키(Kandinsky)는 1911년 선언서에서 현대미술의 원리는 다음과 같다고 말했다. 색과 형체가 진정한 미술이 되기 위해서는 미술가의 미적 욕구에 정확하게 사용되어야 한다고 했다. 또한 각 색의 속성은 육체적인 것과 감성적인 것으로 경험된다고 묘사했다.

색은 삶에서 다른 사람과 연결되는 또 다른 요소로 오행이라는 개념과 연관되며 이는 고대 티베트인과 중국인의 삶의 철학의 일환이다. 두 곳에서 연결되는 요소는 다소 차이는 있지만 이 요소를 나타내는 다섯 개의 색은 동일하다.

중국에서의 다섯 요소는 다음과 같다. 나무(초록), 불(빨강), 흙(노랑), 금속(하양), 물(파랑)로 나타나며 각각의 요소들은 어느 특정적인 색, 계절, 신체기관, 하루 중의 시간, 방향, 맛, 감정, 소리, 냄새 그리고 음식 등과 연관되어 있다. 이 다섯 요소는 모두 서로 연결되어 있다. 또한 각각의 요소는 다른 요소를 연속적으로 창출시킨다(목 → 화 → 토 → 금 → 수). 즉, 나무는 불을 만들고 불은 흙을 만들고 흙은 금을 만들며 금은 물을 만들고 물은 다시 나무를 만든다. 이 모든 요소들은 동적인 전체의 일환이며 이 중에서 가장 중요한 것은 없다. 이 오행의 색들은 조화와 건강과 분리하여 생각할 수 없다.

색을 균형 잡힌 삶으로 통합(적용)시키는 또 다른 작업은 힌두교의 차크라(Chakras)에서 찾아볼 수 있다. 차크라는 우리의 몸과 에테르체(etheric bodies)의 척수를 따라 일곱 개의 위치로 나타난다. 차크라는 생명력과 의식의 동적 중심이다. 즉 프라나(prana)의 발생기와 우주 에너지의 입구가 차크라다. 무지개 순서에 의해 척수 밑에는 빨간 차크라가 있고 비장 근방의 바로 위에는 주황색이 있다. 노란 차크라는 명치를 가리킨다. 초록 차크라는 심장 주변, 파랑 차크라는 목 중심에 있고 남색은 눈 위를 가리킨다. 또한 보라는 정수리를 나타낸다. 각각의 차크라들은 몸에 분포되어 있는 필수 에너지의 특수한 색들을 흡수하는 것으로 믿고 있다.

검정색, 하얀색, 갈색은 다소 서로 다른 색이다. 빛으로써의 흰색은 색이 아니고 색이 혼합되어 나타나는 색이며 중국 오행에 의하면 금속의 색이다. 검정은 빛이 없음, 즉 암흑이다. 오행에 의하면 검정은 파랑과 연결되어 있고 갈색은 노랑(땅의 요소)과 연결되어 있다. 색조에서 검정, 하양, 갈색은 중요한 색이고 미술치료에서 보면 내담자의 작업에서 종종 다른 색과 같이 나타난다. 다른 색 주위에 검정색을 사용하는 것은 색의 강도를 증가시킨다. 검정 주위에 놓인 짙은 카드뮴 빨강색은 절박하고 폭발적인 노여움을 나타낸다. 또한 검정 주위에 연한, 또는 중간 카드뮴 노란색은 극도의 주의에 대한 필요를 나타낸다.

(1) 색채심리와 미술치료

① 색채의 일반적 특징

- 색채의 가짓수는 창의성과 가정배경을 반영한다.
- 색 터치의 강약은 부모훈육과 관련이 있고, 열등감과 자폐성의 정도를 나타내기도 한다.
- 문지르거나 지우는 것은 불안과 열등감의 표시이다.
- 색의 명암은 감정의 쾌·불쾌와 관계된다.
- 백색은 자기통제력과 관계있다.
- 윤곽선은 부모훈육의 강도와 관계한다.
- 화면 둘레는 환경과 접촉하는 면을 상징한다.

② 색채의 임상적 의미(주조색 중심)

색채는 긍정적인 요소와 부정적인 요소로 감정을 나타내기도 한다.

(2) 색채치료의 실제

① 환경을 통한 색채 조절

색이 특정한 정서를 일으키고 대뇌에 전달된 색으로 인한 정보가 신체의 각 부분에 도달하여 생리적 변화를 일으킨다는 설에 근거하고 있다. 조도(照度), 광도(光度) 및 색채가 눈에 미치는 효과는 여러 주목할 만한 연구를 통해 발견되었고 눈의 피로는 근육의 피로와 연관되므로 작업장의 색채를 조절한다거나 병원의 색채를 조절하는 것 등으로 심신의 건강을 돕기도 한다.

빨강은 불면증을 유발할 수 있기 때문에 침실은 빨강이나 노랑보다는 파랑 계통의 색을 쓰는 것이 좋다. 반면에 활발한 활동이 필요한 장소에는 빨강이 좋다고 한다. 그러나 어떤 사람은 빨강을 보고 기분이 좋아지지만 어떤 사람은 구역질이 날 수도 있다는 것을 생각해 보면 이런 방식의 치료는 좀 더 신중하게 접근할 필요가 있다.

자연 속에서 산책하거나 쉬는 것은 색을 흡수하는 또 다른 멋진 방법이다. 각각의 계절은 저마다의 색을 가지고 있으며 매우 특별한 치유력을 갖고 있다. 색채치료에 관심을 갖고 있다면 매일 자연 속에서 걸어보는 것부터 시작하기를 권한다.

표 6-3 색채의 임상적 의미(주조색 중심)

분석요소	임상적 의미	
	긍정적	부정적
흰색	• 순결, 청결	• 경계심, 실패감, 무력감
회색		• 대인관계 불량, 경계심, 열등감, 의기소침 – 밝은 회색은 흰색 의미에 가깝고 어두운 회색은 검정색 의미에 가깝다.
검정색		• 정서적 행동결핍, 개인, 환경에 대한 두려움 – 엄마와의 관계(꾸중, 잔소리, 지나친 간섭)
빨강색	• 활동적, 의욕적, 적극적	• 적개심, 공격적, 충동성, 거세에 대한 두려움, 불만, 비난, 극도의 애정결핍(강렬한 구애)
주황색	• 명랑, 쾌활	• 애정을 구하며 피하는 소심증(애정에 관한 감정 표현)
고동색		• 식욕, 물욕(욕구충족 정도), 더럽히고 싶은 욕구, 도벽, 자아 강하고 고집 셈
황토색		• 야뇨증, 소심, 정서적 불안감
노랑색	• 존귀	• 유아적 태도, 대인관계 부족, 애정욕구, 강한 애정욕구(주황색보다 높음)
분홍색	• 따사로움	• 마음이 아픔, 열등감(보라색 대용)
초록색	• 침정, 안식, 평화	• 자제력 · 자신감 · 조심성 결핍, 대소변 · 음식 먹기에 어려움, 허약, 피로, 비애, 무기력
파랑색	• 욕망을 억제하고 현실에 순응, 불안조절, 자기향상 욕구 높음	• 반응 억제 경향, 높은 부모요구 수준, 불안, 공포심
보라색	• 숭고, 존엄, 신비(종교적 의미)	• 의존적 경향, 불안감, 의무감, 거부적이고 우울하며 불행한 아이, 친구관계 나쁨, 환경과의 부적응, 신체장애 수반, 정신병리적
하늘색	• 청정	• 내성적, 쇠약, 고립

② 옷, 음식을 이용한 색채치료

색채를 이용할 수 있는 또 다른 한 방법은 옷을 입는 것이다. 이때 옷은 빛을 통과시키는 색 필터로 작용한다. 옷을 치료적으로 사용할 때는 반드시 흰색의 옷을 속에

입어야 한다. 만약 고혈압으로 고생하고 있다면 파란 색의 옷을 입고, 겨울철 감기에 민감하다면 빨간 옷을 입으면 좋다(Pauline wills, 1997).

빛의 형태인 색은 전자기 스펙트럼의 한 부분이다. 사실상 색은 에너지의 한 형태이다. 에너지와 영양으로서, 각각의 색은 각기 다른 영양 효과를 갖고 있다고 보는 것이 합리적인 생각이다. 일반적으로 어떤 특정 색을 띤 음식들은 같은 종류의 비타민을 함유하는 성향을 띤다. 고기류와 근대류 같은 붉은 색 식품에는 비타민 B가 풍부하게 함유되어 있고, 레몬이나 푸른 채소류처럼 노랑색이나 녹색의 식품은 비타민 C가 풍부하다(Morton Walker, 1998). 한의학에서 특정 색의 식품이나 약재가 동일 질환에 쓰이는 것도 음식을 이용한 색채치료의 한 형태라 할 수 있겠다.

③ 기타

현재 색채치료라는 이름으로 행해지고 있는 치료의 기타 형태 중 색안경을 이용하는 것이 있다. 특정한 색을 주시함으로써 치료의 효과를 가져온다는 생각에서 한 단계 더 발전한 경우로 아예 눈에 색안경을 씀으로써 모든 사물을 특정한 색의 톤으로 볼 수 있게 한다는 것이다.

또, 보석을 이용하는 방법이 있는데 고대인들은 질병이 자연으로부터 불가사의하게 생겨나는 것이라고 생각했기 때문에 그 질병에 맞서 싸울 가장 강력한 색채 역시 자연으로부터 나오는 것이어야 한다고 믿었다. 그러므로 보석과 진기한 돌에는 특별한 치료 효험이 있다고 생각했던 것이다(Faber Birren, 1998). 현대에도 보석을 이용한 치료가 이루어지고 있는데 각각의 보석이 저마다의 색채와 진동을 가지고 있기 때문에 치료에 적절한 보석을 치료 부위에 놓는 방법이 있다.

꽃을 이용하는 방법도 있는데 꽃이 가진 색채를 치료에 적용하는 것이다. 꽃을 보면 기분이 좋아지고 꽃의 향기 또한 진동을 가지고 있으므로, 꽃은 명상이나 호흡에 이용되기도 하고 꽃을 바라보는 것으로 치료를 하기도 한다.

색채치료 중 현대의학계에서도 인정하고 있는 것이 있다. 자주 볼 수 있는 것 중 하나가 신생아 황달 치료에 가시 청색광을 이용하는 것이다. 연구소와 임상시험을 통해 가시광선 중 청색광이 가장 황달에 효과적이라는 결과가 나왔던 것이다. 두 번째로, 햇빛 알레르기는 가시광선 중에서도 특히 청색광과 보라색광에 의한 것이라는 사실이 알려졌다. 이것은 치료방법은 아니지만 가시광선이 인체에 미치는 생리학적인 교화를 입증해 준다. 세 번째로는, 몇 달 동안이나 밤이 계속 되는 북극권 지방 사람들의 계절적 우울장애(SAD: Seasonal Affective Disorder)를 치료하는 데 분광색(分光色)과 빛을 이용하는 것이 있다. 알래스카 인들은 태양이 하루 종일 떠오르지 않는 겨울 동안 내내 어둠에 휩싸이게 되는데 이 기간 동안에 수많은 알래스카 인들이 SAD에 시달린다. SAD는 매년 봄과 여름에 즐거움, 정신적 평안감, 평온함, 그리고 흥분을 수반하는 정신 운동 작용을 겪고 난 후, 가을과 겨울에 불안감, 노이로제, 우울증 등을 느끼는 지속적인 정신 질환의 일종이다(모턴 워커, 1998). 네 번째로는 의사들이 병을 진단할 때 신체가 띠는 색깔을 참고한다는 것이다. 인체가 병을 가지게 되면 특정한 부위에 특정한 색이 나타난다고 한다. 예를 들어 안색이 누런빛을 띠면 간장의 상태가 좋지 않다고 본다든가 만성 알코올 중독자는 코가 부풀어 오르고 빨갛게 된다든가 하는 것이 있다.

5) 연령별 아동의 색채의식

아동들은 색을 자연스럽게 사랑하고 표현한다. 색채 학자들의 주장에 의하면 '색채는 그림으로 나타나는 어떤 양상보다도 어린이의 정서적 생활의 본질과 그 정도에 대한 실마리를 제공하는 데 있어서 특별한 가치를 지니고 있다.' 라고 하였다. 아동은 형태보다는 색채에 더 민감해서 순수한 즐거움으로 색을 즐긴다. 그러나 그들은 나이가 들어갈수록 감정을 자제할 줄 알고, 수양을 쌓아감에 따라서 색은 그들에게 점차 그 본래의 호소력을 상실하게 될 수 있다.

물론 단계별로 다르겠지만 유아동의 경험은 성인에 비해 제한적이고 주어진 환경에 즉각적이고 감정적인 반응을 나타내기 쉽다. 즉 제한적인 경험의 테두리 안에서만 모든 것을 생각하고 행동한다. 따라서 아동들에게 주어지는 환경은 아이들의 성장에 크고 많은 영향을 미치게 된다.

유아동의 그림 속에서 그들의 정서 생활의 성질이나 그 표출의 심리가 특히 잘 반영되는 것이 색채이다. 그림 속에 나타나고 있는 특정 색채는 유아동의 강한 정서와 거의 일치한다. 충동적인 아동은 색채에 강한 흥미를 보인다. 충동적이고 정서적인 생활로부터 비교적 자기통제가 잘 된 생활로 옮아감에 따라, 즉 적응 행동으로 변화해감에 따라 색채에 대한 흥미가 줄어든다.

남자 아동에 비해서 여자 아동들이 색채에 관한 흥미가 강하고 또 오래 지속된다고 볼 수 있다. 또한 색채에 관심이 있는 어린이에 비해서 선이나 형에 더 많은 관심을 보이는 아동은 자기방어를 하려는 경향이 강하고, 또 외부의 사물에 대한 관심이 강하며 감정적이라기보다는 이지적인 행동을 보이는 경향이 더 두드러지게 나타난다. 따라서 색채는 성격과 감정의 조절과 깊은 관계가 있다.

외국의 한 연구에서는 아동들이 자신이 선호하는 색의 환경에서 작업을 할 때 최상의 결과를 낳을 수 있는 것으로 나타났다. 만 6~11세의 아동들에게 4가지 색(빨강, 파랑, 녹색, 노랑)의 환경을 제시하고 그 중 자신이 가장 좋아하는 색과 선호하지 않는 색을 선택하게 했다. 그 후 그들이 가장 좋아하는 색의 환경에서 한 과제와 가장 선호하지 않는 색의 환경에서 한 과제를 비교해 보았다. 그 결과 아동들은 자신이 좋아하는 색의 환경에서 과제를 더 짧은 시간 내에 끝낼 수 있었고, 과제를 실행하는 중 실수하는 횟수 또한 더 적었다. 따라서 아동들의 인지발달과 운동발달은 색의 영향을 받는다고 할 수 있다(Cockerill and Miller, 1983). 이 연구로 미루어 볼 때, 학습자료를 제작하고 학습활동을 실시할 때 아동들이 선호하는 색을 고려한다면 그 효과가 상당한 결실을 가져올 것이라는 증거가 되었다.

유아 또는 아동의 색채에 대한 반응이 성격에 따라 매우 민감하게 나타난다는 것은 이미 여러 연구에서 증명되었다. 색채들이 아이들에게 연상을 주거나 정서적인 면을 조성하는 것은 교육환경 전반에 걸쳐 매우 중요하다(schema: 어떤 대상을 거의 비슷한 형태로 계속 그리는 것. 어린이가 그리려는 대상과 자신의 표현 사이를 동일화하려 하면서 점차 발달하는 어린이의 표현양식의 하나로 특히 초등학교 저학년 시기에 매우 많은 대상들에 대하여 도식을 갖게 된다.). 따라서 아이들이 접할 수 있는 색채는 정서적인 고양도 중요하지만 가깝게는 교육환경의 설정과 생활전반에 걸친 다각적인 면에서 계획되어야 한다.

6) 유아동 색채 선호도

서울, 수도권에 거주하는 유치부, 초등학교 아동을 대상으로 설문 조사하였다. 색의 선호도는 유치원생의 경우 색의 종류와 색의 이름, 글씨 쓰기에 부담이 가지 않도록 크레파스 28색과 종이를 준비하여 좋아하는 색을 한 가지 골라서 자신의 이름을 쓰게 하였으며, 초등학교 아동은 28가지의 크레파스를 보고 한 가지의 선호색을 골라 색의 이름을 쓰게 하였다. 한 작품에 사용한 색의 수는 수집한 1,400여 점의 유치부, 초등학교 아동작품을 분석하여 조사하였다(황민순, 2001).

(1) 색채의 특징

색채선호 경향은 인성적 · 심리적 요인과도 관계있으며, 사회적 · 문화적 요인에 의해 영향을 받기도 한다. 아동에게 있어 색(色)이란 감정표현의 언어로써 사실적인 것보다 상징적인 것으로 사용된다. 즉, 색채는 경험과 정서적 충동이 전혀 무관하지 않다고 본다. 비록 색의 개념이 약하다 해도 자신의 욕구와 동기에 따라 색을 사용한다.

아동들은 그림을 그릴 때 선(線)과 형(形), 그리고 색(色)을 이용하여 표현을 한다. 이때 사용되는 색은 자신들이 그려 놓은 형들에 깊은 의미를 부여하고 그들의 심상의 세계를 더 구체적으로 설명하기도 한다(권상구, 1991).

로웬펠드에 의하면 "5~6세 이후에 색채의 구별이 가능하며 자신의 감정과 정서에 따라 색을 선택하여 칠한다. 초등학교 시기에 색에 대한 객관적인 안목이 생겨 물체와 색의 관계를 발견하게 되며, 이 시기에 도식(Schema)이 형성되고, 다양한 색에 흥미를 느끼며 자연에 가까운 색을 사용하고, 또 한 가지 색의 사용에 대한 지나친 관심은 표현활동에 방해가 될 수 있다."(로웬펠드, 브리테인, 1995)고 하였다.

켈로그는 "아동의 그림은 주로 선화이며, 색에 대한 감각은 뒤늦게 발달하고 주관적 감정에 따라 색을 선택하여 그린다."(조태예, 1986)고 하였다.

김정은 나이가 어릴수록 원색이나 맑은 색을 사용하나 점차 다양한 색을 주관적인 경험에 관련시켜 사용하며, 무질서한 색채를 배열한다. 초등학교 시기에는 색채의 개념이 형성되며, 물체와 색채의 관계를 연관 지을 수 있다고 색채에 대한 특징을 조사하였다(김정, 1991).

대체적으로 아동은 5세 이전에도 자신이 좋아하는 기호색을 가지고 있기는 하지만 그 구분이 모호하고 차차 성장해 가면서의 남 · 여 성(性) 차이에 따른 관심도가 달라지며, 아동의 지각과 경험에 의해서도 달라진다. 이에 일본학자 쯔까다도리는 "색의 감정이나 이미지는 인간마다 복잡한 경험에 의한 것이므로 하나로 단정하기는 힘들다. 대체로 나이가 어릴수록 원색계통을 좋아하며, 일반적인 개념은 어른과 비슷하다."(유아미술연구회, 1995)고 했다.

아동들은 각각의 색에 대한 자신들 나름대로의 감정과 정서를 갖고 있는 것으로 보인다. 만 5~6.5세 아동들에게 9가지 색깔(핑크, 빨강, 노랑, 검정, 회색, 녹색, 파랑, 보라, 갈색)을 하나씩 보여 주며 각각의 색에 대한 아동들의 느낌을 물어보았다. 아동들은 밝은 색들에 대해 긍정적인 감정표현을 하는 반면, 어두운 색에 대해선 부정적인 감정을 나타냈다. 특별히 여아들의 경우에 이러한 현상이 더 두드러졌다. 또한 나이에 따른 차이도 있었는데 나이가 많을수록 밝은 색에 대한 긍정적 감정과 어두운 색에 대한 부정적 감정이 더 컸다.

이 연구 결과에 의해 어린 아동들도 색에 대한 정서와 감정에 대한 개념 또는 도식을 갖고 있다고 추론할 수 있다. 또한 아동이 성장해 감에 따라 색에 대한 정서 개념도 다양한 사회 경험과 환경을 통해 더 구체화될 수도, 더 복잡해질 수도 있다고 하겠다(Boyatzis, 1993).

색에 대한 견해는 여러 학자마다 다르고, 아동의 그림 역시도 객관적인 현상보다는 자신의 욕구나 감정에 의해 일정한 형식이 없듯이 어떠한 색을 자주 등장시킨다는 것으로 아동의 성격이나 심리를 확정짓는 것은 극히 위험한 일이다. 왜냐하면 어떤 특정 색에 대한 관심은 아동에게 한정적인 것이 아니라 수시로 변화하며, 그 색은 상당 기간 동안 욕구에 의해 사용되기 때문이다.

(2) 색의 선호도

아동에게 좋아하는 색깔 한 가지만을 선택해서 그리라고 지시했을 때 어떤 색깔이 많았는가에 대한 여러 조사가 있다. 또한 심리학 분야에서도, 어린이 성격과 색채를 관련시켜 조사한 결과가 있지만, 어떤 것이 정확하며 타당성이 있는가를 따지기 이전에 전부 가설이라는 점을 잊어서는 안 된다. 왜냐하면 그러한 것들은 어디까지나 방법이지 결론이 아니기 때문이다.

대상별 미술치료

3

Chapter 7

유 · 아동 미술치료

1 아동화의 이해

미술활동은 아동에게 재미와 자유로움을 주고, 자신을 이해하고 이해받을 수 있는 정보를 제공하며, 솔직하고 개방적인 만남을 통해 부적응 행동과 새로운 관계형성을 쉽게 배우도록 한다. 특히 주의집중시간이 짧고 자신의 행동을 주도적으로 규제할 수 있는 결단력과 실천력이 부족한 아동에게 적응적 체험과 소속감을 가지게 하는 집단 미술치료 프로그램은 매우 유용한 상담기법으로 활용되고 있다.

아동들은 미술치료를 통해 그림을 표현하는 과정에서 억압된 정서를 자연스럽게 표현하고 나누며, 새로운 것을 배우고 동시에 가르쳐 주기도 한다. 또 동일한 주제를 가지고 그림을 그리거나 협동작업을 함으로써 서로 가까워지게 되고, 공동체 의식을 갖게 함으로써 아동 개인의 고립감과 외로움이 감소되며 집단의 규칙과 대인관계 양식을 학습한 후 서로에게 적절한 피드백을 주고받기도 한다.

또한 미술치료에 참여한 아동들은 자신뿐만 아니라 타인들도 불안을 경험하고 있으며, 고통이 자신에게만 독특한 것이 아님을 알게 되면서 자신을 돌아보고 용기와 긍정적 신뢰감을 회복하며, 성공적인 경험들을 일상생활에서도 조금씩 적용하기 시작한다.

따라서 아동은 미술매체를 통하여 개인 내적인 상태를 솔직히 표현하고, 미술활동이 줄 수 있는 성취감을 통해 자신감과 자기표출을 향상시킨다. 또한 협동작업을 통해 대인관계에 필요한 감정조망능력과 자기조절력을 증진시키고, 자연스럽게 대인관계 능력이 향상되며, 자기표출이 위협적으로 느껴져 회피하는 아동에게 방어를 줄여주고 자기표현의 기회와 상호교류를 촉진시켜 인간관계 개선에 도움을 준다.

결국 미술치료는 아동들에게 심리적 정서적 갈등을 완화시켜 원만하고 창조적으로 성장할 수 있도록 하고, 타인과의 상호작용을 통하여 자신의 모습을 탐색하고 이해할 수 있으며, 올바른 성장을 도와주는 과정이라고 할 수 있다.

Tip

아이들의 미술과 어른의 미술

- 아동미술과 어른의 순수미술은 이해와 관점을 약간 달리 한다.
- 아이들은 미술행위에 있어 자발적이고 본능적 부분이 지배적이다.
- 아이들은 생각을 표현하고 어른들은 관념을 표현한다.
- 아이들은 결과보다는 과정에 더 몰두하고, 어른들은 형식과 기술에 더 몰두하는 경향이 있다.

1) 아동심리를 이해하기 위한 미술적 접근

미술치료란 내담자가 자발적인 미술활동을 통해 자신의 감정을 표출하고 극복할 수 있도록 도와서, 심신의 안정과 성장 그리고 타인을 이해하는 창조적인 삶을 살아가도록 돕는 것이다. 미술활동은 자기감정과의 의사소통 수단이 되고 미술작품은 치료사와 내담자 간, 집단구성원 간의 의사소통 매개물이 된다. 이때 내담자는 자기감정과의 교류와 타인과의 관계를 인식하게 된다. 그러므로 미술치료는 건강한 자아는 더욱 성숙시키고, 일상생활에 어려움을 겪는 사람들에게는 미술활동을 하게 함으로써 증상을 완화시키거나 감소시키는 것을 목적으로 한다.

미술치료는 미술과 다르다. 미술치료는 미술활동을 통해 교감, 투사, 카타르시스, 승화가 우선적으로 이루어지는 반면, 미술은 미학적 관심이나 기법이 우선이다. 미술치료에서의 미술활동은 아주 특별한 치료활동으로 전환되면서 내담자가 가지고 있는 장애가 해소되도록 하거나 그러한 목적으로 나아갈 수 있도록 제시해야 한다. 미술교사는 아동의 예술적 능력 즉 그림의 구도, 묘사력, 색채의 조화, 형태감각 그리고 명화감상 등을 통하여 아동의 표현력을 고취시키고 개인발달을 더 중시하게 된다. 그에 비하여, 미술치료는 아동의 심리적 부담감과 정신적 불균형으로 인해 허약해진 자아를 보살펴주며 조화롭게 성장할 수 있도록 바로잡아 주는 역할을 강조하게 된다. 그리고 미술치료는 비언어적 의사소통을 한다. 대부분의 사람들은 자신의 환상이나 혼돈, 공포 등을 약간의 미술적 능력으로도 투사가 가능하지만, 언어적인 통로로는 그렇지 못한 경우가 많다. 그러므로 유아나 언어구사력이 부족한 사람들에게 매우 적절하다고 볼 수 있다.

아동이 자신의 내적 상처에 대해서 스스로 말로 표현하기 힘든 상황에서 마음의 병은 더욱 깊어지고 스스로 해결하는 능력이 많이 부족해지므로 이런 아동에게 미술치료가 필요하다. 억눌려 있던 공격성이나 갈등들을 미술활동으로 분출시키며 문제의 진행을 예방할 수 있다. 그리고 이미 장애로 판명 받은 아동들에게는 장애의 진행과 퇴행을 막기 위하여 약물치료나 정신치료에서 지치고 허약해질 수 있는 자아를 보살피고 성찰하게 하는 치료적 차원에서 미술치료가 필요하다.

아동화에는 객관적, 물리적 표현보다는 아동 자신의 본질적 감정이나 체감이 들어 있다. 아동화는 말로 하기 싫은 상황이나 자신에 대해 인식하지 못하는 내면적 심상을 표현하는 의사소통의 수단이다. 거기에는 아동의 정서적 불쾌감, 즐거움, 괴로움이나 신체적 고통 등이 색, 형태, 공간구성을 통해 상징적으로 나타난다. 그리고 이때의 상징성은 미술활동과정에서 나타나는 아동의 행동과 대화 등을 통해서 더욱 구체적으로 알 수 있다. 그러므로 적절한 대화와 경청을 통해 이루어져야 하며 아동들의 감정과 태도를 존중해 주어야 한다.

(1) 형태와 심상(Image)

아동들의 그림을 볼 때는 전체적인 그림의 이미지나 느낌을 먼저 본다. 이미지는 형태, 색채 등 여러 요소들이 함께 어울려 나타난다. 그림 표현을 통해서 나타나는 형태와 심상, 공간구성과 색의 상징적 의미를 살펴보아야 한다.

그림의 선과 형태가 심리적이나 생리적으로 에너지의 표출을 의미한다면, 또 다른 의미로는 내적 긴장에 대한 통제력과 방향성을 반영한다. 직선과 모서리가 있는 형태에 관심을 보이는 어린이는 현실적이고 자주 공격적이며 논박하는 성향을 지니며 또한 훌륭한 조직력과 지도력을 지니고 있다고 하겠다. 반대로 원모양의 선을 선호하는 어린이들은 민감한 성격의 어린이들로 부모에게 인정받으려는 노력을 많이 하며, 상상력이 풍부한 반면 자신감이 결여되어 있다. 원형태가 우세한 것은 미성숙과 여성적 존재를 나타내는 표시가 될 수 있다.

원형태와 수직선이 잘 균형 잡혀 있는 그림은 원만함과 훈련된 결단성이 반영되어 있다고 할 수 있다. 이런 이론을 바탕으로 보아 실제로도 직선을 많이 쓰는 아동들은 외향적이고 적극성이 많아 보이며, 원을 많이 사용하는 아동들은 내향적이며 순종적인 편이라 교우관계가 원만한 경향이 많다.

형태가 정확하면 자아통제력이 적절하며, 부분 부분의 형태가 정확하지 않다면 자기통제력이 약할 수도 있다. 같은 형태를 반복적으로 그릴 때는 새로운 사태에 대한 처리 방법을 모르고 있거나 때때로 도피반응을 보이기도 하며 환경에 대한 적응력의 곤란함을 호소하는 표현이기도 하다. 이는 관심도나 감정의 폭이 좁은 것을 의미할 수도 있으며 자기만의 세계 속에서 갇힌 생활을 나타낸다고 볼 수도 있다.

윤곽선을 강조하거나 테두리를 두르는 표현은 정서적으로 발달 미숙을 나타낼 수 있으며, 부모의 엄격한 훈육을 나타낸다. 선의 형태로 볼 때 수직선이 우세한 것은 남성적, 능동적, 구조적, 외부로 향하는 기질을 나타낼 수 있다. 지그재그형의 구성과 끊어진 선들을 많이 구성하는 것은 불안정의 표시가 될 수 있으며, 점과 작은 형태들은 선호하는 것은 질서나 섬세함, 꼼꼼함으로 볼 수 있다.

가로선이 많으면 침착하나 허약한 편이고, 여성적 경향을 가진다. 또 세로선이 많으면 매우 독단적이며, 남성적이고 자기주장이 강하나 불안감을 가질 수도 있다. 모난 선이 많으면 공격적인 특징을 보여주며, 수직선과 수평선이 교차된 그물 같은 선은 복종적 행위와 자기주장과의 충동이 갈등을 일으키고 있는 것을 의미한다. 이는 훈육이 엄격하며 독립심이 부족함을 의미하기도 한다.

(2) 공간구성

미술은 이차원 또는 삼차원 공간으로 된 작품과, 표현적 또는 양감에 의한 공간적 작품 등으로 크게 나눌 수 있다. 공간구성은 화면에서 그림의 구성이 이루어지는 위치를 말하는 것으로 그려진 그림의 위치에 따라 그 사람의 심리적, 정서적 상태를 알 수 있다.

전체 화면의 중앙을 벗어난 외곽 부분에 그림을 그리거나 눈에 띄게 작게 그리는 것은 불균형, 부조화의 증거가 된다. 도화지의 위쪽 부분을 사용하는 아동은 자부심과 긍지의 경향이 있으나 약간 불안 요소가 보이며, 도화지의 아랫부분에 그림을 그리는 아동은 안정성의 욕구를 나타낸다. 또 다른 해석으로는 화면 전체에 일부분만 가득 그릴 때는 자기과시욕이 강한 반면 열등감의 소지도 보인다. 화면의 한쪽 구석에만 그릴 때는 억압당하고 있거나 환경에 대한 인식이 잘 안 된다고 본다. 부분과 부분을 겹쳐 그릴 때는 안정감이 부족해 보이며 공백 부분이 많을 때는 환경의 인식이 부족할 때와 때로는 지적 지체를 나타내기도 한다. 이 이론을 토대로 아동들과 동적 가족화를 해보았을 때 자신을 화면 한쪽 구석에 조그마하게 표현해서 그가 가족들에게 소외되거나 억압으로 인한 열등감을 표현하는 것을 엿볼 수 있다. 화면을 십자 축으로 나눈 윗부분은 정신적, 지적, 윤리, 종교적 영역이며, 중앙은 개인적인 일상의식인 자아의 상태를 나타낸다. 아랫부분은 물질적, 육체적, 성적 내용과 무의식에서 나타나는 집단상징의 영역이다. 화면 중심에서 왼쪽은 자아와 과거에 대한 영역에 포함되며, 오른쪽으로는 타인과 미래의 목표를 지향하는 영역이다. 그러나 이러한 공간상징의 해석을 아직 삶의 체험이 많지 않은 아동들에게 전적으로 적용하는 것은 부적합할 수도 있다.

(3) 색과 심리

색채가 갖는 심리학적 의미에 대해서는 많은 연구자들이 여러 해석을 하고 있지만 개개의 어린이 작품에 대해서 개별적으로 검토해보면 아동에게는 분명한 자신만의 독자적인 색채 의미가 있는 것으로 보인다. 어린이 그림을 되풀이해서 살펴보는 동안 색의 화면이 어떤 부분에 얼마의 분량으로 어떤 모양으로 나타나며 또 어떻게 색채가 변화해 가느냐는 큰 관심거리가 될 수 있다.

아동그림 속에 나타난 색채에 관심을 가지고 있는 학자들은 그림에 표현된 색채가 아동의 생리적 조건, 심리적 감정, 정서의 표출을 반영한 것이라는 주장과 함께 색채를 감정 표현의 언어로서 사용하며 사실적인 것보다 상징적으로 사용한다고 하였다. 색채의 자유로운 선택은 몸과 마음의 에너지 순환을 돕고 감정의 정체를 방지하는 작용을 하므로 무의식적으로 스트레스 조정하는 능력을 향상시킨다.

색채는 감정과 관계가 깊다. 충동적인 어린이는 색채에 강한 흥미를 보이는데 충동적, 정서적인 생활에서 비교적 자기통제가 잘 된 생활로 변화함에 따라 색채에 대한 흥미가 줄어든다고 하였다. 또한 남아에 비해 여아들이 색채에 관한 흥미가 높고 오래 지속된다. 색채보다 선이나 형태에 더 관심이 많은 아동은 자기방어를 하려는 경향이 더 강하고 외부 사물에 대한 관심이 높으며 감정적이라기보다는 이지적인 행동을 보이려는 경향이 강하다. 일반적으로 밝고 선명한 색깔은 마음이 안정되고 명랑한 편이며 어둡고 칙칙한 색을 많이 쓰거나 화면을 더럽히는 경우의 아동은 마음이 불안정한 상태이거나 불만과 반항을 나타낸다.

색채를 통해 눈이나 두뇌 속에서 시각적, 전자기적, 화학적 작용이 끊임없이 발생하며 심리적 영역 내에서 작용한다. 이 같은 색채경험은 마음의 중심부에 전달되어 지적, 정서적 경험의 주요 면에 그 영향을 미친다. 색채의 특성과 심리적 상징성에 대해 살펴보자.

① 난색 계열

아동이 따뜻한 색을 즐겨 쓰면 일반적으로 자유롭고 감정적인 행동과 애정적인 관계 또는 자기중심적인 태도를 가진다고 볼 수 있다. 이들의 두드러진 행동을 보면 다른 사람들에 비해서 동정적이고 애정에 기대며 놀이에서는 협동적이고 잘 적응한다는 말로 성격을 묘사할 수도 있다.

- 빨강: 아이들이 제일 선호하며 즐겨 사용하는 색으로 애정이 풍부하며 자유분방해서 느낀 대로 행동하고 생각 없이 앞장서는 경우나 성격이 급한 아동들이 즐겨 사용한다. 활동적이고 의욕적이며 적극적이어서 주위 관계가 건강하나 때로는 자기주장을 많이 내세우는 경향이 있어서 친구를 오래 사귀지 못하는 경우도 있다. 빨강은 눈에 띄어서 두드러지고 공격적이며 운동성을 느끼게 한다. 빨간색의 흐름은 성취력, 친밀감, 따뜻함, 뜨거움, 불꽃, 불과 피, 승리, 개선, 무모함, 파열, 분노뿐만 아니라 끓어오르는 기쁨과 쾌락을 상징한다. 또한 단호함과 힘이 넘치는 에너지의 상징도 보여준다. 과도하게 빨간색을 사용한 사선, 횡선이 많이 나타날 때는 불만, 반항, 공격적이거나 의식적으로 거친 행동이나 고집스러운 성격을 나타낸다고 한다. 화가 뭉크의 작품(절규)을 보면 빨간색의 애절함이 묻어나는데 이는 의지하던 어머니와 누나의 잇달은 죽음으로 인한 뭉크의 절박함을 표현하고 있는 듯하다.
- 노랑: 노랑은 부드럽고 명랑한 이미지와 함께 아동화에서 자주 태양의 색으로 나타난다. 색환에서 노란색은 가장 눈에 잘 띄기 때문에 교통표지판과 주의, 경

계, 공고에 많이 사용되며, 형광 사인펜의 노란색은 책의 중요 문구를 구획하거나 줄을 긋는 데 가장 많이 쓰인다. 반면에 노랑은 질투, 시기, 혐오, 악의를 나타내며 야하게 빛을 내며, 분명하게 눈에 띄고, 구속되지 않고 뻗어 나간다. 노랑은 명랑하고 쾌활한 기분에서 분노하고 질투하는 정서의 넓은 범위를 지니고 있다. 이 색을 지나치게 많이 쓰면 의타심이 많아서 유아의 상태에 머무르고 싶어 하는 욕구를 나타낸다. 또한 지능지수가 높고 결단력과 의지력은 강하나 신경이 예민할 수 있기 때문에 성격이 매우 냉정할 수도 있고 친구들을 골라서 사귀는 편이다. 특히 과보호를 받은 아동이나 권위적 경향의 환경에서 자라는 아동은 노란색을 좋아한다.

- 주황: 빨강과 노랑이 섞인 빛을 내는 색이다. 이 색은 따뜻함, 능동성, 이완된 긴장의 경험을 나타낸다. 즐거움과 모험심, 행복감, 빛, 삶, 기쁨, 긴장을 주는 색이다. 강한 사람에 대한 갈망을 상징하며, 의존하고자 하는 욕구가 강하며 어리광이 심한 아동이 주로 사용한다. 주위환경에 잘 순응하며 건강하고 명랑하며 활발한 경우가 많다. 또한 소심한 성격의 아동이 이 색을 많이 사용하면 생동의 욕구를 느끼며 적응력이 생기고 있다는 표현이다. 지나치게 이 색을 많이 사용한다면 이기적인 성격일 수 있으나 공상적 놀이를 즐기는 유아일 수도 있다.
- 분홍: 여성스러움 그 자체이며 애정이나 감정에 있어서는 남들의 2배 정도의 에너지를 가진다. 파스텔 풍의 핑크는 열렬하고 강렬한 성격이며 감정으로 인해 친구에게 상처 입기 쉬운 타입이다. 많은 여아들의 애호색이며 사랑스러움, 마스코트로서 귀여움을 받거나 남을 사랑하고 아름다운 친구를 좋아하는 경우가 많다.
- 갈색: 실질적이며 착실한 스타일이다. 보수적인 아동이 즐겨 쓰는 색으로 모성애가 강하며 쓸데없이 낭비하지 않고 신용이 있다. 무슨 일이든지 안심하고 맡길 수 있으며 책임감이 있다.

2) 아동 미술치료의 장점

(1) 인지능력의 활성화

- 무엇을 어떻게 할 것인지 생각
- 환경에 대한 지식을 활용
- 여러 감각을 사용하여 미술작품 제작

(2) 자신의 행동에 대한 인식

- 직접 관찰하기 어려운 자기행동에 대한 인식
- 과거나 현재의 사건과 연관된 생각이나 감정, 미래에 대한 생각을 표현

(3) 감정의 정화

- 사회적으로 수용되고 해롭지 않은 방식으로 분노나 적대감 표현

(4) 주도와 조절능력 향상

- 미술활동은 아동 스스로 주도하고 조절하는 활동
- 미술작품을 통해 아동의 자아고양

(5) 성취감과 만족감을 느낌

- 스스로 재료를 선택하고 미술활동과정에서 만족감을 느낌
- 작품 완성을 통해 성취감과 가치향상을 경험

(6) 친밀감 형성

- 주저하거나 말이 없는 내성적인 아동과 친밀감을 형성하여 치료관계를 이룸

(7) 내면세계와 접촉

- 미술치료를 통해 아동의 마음을 다치지 않고 무의식의 세계를 알아볼 수 있음

- 아동 자신이 누구며 어떤 욕구, 사고, 감정, 행동을 갖고 있는지 인식

(8) 진단에 도움

- 미술활동은 여러 정보와 함께 보충적 자료가 됨
- 특히 아동은 미술활동에서 순간순간의 생각과 감정을 그대로 드러냄
- 미술활동은 언어 표현의 한계에 도움이 됨

3) 아동 미술치료에서의 유의점(집단미술치료)

① 활동내용, 활동시간, 그리기 도구 선택, 소집단 형성, 느낌 나누기 등에서 아동의 자발성 존중

② 작품활동이 주가 아니라 마음의 자유 표현이 중요함을 강조

③ 흥미를 가지고 적극적으로 참여할 수 있도록 다양한 매체를 교실에 항시 비치

④ 성취감을 얻을 수 있도록 난이도가 낮은 과제부터 시작

⑤ 활동 후 자신의 그림에 대해 어떻게 생각하는지, 무엇을 표현한 것인지, 집단 또는 개인적으로 느낌 나누기를 하는 것이 매우 중요

⑥ 반드시 전체의 느낌 나누기로 마무리 할 필요는 없음

⑦ 개인면담이 필요해 보이는 아동은 따로 개인면담을 하거나 소집단별로 느낌 나누기를 하는 것이 바람직

⑧ 전체활동에서 시작, 2인, 3인, 4인…. 그리고 다시 전체활동 등 점차 인원수를 늘려가며 소집단활동에 익숙하게 함

⑨ 소외되거나 소극적인 아동이 속한 소집단은 미리 배려하여 확인

⑩ '바탕색을 칠해야 하는지', '색칠을 무엇으로 하는지' 등의 질문에 '자신이 하고 싶은 대로 해라' 고 말하고 마음의 표현임을 말해주어 아동의 모든 면을 수용한다

는 의미를 전달

⑪ 마지막 회기에는 그동안의 작품을 정리하여 다시 보며 자신의 변화와 성장을 찾아내고 함께 기뻐하며 격려하는 시간을 가지는 것이 바람직하다.

4) 주의집중 시간표

참고하여 프로그램 계획을 세운다.

- 만 2세: 약 5분
- 만 3~4세: 10~15분
- 5세 이상: 15~30분

주의집중시간은 개인차가 있다.

2 아동화의 발달 순서

아동화는 왼쪽에서 오른쪽으로 발달하며 쌍과 방사형의 순서로 발달한다. 연필선 하나하나, 몸 부분 하나하나들이 따로 떨어진 동작이 아니라 정당성에 의한 동작들로 간주되는 작은 연속으로 뭉쳐지는데 방사형의 순서는 자주 '태양' 그림으로 발전한다고 켈로그(Kellogg)는 주장하였다. 다음으로 아동화는 위에서 밑으로의 차례로 발달한다. 아동들은 위에서 그림을 그려 내려가 밑까지 내려가면 끝났다는 의미를 가지게 된다. 그리고 그들의 그림은 밑까지 내려가서 되돌아감이 쉽지가 않다.

아동화는 중심 그림을 액세서리들로 장식한다. 그것은 큰 몸통이나 구성단위들의 순서를 묘사하고 싶을 때 중심에서 액세서리로 발전하는 것이다. 예를 들어 눈 하나하나, 손가락 하나하나, 수족의 쌍 하나하나의 순서를 묘사한다. 몸통에 옷을 덧입히는 것도 그들의 그리기의 특징이다. 또한 색채에 대한 변화도 성장함에 따라 노란색의 계열에서 파란색의 계열로 바뀌어 간다.

아동화의 표현은 어린이가 성장함에 따라 변화를 보이기 때문에 많은 미술교육자나 심리학자들이 발달을 연구하여 단계화하고 있다. 1887년 리치(C. Ricci)가 아동의 발달 특징을 기술한 것이 시초가 되어 1920년에 와서는 뷜러(K. Buhler)와 버트(S. Burt), 일본의 아오키 세이시로(青木誠四朗)가 아동의 개인차와 정신발달 연구에 공헌하여 어린이 그림 발달에 대한 단계적 구분이 현저하게 진보되었다. 그 후 1940년대에 리드(H. Reed)와 로웬펠드(V. Lowenfeld)에 가서 연령별 그림의 발달단계를 명백히 구분하였지만 아동의 그림을 하나의 훌륭한 아동화로 발견한 것은 20세기 말에 들어서면서부터의 일이다.

아동화 연구자 중 대표적인 사람은 로웬펠드, 버트, 리드, 울프(O. Wulfe), 켈로그(R. Kellogg) 등이다. 이들은 보통 6~7단계로 세분하여 발달단계를 제시하였지만 시기별로 분명하게 구분하기는 어렵다.

특히 로웬펠드는 그림 그리기와 아동의 발달단계를 연결시키고자 에릭슨(Erikson)

의 발달단계 이론을 아동의 연필화에 적용시켜 발달과정을 제시하였다.

미술치료사가 아동의 미술 발달단계를 아는 것은 기본적인 것으로 치료의 과정에서 환자가 보이는 퇴행이나 고착이 갖는 의미를 이해하기 위해서도 반드시 발달단계를 이해하고 있어야 한다. 미술의 발달단계에 대한 지식은 환자의 그림을 오해 없이 볼 수 있도록 도와주고, 환자의 강점, 약점, 문제점과 향후 치료의 방향을 설정할 때 중요한 역할을 한다.

아동의 미술발달을 크게 바라보면 계단형의 발달곡선을 그리게 된다.

아동 그림의 발달단계에 대해 학자들 간에 차이는 있으나 가장 많이 알려져 있는 '로웬펠드(Lowenfeld)' 의 이론을 중심으로 소개한다.

1) 로웬펠드

(1) 난화기(The Scribbling stage: 2~4세)

그린다는 목적보다는 손의 근육운동과 그 결과로 생긴 선들을 발견하고 즐기는 시기이다. 회전형태, 수평, 수직, 파형, 혼합형 등의 형태가 있다.

- 자아 표현의 시작
- 무질서한 직선과 곡선을 포함한 다양한 선을 끄적거리는 시기
- 근육운동지각 활동과 같은 움직임 자체를 즐김
- 난화는 아동에게 진지하고 의미 있는 활동

유아들은 자기표현의 첫 단계로 마음대로 끄적거리기 시작한다. 색연필이나 크레파스 등의 도구를 의도적으로 사용하여 그리는 것이 아니라 가지고 놀다가 우연히 낙서 흔적을 발견하게 된다. 유아는 몇 번의 낙서를 더 반복하다가 자기 팔 운동의 결과로 생긴 것을 알게 된다. 이때 유아는 자신의 대근육운동과 시각이라는 감각 운동을 연결시키며 자신의 팔 운동으로 환경을 변화시키는 것을 인식하게 된다. 이때부터 유아는 낙서 그림을 매우 즐겨 그리게 된다.

유아들의 그리기는 단지 그림으로서가 아니라 쓰기로 연결되는 기초 활동이라 매우 중요하다.

① 무분별 난화기(Disordered scribbling)

보통 1세부터 시작하여 2.5세까지 지속된다. 유아들은 손목 운동이 아니라 어깨를 사용한 팔 운동으로 낙서를 하게 된다.

운동신경 조절과 시각적 통제를 할 수 없어 거칠고 불규칙한 선들이 나타나게 되는 것이 자연스러운 현상이다.

- 그린다는 목적보다는 감각이 주변환경과 접촉하면서 그 반응이 그림으로 나타남
- 동작을 통제하지 못하며 무의식적으로 표현

② 조절된 난화기(Controlled scribbling)

- 종이 위의 흔적(mark)들 사이에 관련이 있음
- 난화를 시작한 지 6개월 정도
- 동작이 반복되어 시각과 근육활동 간의 협응 시작
- 선이 일정하게 반복

무분별한 긁적거리기를 지나 1.5세경이 되면 자기 손이나 팔의 움직임 결과 종이 위 흔적의 관계를 깨닫게 된다. 관계를 발견한 후 유아는 움직임을 다양하게 시도하여 패턴을 반복적으로 그린다. 의미 없는 선들은 수평 → 수직 → 파형 → 혼합형 → 회전 원형으로 발전한다. 이런 선들은 유아의 부단한 노력으로 나타나는 결과이다.

③ 이름 붙이는 난화기(Naming of scribbling)

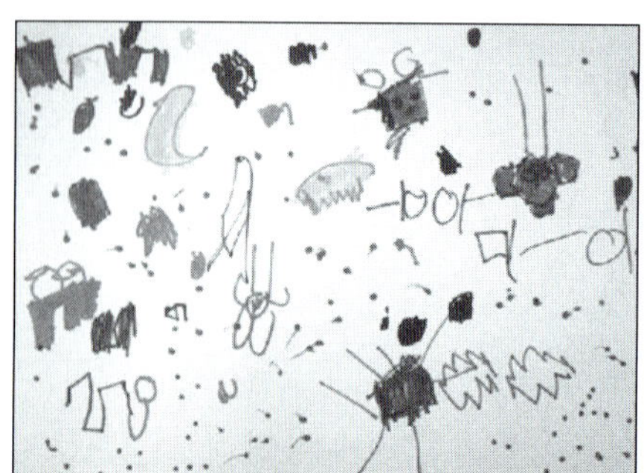

- 자신의 난화에 이름을 붙이는 시기
- 근육운동 지각적 사고에서 보는 것에 의한 상상력이 풍부한 사고로 전환

유아는 연속적으로 겹쳐진 선들을 그리던 것을 하나의 선으로 그리면서 원을 의식

하고 그리게 된다. 이때 유아는 자신의 그림에 이름을 붙이며 상상력을 동원한다. 3~4세경에 나타나며 "이건 엄마야", "아빠를 그린 거야" 하며 기존의 감각운동적 사고에서 상징적, 추상적 사고를 한다.

처음부터 엄마나 아빠를 그리려고 의도하지 않고, 그린 이후에 명명하게 되는 단계이다. 그림을 그리면서 이름을 붙여도 다 그린 후에 다른 이름으로 바꾸기도 한다.

(2) 전도식기(The Preschematic stage: 4~7세)

무의미한 표현과정에서 의식적인 표현으로 옮아가는 상징적 도식의 기초단계이다. 대상에 대해 자신이 가지고 있는 어떤 이미지 또는 감정을 상징적으로 묘사한다. 인물이 많고 자기중심적이고 동화적인 내용이 많다.

- 사실적인 표현의 첫 상징
- 무의식적인 표현이 점차 의식적인 표현으로 옮겨가는 상징적 도식의 기초 단계
- 올챙이 형태, 머리 다리 표현-외부 세계와 관계를 설정하는 첫 단계
- 얼굴은 크고 둥글게 그리고, 얼굴 아래로 두 선을 그려 내려 몸통과 다리를 표현
- 난화기에 비해 형태 표현이 정확하지만 아직 미숙한 수준
- 자기에게 흥미 있는 것을 반복해서 그리며 한정된 개념의 발달
- 표현된 것과 대상과의 관계를 발견하기 시작하며 아는 바를 그림
- 인물, 나무, 해, 산, 꽃 등을 주로 그림
- 자기중심적으로 표현
- 주관적으로 색을 선택하고, 색깔 자체보다 모양을 그리는 데 더 큰 관심을 보임
- 동기부여: 첫째 언제 어디서, 둘째 무엇을, 셋째 어떻게의 순서로 토의를 통해 분위기 조성

4~7세는 표상 시도의 초기단계로 주로 유치원 시기에 해당한다. 의식적으로 자신의 주변세계와 관련을 지은 그림을 그려서 의사표현을 한다. 이때의 그림으로 유아

가 중요시하는 것을 알 수 있어 유아의 사고과정을 엿볼 수 있다. 4세는 형태를 알아보기 힘든 불확실한 형태가 나타나며, 5세에는 사람, 집, 나무 같은 확실한 형태가 나타나고, 6세에는 주제에 따라 확실한 윤곽을 가진 그림을 그리게 된다.

유아들은 보통 사람을 많이 그리는데 '두족인', 즉 원을 중심으로 팔 다리를 그리는 마치 태양과 같은 인물을 그리게 된다. 또 자신과 환경과의 관계를 표현하지 못하여 형태를 카탈로그 식으로 나열하게 된다. 형태들은 도형의 기본인 세모, 네모, 동그라미를 기본형으로 선들과 연합하여 그리며, 기저선, 사람, 집, 나무, 꽃, 태양 등도 기호들을 사용한다.

(3) 도식기(The Schematic stage: 7~9세)

독자적인 표현이 나타나며 도식적인 그림이 많다. 사물의 특징을 객관화 시키려는 노력이 엿보이며 인물, 사물에 대한 개념이 부족해서 반복되는 경향이 많다.

- 공간개념 시작: 기저선, 투시
- 형태개념의 습득
- 자신과 대상과의 관계를 공식화하며 도식적으로 표현
- 사물의 특징을 객관화
- 인물이나 사물에 대한 개념 부족으로 집, 인물, 나무 등을 반복 및 도식화
- 공간개념 싹트기 시작, 기저선, 하늘선으로 땅과 하늘 구분
- 중요한 부분은 과장하고 중요하지 않은 부분은 생략
- 투시(X-ray)적 표현
- 시공간의 동시 표현
- 색채와 대상과의 관계를 발견하고 객관적인 색채 표현
- 디자인적인 특성 발견(조형감각)
- 자기중심성에서 협조적인 태도로 변화
- 주제: 형태개념 구체화(우리, 활동, 장소 등), 정면과 측면을 함께 표현, 투시법

표현, 시공간 동시 표현, 색채의 융통성 있는 사용, 어린이의 은밀한 세계, 특정 한 재료 자체에 대한 주제

- 동기부여: 우리, 활동, 장소와 관련하여 동기부여

형태개념의 성취단계는 초등학교 저학년 시기에 해당한다. 이 시기의 도식은 경험의 내용에 따라 많은 차이가 있으며 독자적인 표현방법이 나타난다.

하나의 형태를 오랫동안 시도해 본 결과로 형태개념을 얻으며, 아동의 성격에 따라 혹은 주변 사람들의 지식이나 태도에 따라서 그림 표현이 풍부해지기도 하고 축소되기도 한다.

(4) 또래집단기(The Gang age: 9~11세)

도식적인 표현에서 탈피하여 객관적이고 사실적인 묘사로 접근하려는 시기이다.

주위환경에 관심을 가지며 시각과 지각의 발달로 객관적인 상태에서 사물을 관찰한다. 반면 대담성이나 자신감을 잃어가는 경향이 있다.

- 사실 표현의 시작
- 또래집단의 의사를 존중하고 도식적 표현에서 벗어나 세부 표현을 하기 시작
- 시각과 지각의 발달로 객관적인 상태에서 사물을 관찰하며 주위환경에 관심
- 도식적 표현과 사실적 표현이 함께 나타나는 경우가 많음
- 율동적이며 장식적인 그림을 많이 그리지만 대담성이나 자신감을 잃어가는 경향
- 인물 표현에서 더 이상 도식을 사용하지 않음
- 여러 개의 기저선으로 공간 표현
- 중첩에 대한 인식
- 정서적으로 중요한 부분을 자세히 표현
- 특징 있는 색채로 표현하기 시작

- 주제: 스스로 협동작업에 참여할 수 있는 주제나 단체활동에서 일체감을 형성할 수 있는 주제로 선택. 협동작업을 위한 주제, 관점 달리하기, 중첩에 대한 주제, 기능발달 및 재료특성에 익숙해지는 것과 관련된 주제, 마음 속에 있는 주제 등
- 동기부여: 자신을 인정할 수 있는 사회적 독립심 강조, 성에 대한 인식발달, 자아에 대한 이해, 환경에 대한 호기심 만족, 협동제작 방법의 활용 격려

(5) 의사실기(The Pseudo-Naturalistic stage: 11~13세)

지각발달로 인한 논리적인 사고가 증대하며 운동감이 많아지고 3차원적인 표현이 가능해진다. 자신의 작품에 대해 비판적으로 되어 자발적인 활동으로서의 표현은 마지막 단계라고 할 수 있다.

- 합리적인 표현의 시기
- 사실적으로 표현하려고 노력하며 시각형과 비시각형 경향이 나타남(결정기에서 나타나는 시각형과 촉각형의 전 단계)
- 모든 묘사에서 운동감이 많아짐
- 3차원적 표현, 원근법 비례, 명암 등이 나타남
- 잘 그리는 아동과 잘 그리지 못하는 아동의 차이가 나타남
- 소조를 통해서는 아동의 무의식적이고 자발적인 입체 표현이 가능
- 주제: 상상에 의한 활동, 모델에 의한 활동, 비례를 위한 주제, 색채를 위한 주제, 벽화를 위한 주제, 디자인을 위한 주제, 소조를 위한 주제, 자기표현을 위한 주제 등

(6) 결정기(The Period of decision: 13~17세, 청소년기)

진정한 의미의 창조적인 그림을 그릴 수 있는 시기이면서도 외계에 대한 인지기능과 표현기능 사이의 괴리로 표현이 침체되기도 한다.

- 그림 그리기를 계속하지 않거나 지지받지 못한 경우, 이 단계에 도달하지 못한다.
- 표현이 촉각형, 시각형, 중간형으로 뚜렷하게 나타난다.

- 시각형: 본 것, 외관, 비례, 명암, 배경, 원근 중시, 환경과 관련, 객관적 경험, 부분집합적 표현, 묘사적, 피상적, 인상파
- 촉각형: 느낌과 감정, 신체와 관련, 내면적, 감각적, 자아표현적, 주관적 경험, 내면투사적, 정적, 부분을 결합하여 종합(숲), 표현파
- 중간형: 두 가지 표현 양식이 복합적으로 나타난다.

- 환경에 대한 인지능력에 표현기능이 따라가지 못해 미술 표현은 침체된다.
- 조각은 청소년기 이상에서 의도적이고 의식적인 입체 표현이 가능해진다.

3 우리나라 아동미술 발달단계

우리나라의 아동화 발달단계는 지역, 성별 등 다양한 형태로 다르게 나타난다. 그러나 분명한 것은 아동화의 발달단계에는 두 가지의 변화요인이 있다는 것이다. 하나는 영아에서부터 어린이에 이르기까지 1~2년 정도씩 빠르게 도식화의 현상이 나타난다는 것이며, 사실화로 표현되어지기는 했지만 기대되어야 할 상상력이나 직관력이 초등학교 고학년에 올라갈수록 현격히 저하된다는 사실이다.

이러한 현상은 여러 가지 요인에 의하여 비롯되어지나 지나치게 도식화된 수업방식이나 재료 사용, 소재선택 등에 의해서 나타난다. 소재적인 측면의 통계에서도 나타나듯이 지극히 제한된 소재와 색채의 단순성이 갖는 문제로 제기되며, 초등학교 중학년 이상에 이르러서는 오히려 색채의 사용이 저하되어지는 현상을 보여 시급한 문제가 아닐 수 없다.

우리나라의 유아동화 시기 구분을 무의식 · 유희 시기(만 2~3세), 상징 · 직관적 형상화 시기(만 4~6세), 인지적 형상화 시기(만 7~8세), 사실 · 도식화 시기(만 9~11세)로 나누고 12세 이후는 대체적으로 사실화 시기에 머무르는 정도로 간주할 수 있는데 여기서의 사실화란 상당한 도식화를 초래하는 사실화라고 볼 수 있다. (단계별 분류의 기준으로서는 만 2세부터 3세를 영아로 구분하고 만 3세에서 만 4세를 「영유아(for Infants · Young Children)」편으로, 다시 만 4세에서부터 5세를 「유아(for Young Children)」편으로 간주하였으며, 「유아동(for Advanced Young Children)」편은 만 6세와 7세까지도 해당이 된다는 것을 명기한다. 이 분류는 영아(Infant)−출생에서 만 2~3세, 유아(Young children)−만 3~7 · 8세, 아동(Children)−만 8세~12 · 13세, 청소년(Adolescence)−만 13~18 · 19세, 성인(Adult)−만 19세 이후로 나뉘는 서양식 분류에 근거하나 세계적으로 거의 표준화되어 있는 단계로 인식되어진 이유로 이에 근거하였다. 다만 여기서 특기할 것은 '영아', '유아', '아동' 세 가지로 전체 아동에 대한 용어가 사용되어오던 관례에서 '영

유아'에 이어 '유아동'이라는 용어가 추가되었다는 점인데, 이는 이 시기의 구분으로서 보다 유동적인 나이별 단계의 적절한 표현으로 판단되어 사용하였다. 이 연구는 지금까지 외국의 이론에만 의존해온 예가 너무나 많아 최근의 한국현실에 맞게 분석한 것이며, 2001년 10월 간행된 한국현대미술교육학회 저 『한국유아동미술대전집 · 이론 편』에 심층적으로 게재되었으며, 최병식 · 심영옥 · 채희석의 공동연구에 의한 것이다.)

1) 무의식 · 유희 시기(만 2~3세)

이 시기는 어떠한 의도 없이 손의 근육운동과 그 결과로 생긴 선들을 발견하고 즐기는 자기표현의 첫 단계이다. 유아들의 낙서는 단계적으로 무질서한 근육운동에서 점차적으로 수평, 수직, 혼합형, 원형 순으로 발전하게 된다. 무의식 · 유희 시기에는 이러한 낙서 그림이 많이 보이는데 이를 단순히 낙서로만 볼 것이 아니라 최초의 자기표현으로 보아야 한다. 2세 이전의 시기는 상징적 사고와 언어 사용이 불가능하기 때문에 외부세계에 대한 지각적 운동, 감각적 적응을 내포하지 못하므로 아직 상징적인 조작을 하지 못한다. 이 단계에서 이루어지는 가장 중요한 성취는 대상 항구성(object permanence)이다. 대상 항구성이란 대상물이 어린이의 시야에서 사라진다 해도 그 대상물이 그대로 존재한다는 것을 이해하는 능력이다. 5개월 된 어린이에게 장난감을 보여 주면 장난감을 갖고 싶어 손을 뻗쳐 잡으려고 애를 쓰나, 장난감을 감추면 더 이상 찾지 않다가 8개월이 되면 비록 자신의 눈에는 보이지 않지만 물건이 존재한다는 것을 알게 되어 그 물건을 계속 찾는다.

이 단계의 말기에 해당하는 2세 어린이는 놀던 공이 소파 밑으로 들어가면 소파 밑을 보지 않고 소파를 돌아 공이 있으리라고 예상되는 자리에 가서 공을 찾는 것을 볼 수 있다. 어린이가 3살 정도가 되면 행동을 통한 사고가 그림을 통한 사고로 바뀌고 상징적인 활동이 시작된다. 무의식적 접근이 점차 의식적인 접근이 되어 자신이 그려 놓은 난화에 이름을 붙이기 시작한다. 이전에는 움직임을 주변의 세계에 연결지으려고 한다.

그림의 형태는 아직 분명하지 않으나 시각 기능의 역할이 하루가 다르게 발전되어

간다. 즉, 유아의 유희 본능으로 이루어지던 그림은 점차 생각할 수 있는 이미지의 표현으로 발전하는데 의미를 부여하려는 상징적 활동을 하기 시작하는 것이다.

이 시기의 그림을 잘 관찰해 보면 점묘착화, 원형착화, 혼교착화, 파형착화 등으로 나타난다. 이 단계의 유아가 색을 좋아하는 것은 사실이지만, 색의 사용이 종합적이고 총체적인 경험의 표현이라고 하기는 어렵다. 이 초기의 유아에게 많은 색을 사용하기를 강요하면 오히려 마음이 산만해져서 순수한 자기감정과 자유로운 행위의 표현이 제한되기 쉽다. 마구 그린 착화 위에 의미를 붙이면서 적당한 자극을 주는 것이 효과적이다. 이러한 자극은 무엇을 그렸느냐를 명백히 하자는 데에 있지 않고, 새로운 상상을 북돋는 데에 있다. 유아의 흥미 있는 경험과 환경은 그것이 곧 학습이요 창의성을 도모하는 계기이기 때문이다

아이들은 그림 그리기를 좋아한다. 걸음마에 익숙하지 않은 아이라도 손을 자유롭게 움직이는 시기가 되면, 가르치지 않아도 방바닥을 마구 문지른다든가, 무엇인가 손에 잡고 끄적거리는 행위를 통해 손쉬운 자기표현의 방법을 익히게 된다. 이같이 평범하고 작은 행위를 통해 유아동들은 미술의 출발점에 서게 된다. 4~5세 정도가 되면 시기의 차는 다소 있으나 대부분의 유아동들이 여러 유형의 선(線)만으로 무엇인지 알 수 없는 것을 마구 그리는 단계에 이르는데 이것을 난화(亂畵)라고도 한다. 파형(波形)착화, 원형(圓形)착화, 혼교(混交)착화 등으로 나누고 있다.

이런 표현은 무의식적인 표현이며, 손의 근육운동에 흥미를 느끼거나, 종이 위에 나타나는 선에 흥미를 느껴서 그리는 것에 불과하다. 이때 제일 중요한 것은 어떠한 어린이에게도 이 마구 그리기를 절대 방해해서는 안 된다는 것이다. 이 단계는 난화기(亂畵期)로서 처음으로 도식적인 표현을 시도하는데 예를 들면 원을 그려 놓고 얼굴이라고 한다. 물론 이것은 비조직적인 우연한 시도가 많다.

① 동심원(同心圓)으로 움직임이나 꾸밈을 나타내려 한다.

② 원에서 방사선(放射線)을 내는 시기

③ +자 방향으로 그리는 시기

④ 사람을 두족인(頭足人)으로 그리기 시작한다.

피아제는 2~7세까지의 어린이들에게 원, 사각형, 삼각형, 십자 등을 그리게 했는

데, 3세 이하의 어린이들은 난필(scribbles) 밖에 하지 못했으나 3, 4세 어린이들은 어떤 형상의 닫히고 열림을 지적할 수 있었고, 어떤 모양이나 다른 것을 에워싸고 있는 모양이나 둥그스름한 동그라미들을 그리거나 꾸밀 수 있었다고 한다. 그리고 사각형, 삼각형, 기타 기하학적 형태들이 모두 둥근 형상으로 그려지는 것에 대해 피아제는 유아들이 생각하고 그리는 최초의 형태로 위상적이라 했다. 즉, 형태의 실재성이 아닌 대략 어떤 위치 관계에 있는가를 나타내는 데 일차적인 관심이 쏠린다는 것이다.

어린이들은 처음에는 만곡의 동그라미, 선회하는 동그라미, 그리고 부정형의 둥근 형태로 그려대던 난필을 점차로 지양하고, 마음과 눈의 통제를 따라 차츰 평면기하학적 형상들을 조작하기 시작한다. 둥근 원에다 네 개의 선(사지)을 첨가해서 사람을 표현하고, 큰 동그라미 안에 작은 동그라미들을 그려 넣어 얼굴 부분들을 나타내는 등 점차로 복잡한 대상의 형태 및 위상 관계를 표현하려고 시도하는데 이것은 공간을 지각하는 능력, 그에 대한 개념이 점차로 성숙되어 가고 있음을 보여주는 것이다.

2) 상징 · 직관적 형상화 시기(만 4~6세)

보다 분명해진 주제 의식과 자신감으로 충만해지는 시기이다. 유아가 사실적 표현을 처음으로 시도하게 되는 이 시기에는 형태적 상징기라고 부를 수 있을 만큼 대상의 형태를 상징적으로 표현하는 데 관심을 기울이게 된다.

상징 · 직관적 형상화 시기의 아동은 여러 가지 색채 중 자신의 마음에 드는 것을 골라 사람을 빨강, 파랑, 노랑 등으로 칠한다. 이 시기의 유아는 흥미를 끄는 색채를 선택한다. 이러한 색채 선택은 심리학적으로도 의미가 있지만 그 의미는 개별적으로 매우 다양하다. 아동과 색채와의 최초의 관계는 주로 정서적인 특성에 의해 결정된다고 할 수 있는데 이 시기에 색채의 사용은 아동에게 흥미 있는 경험이 되며 아동은 색에 대한 '직접적인' 관계에는 큰 욕구를 가지지 않고 색 그 자체를 즐기게 된다.

앞의 단계까지는 화면에 표현된 사물들을 하나의 공간 속에 통일되게 배치하지 못하고 대체적인 위상관계는 가지지만 제각기 독립적으로 흩어져 있는 것을 볼 수 있다. 그러나 4~7세에는 인물상 안의 위상관계들이 좀 더 분명하고 신빙성 있게 처리되며 평면기하학적 형태들이 나타나기 시작하며 그것들을 사용하여 사물(집, 밥상, 자동차 등)들을 그려낸다.

그런데 이러한 조합의 작용으로 이루어지는 형태의 집합은 면밀한 조직적 사고활동을 통해서 이뤄지는 것이 아니라 직관적으로 이루어지는 것이다. 팔다리가 우습게 길어지기도 하고, 아파트가 출렁이는 물 속의 그림자처럼 표현되기도 한다. 그러나 6, 7세쯤 되면 이러한 묘화의 세계가 상당히 넓고 풍부해지며 지적 이미지와 정교하게 모여져 표현하려는 의욕을 보이기 시작한다. 이 시기 어린이들의 그림은 어른들에게 많은 관심을 갖게 하기도 한다. 이때는 어떠한 현상이나 대상에 대한 어느 정도의 상징이 이루어지는 시기라고도 볼 수 있는데 이것이 구체적인 준비 없이 직관적인 의식에 의하여 이루어진다는 것이다.

첫 묘사적 시도로 주변의 세계에 대해 표현한 것과 대상의 관계를 발견하기 시작하며 아는 바를 의식적으로 그린다. 이 의식적인 형태의 창작은 의사소통의 시작이라 할 수 있으며 명확한 묘사적 형태로 발전한다. 이때부터 어린이는 색채를 구별할 줄 알게 되며 감정이나 정서에 따라 색을 선택한다. 표현하는 대상은 주로 사람이며, 원은 머리로, 선은 다리로 표현한다. 그리고 나무, 해, 산 등도 자주 표현하는데 모든 것을 자기중심적으로 표현한다. 특히 이 시기는 창조력 성장의 시기로 자기의 생각을 주저하지 않고 표현하며 협동 의식을 깨닫게 되고 개인차를 많이 보이는 것이 특징이다.

첫 묘사적 시도로 무의식의 스크리블링(Scribbling)의 과정에서 의도적이고 사실적인 표현이 시도되며 그려진 것과 그려진 대상과의 관계를 발견하는 시기이다. 이 의식적인 형태의 창작은 의사소통의 시작이라 할 수 있으며 명확한 묘사적 형태로 발전한다. 그러나 아직도 연필이나 재료를 다루는 소근육발달과 협응능력이 부족하기 때문에 완전한 형태로 그림을 그려내지는 못한다.

4세경에는 확실한 형태를 분간할 수 없으나 5~7세경에는 주제에 따라 확실한 윤곽을 가진 그림을 그리게 된다.

이 시기가 시작되는 4세경에 처음 이루어지는 상징은 사람인데 전형적인 인물로 원을 머리로 생각하며 그리고, 두 개의 수직선을 다리로 그린 두족인(頭足人, head-feet representation)으로 표현하다가 7세경에 도식을 이루게 된다.

3) 인지적 형상화 시기(만 7~8세)

구체적 조작기라고도 하며 이 단계의 어린이들은 논리적 추리력을 가지며 사고가 안정성이 있고 일관성이 있으며 조직적이어서 감각, 동작적 활동 없이도 인지적 조작을 할 수 있다. 구체적 조작기 어린이들의 사고를 가장 잘 나타내는 것은 보존성인데 보존성이란 어떤 수, 양, 길이, 면적, 부피 등의 차례나 모양이 바뀌어도 그 특질을 그대로 유지한다는 것을 이해하는 능력이다. 이것이 인지적 형상화 시기라고 부를 수 있는 근거이다. 인지적 형상화 시기의 아동은 자연스럽게 색채와 대상과의 관계를 발견한다. 색은 더 이상 주관적인 경험이나 정서적인 관계에 의해 결정되지 않는다. 사람을 그린 그림에서 어린이는 명확한 개념에 도달하여 도식을 구체화한다. 도식은 공간의 표현에 나타나 반복을 통해 의미를 갖는 어떤 기호들이나 상징들로 일관성 있게 공간이 표현되는 것을 말한다. 공간관계의 질서를 인식하게 되는 아동은 공간의 표현에서 아동 나름대로의 독특한 표현이 나타나게 된다. 공간의 표현 방법으로는 기저선, 전개도식 표현, 공존화적 표현, 투시적 표현 등이 있다.

이 시기의 색채 도식은 시각적이거나 정서적인 색채 개념에서 비롯된다. 아동이 대상과 갖는 최초의 의미 있는 관계는 분명하게 색채 도식을 결정한다. 아동이 땅과의 관계를 흙, 마당에서 처음으로 확립했다면, 그리고 반복을 통해 이러한 공간 경험이 확고해졌다면 잔디가 있고 없고에 관계없이 땅은 갈색으로 표현될 것이며, 이러한 색채 도식은 색채 변화가 중요해지는 경험을 하지 않는 한 변하지 않는다.

그만큼 이 나이에 접어들면 스스로 생각하고 대상을 형상화하려는 노력이 있다는 것이며, 무의식적인 난화적 표현이 거의 자취를 감추게 된다. 이 시기에는 도식적 표현이 상징화되는 것을 볼 수 있는데, 그 상징들의 전체적인 통일을 이루는 기본은 지각되는 대상이 아닌 생각하는 대상인 것이다. 지면이 선으로는 보이지 않지만, 한 줄의 선을 그어 놓고 그 위에 사람과 사물을 배치하는 등 그렇게 되어야 합리적이라는 생각을 갖게 되는데 이것을 개념적 사실이라고 할 수 있다. 이 시기에는 도식화된 여러 가지 특징들이 나타난다.

일반적으로 이 시기의 경향을 살펴보면,

① 일정한 개념을 찾을 수 있는 능력과 판단이 생긴다.

② 대상의 도식적 표현 속에 특정한 의미를 나타내며, 사물의 특징을 뚜렷하게 표현하고 자기주관을 강조한다.

③ 객관적 묘사를 주로 하며 세부적인 묘사가 가능해진다.

④ 자연에 가까운 색을 사용하려 하나 개념적 색이 형성된다.

⑤ 표현내용과 형태가 단조롭고 개념적 표현이 유아적 형태에 가깝게 느껴진다.

⑥ 공간 표현이 주관적이고 상징적이며 자기중심적이다. 기저선, 투시적 표현, 의인화, 동시적 표현이 나타난다.

4) 사실 · 도식화 시기(만 9~11세)

이 시기로 접어들면서 아동은 점차 사실적인 묘사로 접근해 간다. 실물과 똑같이 그리는 단계지만 아동에게 있어서 그렇게 하는 것은 쉽지가 않다. 그 이유는 두뇌의 지각 기능만큼 손의 기능이 따라 주지를 못하기 때문이다. 또한 너무 과다한 사실화를 추구하다 보니 만화 그림같이 변화될 수도 있어서 미술교육의 가장 어려운 시기라 할 수 있다. 사실 표현의 시작 시기라고 하며 눈에 보이는 대로 그리려는 시각적 사실주의가 발달하는 시기이다. 미술에서 사실이란 사진적(寫眞的) 방법으로 자연을 모사하는 것을 말하는 것이 아니다. 미술에서의 사실이란 물체 그 자체의 재현이 아닌 특정한 대상에 대한 자기 경험의 재현인 것이다. 단순한 사진적인 모화는 자기동일화의 기회를 어린이로부터 박탈하는 수가 있으므로 미술 교사는 어린이가 단순한 사진적인 모사에 빠지지 않도록 유의해야 한다. 이 시기를 갱에이지(gang age)라고도 하며 어린이에게는 결정적 시기이므로 각별히 지도에 유념할 필요가 있다.

3학년까지의 그림을 관념적 사실주의라고 부른다면 이 시기부터의 그림을 시각적 사실주의라고 부를 수 있다. 마치 쿠르베의 관념적 사실주의에서 인상파의 시각적 사실주의로의 이행을 보는 듯하다. 사물을 눈에 보이는 대로 그리려는 시도 등이 나타난다. 이때부터는 어른들이 그림을 보는 시각과 거의 일치한다. 가령 고무나무를 책상 위에 놓고 그리게 하였다. 고무나무 잎사귀 중에는 어린이의 눈높이와 일치되는 지점에 있는 사실적인 잎사귀도 있다. 이 잎사귀는 수평의 선처럼 보인다. 3학년까지의 모든 아이들은 이 고무나무를 보고 그리면서도 그 잎사귀를 자신들이 알고 있는 타원형의 모습으로 그려 놓았다. 그런데 4학년 어린이에게서는 가끔 이것을 눈에 보이는 대로 직선으로 그리게 되는 것을 보게 된다.

이 시기의 어린이 그림은 낙서 또는 만화로 전락하기 쉽다. 손과 눈의 협응작용이 정확해도 생각하는 힘이 약하면 장난이 되기 마련이고, 생각하는 힘은 큰 데 비해 손과 눈의 협응작용이 떨어지면 낡은 그림이 되기 쉽다. 특히 자연과의 체험이나 관찰 등을 통한 직접 경험에서 오는 감동이나 생생한 감정이 없이 각종 매체에 의해 전달되는 어른들의 생각을 그대로 받아들여 흡수하는 경우가 많다. 특히 우리나라의 경우 나이가 들수록 급격한 도식화의 부정적인 문제가 발생하고 이에 따라 흥미를 잃어가는 경향이 현저히 나타나며, 더불어 국어와 영어, 수학 위주의 중등학교 교육에 대한 중압감 때문에 예능교육에 대한 관심이 줄어들면서 아예 관심 밖으로 취급하는 예가 많다는 것이 현실적인 문제로 대두된다. 그로 인해 중학교에 진학하면서부터는 미술이 흥미로운 수업이기보다는 스스로 재능이 모자라고, 두려운 시간으로 이어지는 딜레마를 연출하게 된다.

더욱이 TV 매체를 비롯하여 컴퓨터의 보급이 가속화되면서 거의 대다수의 어린이들이 게임과 인터넷 등을 즐겨하게 되며, 특히 TV를 통한 애니메이션의 막대한 영향력이나 게임의 흥미도는 그들의 심리적, 시각적인 정보를 거의 장악할 만큼 절대적이다. 이 시기에 나타나는 도식화의 문제나 주제의 단순성이 갖는 새로운 경향들은 최근 수년 사이에 형성된 현상으로서 캐릭터나 각종 만화의 주인공들에 대한 폭발적인 관심과 이에 대한 묘사본능, 새롭게 출시되는 로봇이나 인형들에 대한 매력들은 초등학교 중학년 이상의 이 시기 어린이들에게 심리적으로 막대한 영향력을 미치게 된다.

이 시기의 주요 특징으로는,

① 자기존재에 대한 인식이 생기며 비판능력도 가지게 된다.

② 시지각의 발달로 인해 사물의 사실적 표현이 나타나지만 개념적 표현에서는 중간단계이다.

③ 주관에서 객관적인 사실로 넘어가는 과도기라고 할 수 있다.

④ 표현하고 싶은 중요한 부분을 확대, 과장, 강조하는 등 다양한 상징을 구사한

다. 기저선에 의한 공간 표현에서 벗어나기 시작하여 중첩, 크기와 색채에 의한 원근 표현을 시도한다.

⑤ 표현의욕이 줄어들고 대담성이 줄어들며, 상상력이 퇴조하는 경향이 우리나라의 경우 많이 나타나고 있다.

⑥ 인물 표현이 줄어들고 형태가 단순하고 명료한 자연물이나 주변의 사물, 캐릭터, 게임의 주인공, 만화 주인공으로 관심이 옮겨진다.

⑦ 도식화와 사실적인 표현이 증가한다.

⑧ 최근 우리나라의 경우이기는 하지만 영상물에 대한 관심이 급증하면서 수동적인 표현에 대한 관심이 상대적으로 줄어들고 심지어는 필기를 하는 기회마저도 급격히 줄어드는 현상을 볼 수 있다.

⑨ 정보의 다원화된 환경 때문에 과거에 비하여 1~2년 정도씩의 조숙한 현상을 보이나 지속성이나 인내심, 불안의 극복 등에서 보면 큰 변화라고 할 수 없지만, 전반적으로는 감각적인 창의성을 중심으로 향상되어지고 있다.

⑩ 공간의 의미를 이해하고 중첩 표현, 입체적인 면이 나타나며 명암의 의미를 알고 풍경화를 그릴 수 있다.

⑪ 색채의 명도, 채도, 혼색의 구별능력이 발달한다.

색채 면에서 보면 도식적인 색채와 대상관계로부터 벗어나 특성 있는 색채를 표현하기 시작한다. 물론 색의 차이점에 대한 인식이 높아진다고 해서 진정한 시지각의 발달이라고는 볼 수 없다. 아직은 명암에 의해 색이 변화하는 효과나 색채 분위기가 자아내는 효과를 설명하지는 못한다. 9~11세의 아동이 사용하는 색은 그 아동의 주관적 반응과 관련되어 있다. 어린이는 물감을 즐겨 쓰게 됨에 따라 색의 차이와 유사점에 대해 보다 민감해진다.

12세 정도가 되면서 아동은 논리의 시대라고 할 만큼 성숙해진다. 그러다 보면 그림보다는 문자나 그림 외적인 쪽으로 흥미를 빼앗기게 된다. 버트(Burt)는 그림보다는 언어를 매개로 하는 표현에 흘러가기 쉽다고 하였다.

로웬펠드도 같은 의견으로서 시각형과 비시각형으로 분류하였으나 어떤 것이 미술적으로 우위인지는 규명하지 못했다. 시각형 그림은 교과서적인 표현이고 비시각형은 감정이 풍부한 그림이다.

아동의 색채는 인물과 공간의 표현 등과 함께 변화를 겪게 된다. 색에 대한 지각을 가진다는 것은 외부의 다양한 상황에서 겪게 되는 색채의 변화를 감지하는 것을 의미하는데, 같은 색깔도 밝고 어두운 상태에 따라 다르게 느껴지며 주변 색들은 중심색에 영향을 미쳐 다르게 보이기도 하고 흐린 날의 빨강이 맑은 날에는 아주 다르게 보이기도 한다.

아동은 이러한 변화에 주목하고 자신의 시각적 인상들을 색깔에 적응시킨다. 반면 비시각형 어린이는 색에 대한 자신의 정서적인 반응에 크게 의존하는데 대다수의 아동들은 이런 두 극단 사이에서 두 가지 특성을 함께 보여준다.

4 아동 그림의 구조적 해석방법

1) 난화기: 자아표현의 시작(2~4세)

(1) 난화의 중요성

어린이가 처음으로 시도하는 그림은 어린이가 처음 표현하는 상징이라고 할 수 있다. 이 최초의 표현방법은 어린이의 계속적인 성장에 매우 중요한 것이다.

① 유아기 초기의 근육운동지각

- 수동적인 근육운동지각 경험: 신체가 자신의 의지와 상관없이 수동적으로 움직이는 것
- 능동적인 근육운동지각 경험: 스스로 자신의 팔을 움직인다거나 다리로 차는 것처럼 의지가 들어 있는 것으로 이러한 경험들은 유아에게 커다란 영향을 준다.

2세쯤 난화를 시작한다. 이 시기를 무질서한 난화기라 부르는데 근육운동 자체가 활동과 같은 움직임으로 유아는 움직임 자체를 즐기게 된다.

(2) 난화의 일반적인 발달

① 마구 그리는 난화기

난화기의 기초단계로 선들을 종이 위에 자유롭게 여러 방향으로 마구 그리는 것이다. 종이 위에 나타난 움직임들의 크기는 아이 신체의 크기와 관계가 있음을 이해하는 것이 필요하다.

② 조절된 난화기

아동들은 자신의 동작과 종이 위의 흔적들 사이에 관련이 있다는 것을 알게 된다. 이것은 시각적인 통제를 할 수 있음을 의미한다. 자신의 동작에 대한 조절 능력을 얻

는다는 것은 유아에게 절대적으로 중요한 경험이다.

③ 이름 붙이는 난화기

난화에 이름을 붙이는 것은 아동들의 사고의 변화를 보여주므로 매우 중요한 의미를 갖는다. 아동의 사고는 움직임에 의한 근육운동 지각적 사고로부터 상상력이 풍부한 사고로 변화한 것이다. 이 시기에는 아동이 그러한 새로운 유형의 사고방식에 자신감과 용기를 갖도록 북돋아주어야 한다.

(3) 난화기의 색채

실제로 아동들의 난화를 여러 가지 색을 선택하게 하여 색깔을 가지고 그리는 활동으로 전환시킬 수 있다. 가장 중요한 색채의 역할은 도화지와 자신의 표현을 구별할 수 있게 하는 것이다. 강한 대비를 이루는 표현 매체를 선택하게 하는 것이 중요하다. 하얀 도화지는 검은 크레용, 칠판에는 하얀 분필과 같이 대비되는 색이 가장 좋다.

난화단계에서 보다 중요한 것은 아동에게 선과 형태를 창조할 수 있는 기회를 주고, 근육운동과의 협응을 잘 하는 능력을 발달시키며, 처음으로 환경과 그림이 관계를 맺도록 하는 것이다.

(4) 난화기의 동기부여

일반적으로 난화의 초기단계에서는 활동을 진전시키는 격려와 적당한 재료를 아동에게 제공하는 것 이외에 특별한 동기부여가 필요하지 않다.

① 아동에게 오랜 시간 동안 표현하도록 강요해서는 안 되며, 아동이 난화를 그릴 때 간섭해서도 안 된다. 3세는 15분, 4세는 20~30분 정도가 적당하다.

② 가끔 난화하기를 두려워하는 아동에게는 동기부여 후에 난화를 그리도록 해본다.

(5) 난화기의 재료

① 미술재료는 그들의 욕구에 적당해야 한다.

② 어려운 기교가 필요 없으면서 자유로운 표현을 신장시킬 수 있는 재료를 사용한다.

③ 오래된 신문, 벽지 견본의 뒷면, 포장지 등이 난화기의 아동들에게 사용되는 것을 발견할 수 있는데 유아원이나 유치원에서는 부적당하다.

④ 물감은 농도가 진한 템페라 물감이나 포스터 물감이 적당하다.

⑤ 찰흙을 이용한 활동은 다양한 방법으로 자신의 손가락과 근육을 사용할 수 있는 기회이다.

콜라주 재료들을 취급하도록 하여 색과 질감을 인식하는 기회를 주는 것도 가치 있는 일이다.

(6) 난화기의 성장 특징

아동을 잘 이해하려면 난화를 전체적인 성장 유형의 한 부분으로서 생각해보는 것이 매우 중요하다. 이 시기의 아동들은 자신의 창의적인 작품에 지적, 정서적인 발달을 반영한다.

① 미술경험을 통하여 성장하도록 아동에게 기회를 제공하여야 한다.
② 자아 표현을 위해 중요한 자신감과 감수성을 개발시킨다.
③ 창의적인 활동에 있어서 중요한 환경의 구성과 적당한 재료들을 제공한다.
④ 환경에 대한 인식을 발달시키기 위해 자극과 동기를 부여한다.
⑤ 창의적인 활동을 위해 격려와 칭찬을 해준다.

2) 전도식기: 재현의 첫 시도(4~7세)

(1) 전도식기의 이해

난화기의 마지막 단계를 벗어나면서 시각적 대상과 관련되는 사실적 표현방법이 나타나고, 표현하려는 것과의 관계를 확립하는 데 열중한다. 아동의 사실적인 표현의 첫 시도는 난화기에 사용했던 상징으로부터 시작된다. 머리와 다리의 표현은 아동화와 외부세계의 가장 중요한 부분과의 관계를 설정하는 첫 단계이다.

이 발달단계 동안 아동이 끊임없이 새로운 개념을 찾게 됨에 따라 그 아동의 재현 상징들도 계속 변화하게 된다.

(2) 재현 상징의 일반적인 발달

마음 속의 이미지와 그림이 서로 관계가 있음을 발견하는 것은 아동들에게 매우 큰 의미를 가진다. 그림으로 의사소통하는 첫 단계가 이 시기에 시작되기 때문이다. 이것은 이미 알고 있는 모든 것에 대한 새로운 인식의 해석과정이다.

개념은 어떤 대상이나 일종의 자극에 의한 과거 경험의 정신적 이해에 의존하는 지각 감각적인 활동으로 눈과 다른 감각기관에 의해 이루어진다. 재현적 상징 전도시기의 아동은 자신이 과거에 지각했던 것에 대한 개념이나 정신적 해석을 어떤 새로운 형태나 상징으로 묘사하려고 노력한다.

① 전도식기의 공간

우리 사회는 공간 표현을 소실점과 수평선을 사용한 기계적인 원근법에 의해 적절하게 나타내는 것으로 간주하는 경향이 일반적이다.

② 사실적인 표현의 첫 단계

아동화는 어른의 공간개념과는 전혀 다른 공간개념을 보여준다. 아무렇게나 놓여진 그림, 하지만 자세히 보면 아동들도 공간을 인식하고 있다. 아동은 자신을 환경의 한 부분으로 경험하는 데 이것이 협동과 시각적 협응의 가장 중요한 전제조건이다.

이 단계에서 아동에게 어른의 공간개념을 가르치는 것은 대부분의 아동을 혼동시킬 뿐 아니라 실제적으로 아동의 창조작업에서의 자신감을 해칠 수도 있는 것이다.

③ 전도식기의 색채

사실적 표현을 처음으로 시도하는 동안에는 대상과 색의 관계보다 대상을 선으로 그리는 것에 보다 많은 관심과 흥미를 갖는다. 색의 차이를 인식하기 전에 먼저 형태의 차이를 인식하는 것으로 알려져 있다. 이 시기에는 선택한 색채와 표현한 대상과의 사이에 관계가 거의 없다. 대상에 적절한 색을 정해 주거나 아동이 사용한 색에 대해 평을 하는 것은 그 아이의 자기표현을 방해하는 것이다.

④ 전도식기의 동기부여

아동의 환경에 대한 인식을 자극해야 하며, 미술활동이 매우 생동감 있고 다른 어느 것보다도 중요함을 느끼도록 해야 하는 것이다. 우리는 모든 환경과의 접촉이나 교감이 자아를 통해 이루어진다는 사실을 알기 때문에, 자아에 대한 감수성을 자극시키는 것은 대단히 중요하다.

동기부여를 위한 주제는 '언제', '어디서', '무엇을', '어떻게' 이다.

⑤ 전도식기의 주제

사실적 표현을 처음으로 시도하는 아동을 위한 주제를 선택할 때 가장 중요한 것은 어린이에게 의미 있는 활동이어야 한다는 것이다.

- 나와 나의 어머니(크기)
- 나는 나의 이를 닦고 있다(이).
- 나는 나의 무릎을 다쳤다(무릎).
- 나는 아침을 먹고 있다(입).
- 나와 나의 인형(정서적 유대관계)
- 나와 나의 강아지(정서적 유대관계)

동기나 주제가 자기에게 직접적으로 관련되어야 한다는 것이 특히 중요하다. 위의 주제는 '나'와 '나의'라는 말로 특징지을 수 있다.

아이가 열심히 표현에 집중할 때, 미술하는 시간을 하루의 특정한 시간으로 제한해서도 안 되고 또 특별한 주제를 부과해서도 안 된다.

주제에 맞는 미술재료를 사용해야 하는 중요한 이유는 아동에게 이런 재료에 대한 적극적인 태도를 제공하기 위해서이며, 그 사용에 있어서 많은 탐색과 융통성을 보장하기 위해서이다.

미술 표현에 맞는 주제는 아동의 신체와 밀접하게 관련되어야 할 뿐 아니라, 아동 자신의 작품과 주변환경과의 관계를 설정할 수 있도록 기회를 제공해야 한다.

⑥ 전도식기의 재료

이 시기에는 창작과정이 자극되기 때문에 미술경험을 통해 재료 자체에 숙달 할 수 있도록 기회를 제공해야 한다.

미술재료는 계획된 연령층의 요구를 만족시키도록 선택한다.

이 시기에 적합한 재료들로는

- 템페라 물감: 물감이 흐르지 않게 할 수 있기 때문에 좋은 재료이다. 흘러내리는 우연한 효과에 좌절감을 느끼지 않고 자기 그림을 조절할 수 있도록 농도가 진해야 한다.
- 크레용의 질은 보통 종이 위에 쉽게 칠해지는 왁스 성분의 양으로 결정된다.
- 찰흙은 전도식기에 훌륭한 입체재료이며, 그림을 통해서 명확한 형태개념을 탐색하듯이 찰흙을 통해서도 표현 형태에 변화를 주면서 이러한 탐색을 계속한다.
- 색연필, 사인펜, 색종이, 콜라주 재료 등: 아동에게 환경을 탐색하고 다룰 수 있는 충분한 기회를 제공하고 그 개념이 융통성 있게 발달하게 한다.
- 적합하지 않은 재료들: 물감 떨어뜨리기, 곡물 붙이기, 스텐실 인쇄 등

아동 자신이 의도하는 표현에 맞지 않는 잘 변하고 까다로운 재료는 되도록 피하는 것이 좋다. 이 시기의 아동은 일반적으로 형태와 공간 개념에 대한 탐구 욕구가 강하기 때문에 장식에 대한 욕구는 별로 발달되지 않는다.

(3) 전도식기의 성장 특징

아동 미술은 자기 자신의 직접적인 반영이다. 아동의 지적, 정서적, 사회적, 지각적, 창의성 성장에 대한 논의에서 우리는 미술을 아동의 전체 발달에 꼭 필요한 하나

로 이해한다.

작품에서의 변화는 아동이 느끼고, 생각하고, 인식하는 것의 변화를 통해서 나타나야 한다. 행동이나 성장 유형에서의 변화는 과정을 통해서 이루어진다. 이 시기에서는 지적, 사회적, 미적 영역의 성장을 위한 기회가 상대적으로 적게 주어진다. 초등학교에 들어갈 쯤이 전도식기에 해당한다.

3) 도식기: 형태개념의 습득(7~9세)

(1) 아동 미술에서의 도식

① 도식

의도적인 경험으로도 변화시키지 못할 정도로 계속 반복해서 이루어진 아동의 개념이라 할 수 있다. 이런 개념들은 매우 개별적이다.

도식의 차이는 여러 가지 요인에 의한 것이다. 성격의 차이와 어린이들이 개념을 형성하는 동안 교사가 얼마나 그들의 수동적 지식을 활발하게 구체화 시켰는가의 정도에 의해 좌우된다.

순수한 도식은 도식적 표현에서 의도적인 경험들이 나타나지 않는다.

도식은 대상에 대해서뿐 아니라 공간과 형태에도 적용된다.

- 인물도식: 아동이 많은 실제 작업을 거쳐 얻은 인물개념을 나타내는 것이다. 사실적 표현의 첫 시도에서 아동들은 여러 가지 방법으로 인물을 그리며 아동이 그리는 그림은 항상 변한다. 아동은 눈에 보이는 형태를 그대로 베끼려 하지 않고 자신의 느낌에 대한 인식, 지각적 감수성 등 여러 가지 요소들을 결합시킴으로써 자신만의 개념에 도달한 것이다. 인물도식은 매우 개별적이며 개인적인 발달의 반영이다.
- 공간도식: 공간 관계에 질서가 있음을 발견하는 것이다. 아동이 기저선이라 불리는 상징에 의해 표현되는 환경의 부분으로 자신을 이해하는 최초의 의식적인 인식이다. 도식은 시각적이거나 비시각적인 경험에서부터 시작된다고 할 수 있다. 아동 그림에서 반복을 통하여 의미를 갖는 어떤 기호들이나 그 밖의 것들로 일관성 있게 공간이 표현될 때, 추상적인 선이 원근감, 공간관계에 일정한 질서

가 있음을 발견한 것이다.

② 도식에서의 이탈-주관적인 경험의 표현

모든 도식에서의 이탈도 그것의 시작과 의미에 따라 특별히 중요한 의미를 부여한다.

아동화에서 주목해야 할 이탈의 특성은

- 중요한 부분의 과장
- 중요하지 않거나 억제하는 부분의 무시와 생략
- 정서적으로 중요한 부분들에 대한 상징들의 변화

이탈은 촉각적 경험, 신체적 느낌이나 근육운동감각과 특정 부분들에 대한 상대적인 중요성, 아동들만이 갖는 정서적 중요성에 의해 발달된다.

부정확한 비례는 반드시 의식적인 경험은 아니라 하더라도, 어떤 의미 있는 의도와 경험에 의해 표현되었음을 보여준다. 잘못된 비례에 대해 분명한 이유를 이해해야만 비로소 아동이 창작하는 진정한 근거를 알 수 있다.

(2) 도식의 심리학적 의미

더 이상 자신과 관련된 대상만을 표현하지 않으며 논리적 관계 속에서 대상을 표현하기 시작한다. 철저한 자기중심적인 면에서 벗어나며, 그림에 아동의 전반적인 성장이 반영된다.

도식이 발달함에 따라 완전히 자기중심적인 태도에서 보다 협조적인 태도로 변하게 된다. 유치원 아동들은 어른들이 함께 어울리라고 할 때만 다른 아동들과 함께 놀거나 행동하고, 일반적으로는 자유롭게 혼자서 자신들이 하고 싶은 대로 행동한다. 자기중심적인 이 시기에는 자기자신의 표현에 친해지는 것이 가장 중요하지만 도식기 동안에는 다른 사람의 느낌을 공유하고 이해하는 능력이 발달하게 시작한다. 도식에서 기저선의 출현은 어린이에게 중요한 의미를 지닌다. 이때 글씨를 배우는 프로그램에 참여하는 것이 가능하다.

아동의 표현 유형은 심리적, 생리적, 환경적 요인과 아동이 받은 자극 등에 크게 의존하고 있다.

(3) 기저선의 출현

기저선이란 어린이와 그의 환경 사이의 의식적인 관련성의 표시로 나타난다. 기저선은 사물이 존재하는 지표면뿐만 아니라 바닥이나 거리, 아동이 서 있는 어떤 기준선을 나타내는 것이다.

기저선과 대응 하늘선, 기저선과 하늘선 사이는 공기라고 한다.

- 원시인 그림에서는 기저선이 동작을 표시하는 수단으로 사용된 것을 자주 볼 수 있다.
- 오스트레일리아인(Australia) 종족의 그림에서는 기저선이 동작을 표시하기 위해 사용되었다. 기저선은 선을 따라 움직이는 근육운동지각의 경험에서 비롯된다고 볼 수 있다.
- 어린이가 풍경을 그릴 때 기저선은 어느 경우에는 사물이 서 있는 근거를 상징화하는 데 사용되고, 어떤 경우에는 풍경의 표면을 특징화하는 데 사용된다.

(4) 공간 표현의 방법

① 주관적인 공간 표현

어린이들은 일반적으로 공간을 만들 때 기저선을 만든다. 때론 정서적인 경험 때문에 이런 도식 유형을 사용하지 않기도 한다.

- 주관적 공간 경험(시소 타기, 장기 두기, 즐거운 섬)

② 전개도식 표현

기저선에 사물을 수직으로 그림으로써, 사물들을 거꾸로 표현하려고도 하는데 이것은 공간 개념을 창조하는 과정을 의미한다.

- 전개도식 표현과정(항구의 모습, 길 건너편의 동무에게 인사하기)

③ 시공간의 동시 표현

다른 시간의 연속이나 공간적으로 뚜렷한 인상을 하나의 그림에 표현하는 것을 말한다. 옆에서 본 모습과 정면에서 본 모습을 동시에 표현하는 등 2, 3차원의 사물에 대해 그 자신의 보는 방법을 가지고 있는 것이다.

- 이야기를 하고 싶은 충동에서 발생한다.

• 하나의 그림 속에서 여러 장면으로 표현된 여러 가지 이야기를 발견할 수 있다.

정서적 유대관계와 그리는 활동 그 자체에서 비롯된 것

• 다양한 시간 속에서 발생한 일들을 하나의 그림 공간 안에 표현하는 것을 볼 수 있다. 이러한 현상은 활동 그 자체의 중요성에서 발생하는데, 아동은 하나의 그림 안에 표현하는 것에만 관심을 갖는다. 대상을 가장 특징 있게 표현하기 위해 평면도와 측면도를 동시에 사용하는 것과 매우 유사한 방법이다. 평면도는 시공간이 뚜렷할 때, 정면도는 공간적인 인상이 뚜렷할 때, 그 특성을 잘 나타내기 위해 혼합하여 사용한다.

시공간 동시 표현에서는 하나의 연속적인 활동이나 동작이 화면에 표현된다는 사실을 아는 것이 중요하다.

④ 투시법에 의한 표현

시각적으로 동시에 지각되기 어려운 여러 관점들을 보여주기 위해 매우 흥미 있는 또 다른 비시각적인 표현방법을 사용한다. 투시법은 평면도와 정면도를 동시에 표현하는 방법과 같은 것으로 아동은 그런 개념이 시각적으로 불가능하다는 것을 확실하게 인식하지 못하기 때문에 자신의 그림 안에 내부와 외부의 개념을 혼합한다.

또한 아동은 자신의 그림에서 주제에 대한 자기 유대관계를 표현하는데 이것은 동기 부여된 경험과 유대관계에 대해 이야기하고 싶어 하기 때문이다. 이해심이 많은 어른은 아동이 무엇을 어떻게 생각하는가에 관심을 보여줌으로써 이러한 활동의 의미에 대해 많은 것을 배울 수 있다.

(5) 도식기의 색채

색은 더 이상의 주관적인 경험이나 정서적인 관계에 의해 결정되지 않는다. 아동이 공간을 표현하면서 환경의 일부로 자신을 경험하고 명확한 공간관계를 발달시켜 나가듯이 색채에 있어서도 그러한 명확한 관계를 확립해간다. 아동이 사람과 공간에 대한 도식을 계속해서 반복하는 것처럼 같은 대상에게도 같은 색을 반복해서 칠한다.

아동은 세상에서 일정한 논리적인 질서를 발견하기 시작하고 자신을 둘러싼 것과의 구체적인 관계를 설정하게 된다.

색채도식은 시각적이거나 정서적인 색채개념에서 비롯된다.

(6) 도식기의 디자인

아동에게 미술은 주로 자아표현의 수단이다. 아동은 자신의 표현활동에서 미를 인식하지 못하고 대상을 자발적으로 꾸미지도 못한다. 이 시기의 아동에게 의식적인 접근을 하게 하거나 디자인의 기초를 가르치는 것은 부자연스러운 강요일 뿐 아니라, 어떤 상황에서는 자발적인 창의력을 말살시킬 수도 있는 것이다.

디자인의 중요한 특징은 리듬이다. 리듬은 종종 아동의 그림에서 형태의 반복으로 나타난다. 아동들은 선천적인 공간개념과 형태나 도식을 반복하려는 타고난 욕구를 가지고 있다.

비례의 형식적인 면을 가르치는 것은 아동의 선천적인 표현 욕구에 간섭하는 일이 되고, 아동 그림의 전형적인 자발성과 자유성에 방해가 된다.

(7) 도식기에서의 찰흙

찰흙은 입체적인 재료이기 때문에 새로운 사고를 자극한다. 찰흙은 가소성이 있어 계속적인 변화가 가능하며, 형태의 위치와 모양에서 덧붙이거나 떼어내거나 변화시킬 수 있다. 또한 창의적인 활동보다는 기교적인 기능이 발달한다. 주의점은 배경의 표현은 피해야 한다.

① 분석적인 표현

전체로부터 하나하나의 세부적인 것을 끌어내는 표현방법으로 심리적으로 사물을 관찰하거나 발견할 때 적용하는 방법과 같은 것이다.

② 종합적인 방법

하나하나의 표현적인 상징들을 전체로 결합하는 것으로 어린이가 부분적으로 받은 인상을 서로 종합하는 것을 의미한다.

(8) 도식기의 동기 여부

다양한 연령 단계에서 교사가 사용하는 동기 여부의 종류와 유형은 각각의 특정한 발달단계와 아동의 욕구에서부터 비롯되어야 한다. 도식기의 미술경험의 심리적인 발달로 인간과 공간, 색채, 대상에 대한 명확한 개념을 전체적으로 형성하게 된다.

동기 부여는 우리, 활동, 장소로 특징화할 수 있다.

① 아동의 어떤 제안에도 개방적이고 활기차게

② 융통성 있는 분위기 조성

③ 자신과 환경을 좀 더 민감하게 인식하고 그림을 그리도록 강력하게 욕구 자극

④ 재료와 주제에 모두 융통성 있게 접근하도록 격려

⑤ 도입, 절정, 정리의 단계

- 여자 아이들: 집과 동물에 대한 관심이 발달
- 남자 아이들: 기계적인 것과 탈것에 대한 표현에 더 관심

(9) 도식기의 주제

아동에게 동기를 부여할 때 취해야 할 우리의 사고 방향을 보여주는 수단으로 제시된 것이다. 아래의 주제들은 아동에게 흥미 있고 강렬한 동기유발을 할 수 있는 영역으로 제시된 것이다.

① 아동의 형태개념을 구체화하기 위해 고안된 것, 우리, 활동, 장소라는 개념은 이러한 주제의 개념의 필수적인 부분이 되어야 한다.

② 정면과 측면을 함께 표현할 수 있는 기회를 제공하는 주제

③ 다양한 시공간의 동시 표현을 자극할 수 있는 주제

④ 투시법의 표현을 위한 몇 가지 제안

⑤ 색채의 융통성 있는 사용을 발달시킬 수 있는 주제

⑥ 꿈과 환상의 세계에 대한 것으로 어린이에게 정서적으로 중요한 주제를 포함시

킨다.

⑦ 특정한 재료 자체에 대한 주제

(10) 도식기의 재료

미술재료의 선택, 선택한 미술재료를 사용하는 기간, 작업할 집단의 아동과 그들의 요구에 대한 재료의 적합성, 그리고 그것을 준비하고 사용하게 하는 것 등은 모두 중요하게 고려되어야 할 사항이다. 자아표현에 대한 동기가 부여되어야 한다.

재료를 가지고 작업하는 방법이나 기법을 발달시키는 방법으로는

① 교사는 각 아동에게 미술재료를 탐색할 수 있는 충분한 시간이 주어야 한다.

- 교사의 역할: 아동에게 적절한 재료를 준비하고 소개해 준다.

② 모든 재료와 기법은 그 표현에 가장 적절한 것이어야 한다.

- 교사의 역할: 어떤 특정한 표현을 위해 가장 좋은 재료가 사용될 수 있도록, 사용할 재료의 특성을 아는 것이 매우 중요하다.

③ 교사는 미술재료를 사용할 때 경제성을 고려해야 한다.

7~9세 아동은 깊이 있는 감정의 표현에 별관심이 없다. 아동은 형태, 공간, 색채의 개념을 발견하고, 반복을 통해서 자신의 도식을 개발시킨다.

아동에게 기능을 높이고 자기확신을 경험할 수 있는 기회를 제공하지 못하는 미술재료는 이 발달단계에서 좋은 매체가 아니다. 포스터 물감이나 템페라 물감의 질감과 농도는 이 의도를 가장 잘 충족시키지만, 크레용이나 색분필도 훌륭한 재료이다.

미술재료는 아동의 성장과 밀접하게 연관되어 있기 때문에 발달단계에 맞게 선별하여야 하며, 단순히 재료를 바꿀 목적으로 채택해서는 안 된다.

큰 종이는 더 많은 자유를 줄 수 있다. 근육협응력이 보다 발달했고 팔이 좀 더 길어졌기 때문에, 큰 종이는 아동들의 욕구에 더욱 알맞을 것이다. 또한 세부적인 것에 대한 인식이 크게 성장했기에 억센 털로 된 붓을 사용하는 것도 좋다.

찰흙은 인체 표현을 하기에 훌륭한 재료이다. 그 밖에 재료로는 색종이, 콜라주 재료, 풀과 가위, 자갈이나 작은 나뭇가지 같은 자연재료, 크고 두껍고 부드러운 연필

까지 모두 유용하게 사용될 수 있다.

가장 이상적인 것은 미술재료를 통해 다양한 경험과 심도 있는 표현을 할 수 있는 기회를 제공하는 것이다. 따라서 아동 스스로 새로운 방식과 방법을 조사하고 탐구하도록 계속적으로 격려하는 것이 필요하다. 아동은 환경 내에서 어떤 양식이나 구조를 찾기 때문에, 이 시기에 발달되는 자신에 대한 개념은 학습능력과 사람들과의 관계에서 중요한 요소가 될 것이다. 자신에 대한 긍정적인 이미지를 발달시키는 것, 그 자신의 표현방법에 대한 자신감을 고무시키는 것과 건설적인 확산적 사고를 위한 기회를 부여하는 것 등이 미술 프로그램의 기본 목적이 되어야 한다.

5 아동 미술치료의 사례

1) 미술치료 프로그램이 유아의 부적응 행동에 미치는 효과

(1) 대상 및 방법

- 어린이집에 다니는 부적응 행동이 심한 만 5세 유아 6명
- 부적응 행동은 불안, 위축, 의존, 산만, 공격, 충동으로 정의
- 1회기 약 1시간 정도, 주 2~3회, 총 20회기
- 측정도구: 유아 부적응 행동 검사(교사용), KHTP, KFD

(2) 부적응 행동의 조작적 정의

- 불안: 쉽게 얼굴이 붉어짐, 긴장, 걱정, 두려움, 표정이 어두움 등
- 위축: 집단활동에서 쉽게 움츠러들기, 눈치 보기, 자신감 부족, 자신의 감정을 나타내지 않음, 목소리 작음, 자기표현 잘 못함, 수줍음 많음, 소심한 행동 등
- 의존: 다른 사람의 지배를 쉽게 받음, 어른 주변 맴돌기, 자신의 문제를 스스로 해결하지 못함, 힘들다는 얘기를 자주 함, 누군가 늘 도와주기를 바라는 마음가짐 등
- 산만: 계속적으로 움직임, 한 가지 행동에 몰두하지 못함, 주변 정리정돈을 못함, 처벌이나 보상에도 집중시간이 길어지지 않음, 시작한 일을 잘 끝내지 못하는 행동 등
- 공격: 짓궂은 장난, 비웃기, 괴롭히기, 장난감 부수기, 나쁜 말이나 욕하기, 말다툼, 싸움, 신체적 공격 가하기 등
- 충동: 폭발하듯이 예기치 못한 행동, 지나치게 흥분이나 화를 잘 냄, 기분변화가 심하거나 격분하여 우는 행동, 통제하기 어려운 행동 등

(3) 기대효과

- 언어적, 비언어적 대화를 통해 감정들을 표현
- 안도감과 정서순화를 경험
- 생각과 느낌이 깊어짐
- 갈등 해소를 경험
- 긴장 완화를 경험
- 통제력, 자존감 향상, 자신감 향상의 효과
- 위의 기대효과를 달성하기 위해 만남, 어울림, 사랑, 즐거움과 행복, 여유와 자유로움, 감사와 헤어짐으로 단계를 나누고, 미술을 매개로 하여 아동의 부적응 행동을 줄이고 자아성장을 이루도록 도움

(4) 미술치료 프로그램

아동 부적응 행동에 대한 미술치료 프로그램의 목적과 필요성은 아래와 같다.

① 미술치료 프로그램의 목적

- 미술매체를 통해서 상호 간의 친밀감을 형성하며, 완성된 작품을 통하여 성취감과 만족을 높인다.
- 활동을 통한 창의적인 표현으로 긍정적인 자아를 형성하도록 도와준다.

② 프로그램의 필요성

- 상호작용에 의한 사회성과 의사소통을 배운다.
- 자존감과 자율성 향상
- 아동의 내재된 창의성과 표현력을 키운다.

③ 세부 진행내용

표 7-1 미술치료 프로그램

단계	회기	활동명	활동목표	활동방법 및 기대효과	준비물
만남	1	동적 집 나무 사람 그림 검사 (KHTP)	라포 형성, 아동의 자아관과 물리적 환경, 인물의 역동성 등을 통해 성격과 심리상태 및 부적응의 원인을 파악한다.	손유희를 통해 라포 형성, 자기소개 및 별칭을 정하여 서로 불러주기. 집, 나무, 활동하는 사람을 한 화면에 그린 후 PDI를 작성한다.	A4 용지, 연필, 지우개
	2	동적 가족화 (KFD)	가족 관계 및 분위기, 가족에 대한 지각 및 심리적 환경을 파악하여 아동의 부적응 행동 원인을 알아본다.	"우리 가족이 무엇인가 하고 있는 모습을 그려보자"라고 하여 동적 가족화를 그리도록 한다.	A4 용지, 연필, 지우개
어울림	3	난화 이야기 & 실 그림 난화	저항을 줄이고 신뢰형성, 신체적 정서적 이완에 도움이 되고 무의식을 의식화하여 정서를 인식한다.	낙서하듯이 표현해보고, 실에 물감을 묻혀 마음대로 움직여 표현해보고 떠오르는 이미지를 찾아 이야기를 나눈다.	A4 용지, 도화지, 물통, 실, 물감, 붓, 사인펜
	4	콜라주	감정을 인식, 표현하므로 감정정화를 경험하고 타인의 감정을 인식하여 원만한 관계를 형성하도록 한다.	잡지를 이용한 콜라주 활동을 통해 좋아하는 모습과 싫어하는 모습을 표현하고, 친구의 작품에 멋진 제목을 붙여준다.	잡지, 색종이, 8절 색지, 가위, 풀, 사인펜
	5	과자로 만든 내 친구	타인의 소중함을 인식하고, 아끼고 배려하는 마음을 가져 공격행동 감소와 대인관계가 향상 되도록 한다.	다양한 종류의 과자로 친구 얼굴과 주고 싶은 선물을 만들어보고 선물했을 때의 느낌을 이야기 나눈다.	뻥튀기, 수수깡, 사탕, 물엿, 과자
	6	우리가 꿈꾸는 나라	의사소통 능력 향상 및 타인을 배려하는 마음, 자신감 회복 및 불안에서 벗어나도록 돕는다.	집단이 된 친구들과 함께 우리가 꿈꾸는 나라에 대해 생각하고 이야기를 나눈 후 그리고 꾸미기를 한다.	8절 도화지, 크레파스, 물감, 붓, 물통

단계	회기	활동명	활동목표	활동방법 및 기대효과	준비물
사랑	7	나의 감정 표현	자신의 정서를 인식, 표현하는 과정을 통해 정서순화 경험 및 내재된 부정적인 감정 해소를 돕는다.	기억에 남는 두 가지의 감정을 표현하고, 어떨 때 그런 기분이 드는지, 그럴 땐 어떻게 하면 좋을지 등에 대해 이야기한다.	A4 용지, 크레파스, 색연필, 사인펜
	8	가족 사랑	가족구성원들을 인식하고 따뜻한 가족애와 가족 간의 희망적인 관계를 느끼도록 한다.	음악을 들으며 가족들을 떠올려보고, 지점토로 가족들이 좋아하는 것과 가족에게 선물하고 싶은 것을 표현한다.	칼라 지점토, 명상음악
	9	나를 사랑하는 사람들	사람들과의 관계를 생각하고 가족과 이웃의 사랑 속에서 살아가고 있음을 느끼고 감사하는 마음을 갖도록 한다.	가운데에 자신의 애칭을 쓰고 관심과 사랑으로 지켜보고 도와준 사람들을 주변에 그림이나 글로 표현한다.	A4용지, 사인펜, 색연필
	10	자연 만다라	감정을 조절하여 심리적 안정을 느끼고 미술활동에 몰입하여 집중력을 향상시킨다.	자연에서 느꼈던 즐거움에 대한 이야기를 나누고, 원하는 만다라 문양을 찾아 자유롭게 색칠한다.	만다라 문양, 색연필, 사인펜, 검은 색지, 가위, 풀
즐거움과 행복	11	풀 물감 놀이	즐거움 유발 및 촉감을 느끼고, 다양한 감정 표현 및 조절을 통해 정서적 안정을 느낀다.	원하는 색의 풀 물감을 이용하여 다양한 감정을 표현하고 자랑스러운 자신의 사인을 남긴다.	도화지, 신문지, 밀가루 풀, 수채물감, 볼, 수건
	12	신나는 찰흙놀이	심리적인 긴장을 완화시키고 감정조절, 상호작용, 의사소통, 협동심을 기른다.	찰흙을 이용해 공동작업으로 어린이집에 있는 물건들을 만들고 자신을 동물로 표현해본다.	찰흙, 찰흙도구, 도화지, 오브제

단계	회기	활동명	활동목표	활동방법 및 기대효과	준비물
즐거움과 행복 (계속)	13	나는 피자 요리사	창의력 증진 및 즐거움과 행복을 느끼고 함께 나누는 기쁨을 경험한다.	원하는 토핑 양념을 얹어 자신만의 피자를 만들고 주고 싶은 사람들을 떠올리며 이야기를 나눈다.	도화지, 색종이, 가위, 풀, 사인펜, 피자
	14	꿈 그리기	상상력과 표현력 및 미술 활동의 몰입을 통해 집중력을 기른다.	기억나는 꿈이나 꾸고 싶은 꿈에 대해 이야기를 나눈 후 그림으로 표현한다.	도화지, 크레파스
여유와 자유로움	15	미래 여행	상상을 통해 여유, 자유로움, 즐거움을 느끼고 창의력, 자아존중감 향상을 돕는다.	타임머신을 타고 미래 여행을 하고, 미래의 내 모습을 그림으로 표현한 후 이야기 나누기를 한다.	도화지, 크레파스, 물감, 붓, 명상음악
	16	손도장으로 꾹꾹!	창작의 즐거움과 자유로움을 경험할 수 있고 집중력과 의사소통 및 정서 활용 능력이 향상되도록 한다.	손가락에 도장밥이나 스탬프를 묻혀 종이에 찍은 후 사인펜으로 꾸며본다. 활동 후 제목을 붙이고 느낌 나누기를 한다.	도화지, 도장밥, 스탬프, 사인펜, 물수건
	17	칭찬 나무	자신이 소중한 존재임을 느끼고 자존감 향상 및 위축에서 벗어나고 자신감 회복을 돕는다.	자신만의 칭찬 나무를 꾸미고 근사한 이름도 붙여 준다(예 ○○을 잘하는 ○○○).	도화지, 색종이, 가위, 풀 연필, 스티커
	18	숲 속에서	부모님을 비롯해 나를 지지하는 사람들이 많다는 것과 상상의 즐거움, 자유로움을 느끼도록 한다.	가을 숲 속에서 신나게 놀다가 웅덩이에 빠졌을 때 구해줄 수 있는 사람들과 구하는 방법을 표현한다.	도화지, 색연필, 사인펜, 물감, 붓, 물, 신문
감사와 헤어짐	19	KHTP	KHTP 검사를 통해 그동안의 변화를 파악한다.	그동안 미술치료 수업을 함께한 친구들과 즐거웠던 이야기를 나누고 KHTP 검사를 한다.	A4 용지, 연필, 지우개
	20	KFD	동적 가족화(KFD)를 통해 가족 내의 부적응 행동 변화를 파악해 본다.	KFD 검사를 하고 과자파티를 하며 자신의 작품들을 영상으로 감상한다.	A4 용지, 연필, 지우개, 다과

④ 종결 및 평가 단계

- 종결 후 다음과 같은 항목 검토
- 대상자의 프로그램 시 착석 장소와 대화 중의 태도
- 각각의 대화 분석
- 작품 설명 시 무엇을 언어화 할 수 있고, 무엇을 언어화 할 수 없었던가?
- 진행자로서의 태도 및 토론의 참가 태도
- 진행 스텝의 접근방법과 각각의 대상자에 대한 이후의 방침

⑤ 결과

- 부적응 행동 감소에 효과적
- 양적 연구에서는 불안, 의존 감소에 효과적
- 질적 연구에서는 전체적으로 변화가 있었으나 사례별 차이가 있었음
- 6명의 유아 중 2명은 미미한 변화, 4명은 변화의 차이가 크게 나타남
- 부적응 정도가 심한 경우 변화가 크게 나타남

Chapter 8

청소년 미술치료

1 청소년기의 특성

청소년기(adolesence)는 12~13세에서 18~21, 22세까지로 볼 수 있다. 보통 중 · 고등학생에서 대학생에 이르기까지를 말할 수 있는데 이들에게 있어서 나타나는 어려움은 나는 누구인가에 대한 자기정체성의 문제, 교우관계, 가족 간의 갈등, 이성친구와의 문제, 따돌림, 교사와의 관계, 학업, 진로와 적성, 게임중독, 외모 지상주의에 의한 섭식장애, 학교 부적응 등에 관한 문제들이 대부분이다.

자기 내부의 변화에 직면하면서 그들의 환경에 존재하는 변화에도 거의 비슷하게 직면하게 되지만, 모든 청소년들은 각각 다른 개인들이다. 그러나 이 시기는 성적으로 성숙하고, 생리적으로 급성장하며, 지적 · 정서적 · 신체적 특성이 변화되어가는 단계이다. 사회와의 적응, 인생의 성패가 달린 중요한 발달상 과도기(transition age)이며, 자아정체감과 역할혼미 갈등을 경험하며, '자아' 를 찾고자 노력한다.

인지적으로는 형식적 조작의 사고가 가능하고, 가설적 사고, 자신에 대해 깊은 추리와 탐색이 가능하다. 정서적으로 질풍노도기(storm and stress period)로 표현한다. 따라서 부모에게서 심리적으로 독립을 원하고 자율성을 추구한다. 빠른 신체적 성장과 성적인 발달, 교우 관계 확대, 인지 능력의 증대 등이 이 시기의 특징이다.

1) 인지발달

피아제(Piaget)에 따르면 청소년기는 지적 발달단계에 있어 형식적 조작기에 해당한다. 형식적 조작기는 복합적인 문제해결, 미래설계 가능, 가설적인 상황에 대해 추론이 가능한 시기이다. 논리적 사고 표현, 언어적 주장, 미래의 가능성에 대한 사고가 가능하며, 자기와 인생에 대한 생각, 미래의 자기와 사회에 대한 계획, 앞으로 다가올 상황에 대한 생각, 이상주의적 사고 등을 하고, 자아의식적인 경향을 보인다.

자아중심성은 이상주의, 사회의 규범에 대한 회의, 자신의 경험과 안목은 특별하다는 생각 등으로 나타나는데 대표적인 것이 개인적 우화, 상상의 청중이다.

(1) 개인적 우화(personal fable)

- 주로 청소년기에 많이 가지게 되는 사고로 자신은 타인과 매우 다르다는 자각
- 다른 사람은 자신의 아픔과 생각을 전혀 이해할 수 없다고 느낌
- 세상에 존재하는 일반적인 확률을 무시, 왜곡

(2) 상상의 청중(imaginary audience)

- 가상 속의 청중이 자신에게 주의를 집중하고 있다고 믿는 현상
- 상상의 청중은 자신을 지켜보고 있다고 생각하는 타인
- 작은 실수에도 예민하고 부모가 자신을 모욕했다고 생각하면 펄펄 날뛰고 머리 모양이나 옷차림이 제멋대로여서 부모의 마음에 들지 않게 행동하는 것은 상상적 청중을 만족시키기 때문

2) 정서발달

정서는 어떤 자극에 대하여 강한 동요상태에 빠졌을 때 생리적 변화와 표출운동을 수반한 강한 감정이다.

청소년기는 다른 시기보다 감정적 기복이 강하고 불안정한 정서적 변화를 경험한다. 질풍노도의 시기, 자기애 상태, 자기중심성에서 벗어나 정서적으로 성숙한다.

민감하고 감상적이며 통제불능의 성적 감정, 신체적 자아에 대한 불안감과 긴장감, 정서적 불안감, 기성세대와 기존사회에 대한 반발심과 욕구불만 등 정서적으로 급격한 변화를 가져온다.

(1) 청소년기의 정서적 변화(한상철, 2004)

① 청소년기 초기

- 지적인 바탕 위에 성적 충동을 강하게 경험하므로 정서는 성적인 색채를 띰
- 급격한 신체적 · 성적 성숙, 성에 대한 의식, 이성에 대한 관심, 수치심, 주위 사람에게 허세적인 반응, 이중적 정서 표출

- 논리적으로 문제를 해결하지 못하며, 공상 속에서 만족을 추구하려는 경향
- 자아의식이 높아지면서 고독에 빠지는 것을 즐김

② 청소년기 중기

- 정서는 초기보다 강렬하지만, 직접적인 표출을 억제하는 경향
- 억압으로 인하여 자기혐오와 열등감, 내면적인 침울이나 정서의 불안정이 고조됨
- 독선적이고 우월을 과시하고 현실을 부정하고 혐오하는 경향

③ 청소년기 후기

- 정서적으로 성숙, 기본적인 욕구 · 양심 · 이상과 현실과의 관계를 균형 있게 조절할 줄 알고 안정적인 정서 상태가 됨

3) 자아정체감 발달

청소년기 사회적 발달의 중요한 특징은 자아정체감의 확립이다. 나는 진정 무엇이며, 가치 있다고 여기는 것은 무엇인가? 장차 무엇을 하며 살 것인가? 등에 대한 답을 찾으며 자신의 존재에 대한 의미를 발견하고자 노력한다. 개인의 독특성에 대한 의식적 지각, 성격의 연속성과 일관성을 유지하려는 무의식적인 노력이다. 집단구성원과 그들의 이상 또는 이념과의 결속성 등을 의미한다. 강한 자아정체감을 가진 청소년은 타인과는 다른 사람이며, 독특한 개인으로서 자기일관성 또는 전체성을 지닌다.

자아정체감 성취가 이루어진 청소년은 자신감과 성취의욕, 인지능력과 과업수행능력이 높고, 대인관계가 원만하며 융통성이 뛰어나며 유머감각도 우수하다.

심리적으로 안정되며 독자적인 삶을 개척해 나갈 수 있는 용기, 책임의식이 강하고, 부정적 영향에 쉽게 유혹되지 않는다.

에릭슨(Erikson)은 청소년기에 들어서면 내적 충동의 질적 양적 변화가 일어나며, 주변인으로서의 존재적 특징이 양가적인 사회적 요구와 선택을 강요한다고 보았다. 동일시 대상의 변화가 혼란의 근원이 되어 역할혼미가 올 수도 있다.

자아정체감을 촉진시킬 수 있는 방법은 체험과 경험교육이 가장 효과적이고, 다양한 체험활동과 모험활동, 여가활동, 대인관계의 양적 질적 확대, 여행, 독서 등이 있다.

2 청소년의 문제

1) 청소년의 심리적 문제

① 과대한 행동충격

② 공상적 체험욕구

③ 자기현시 및 자주적 결정욕구

④ 권력과 강제에 대한 반항심

⑤ 내적 불안과 기분 이변성

⑥ 오만

⑦ 성욕 분방성

2) 청소년 범죄 및 특성

① 절도, 강도, 공갈, 장물, 상해, 강간 등

② 거칠고 폭력적

③ 사전에 모의하는 경우가 적음

④ 과잉범행이 많음

⑤ 다수가 함께 범행

3) 청소년의 임상적 문제

(1) 청소년 초기의 임상적 문제

- 정신지체
- 자폐장애
- 학습장애
- 주의력 결핍 과잉행동 장애

- 틱장애
- 배설장애
- 분리불안장애
- 반응성 애착장애
- 아동학대

(2) 청소년 중 · 후기의 임상적 문제

- 불안
- 섭식장애
- 약물 남용 및 의존
- 우울증
- 자살
- 정신병
- 청소년 성문제
- 청소년 비행

3 청소년 미술의 필요성

1) 청소년 미술치료의 치료적 의미

① 감정 분출의 의미
② 자기 자신을 표현하는 의미
③ 절제의 의미
④ 자기확장의 의미

2) 청소년 미술치료의 일반적인 목적

① 표현을 통해 객관적으로 자신을 탐색하고 인식
② 자신을 객관화하여 자신의 문제를 인식, 인정, 수용
③ 문제를 극복하여 자신의 존재에 대한 자아정체감 형성
④ 미래에 대한 이상과 꿈을 펼칠 수 있음

교육과정은 청소년의 사고와 정서, 환경에 대한 반응을 표현할 수 있는 기회를 제공해 주어야 한다. 청소년들의 건강한 성정에 기여할 수 있어야 하며, 주제는 청소년 자신에 직접적으로 관련되어야 한다. 문화의 방향에 대한 기반을 제공하고, 삶의 모순에 관심을 가진다. 성인에겐 경험을 학습시키고 의미 있는 문제들이 제공되도록 지도하고, 함께 나누어야 할 책임이 있다. 이때 확산적 사고와 창의적 행동을 필요로 한다.

4 청소년기의 미술 영역

제작순서는 재료를 준비하고 작업을 일관성 있게 추진하며 그 결과를 마무리하여 보존하는 일련의 과정이다.

기법은 개별적으로 개인적 욕구에 따라 발달시킨다. 모든 기능은 개인의 자유로운 표현을 육성하기 위한 목적으로 제시되어야 한다.

미술경험에 대한 관심을 이끌어 낼 수 있는 주제와 개인적으로 가치 있는 경험에 대한 주제를 고려하여야 한다. 자신 · 가정 · 지역사회 · 자연 · 산업에서의 경험을 주제로 한다.

1) 스케치

매우 직접적이고 기본적인 미술 경험으로 개인적인 표현의 수단이다. 크레용, 크레파스, 목탄, 연필이나 흑연, 분필, 붓과 잉크, 붓과 물감, 석필, 콩테를 사용한다.

2) 회화

정서와 사고, 관찰한 것에 대한 친숙한 표현이고 주위환경에 대한 시각적이거나 비시각적인 표현이다. 수채화 물감, 템페라 물감, 유화 물감를 사용한다.

3) 벽화

건축이라는 전체의 일부분이다.

벽화설계 시 건축물의 구조에 잘 어울리도록, 벽화가 반드시 벽의 한 부분 그리고 전체 건축물의 부분이 되어야 한다. 또한 내용과 관련(건축물의 목적에 맞게) 되어야 한다.

4) 조소

정서나 사고, 자연에 대한 인상을 3차원적으로 표현하는 것이 특징이다.

성장촉진이 그 목적으로 입체 표현을 위해 조각에 대한 기본적인 지식과 이해를 가르치는 것이 학생을 위한 자연스러운 방법이다. 찰흙, 석고 뜨기, 조각(나무, 돌)을 사용한다.

5) 판화

직접적인 미술 접근에서 제외된다. 시간이 많이 걸리고 그 가치가 의심스러워 인기를 잃고 있는 경향이 있다. 고무판화, 목판화, 모노 프린트, 실크스크린 등을 사용한다.

6) 디자인

어떤 표면이나 물건, 어떤 구조물의 장식물로 생각한다.

중등학교 시기는 재료와 물건의 사용과 기능의 구성요소로서 디자인에 대한 감수성을 교육하는 데 가장 좋은 시기이다.

'기능적' 이란 디자인과 재료와의 관계, 도구나 기계류 등의 생산수단에 대한 디자인의 관계, 디자인과 사용목적 사이의 관계이다.

좋은 디자인의 특징은 재료와 도구와 용도 사이의 관계에 존재(학생이 계획에 따라 작업하는 동안 재료와 도구와 용도 사이의 상호관계에 대한 개념을 가지고 작업해야 함을 의미)한다.

5 청소년 미술치료 사례

1) 교류분석 성격유형별 게슈탈트 집단미술치료의 효과성 연구(조미영, 2008)

교류분석 성격구조 유형별 게슈탈트 집단미술치료 프로그램을 시설청소년에게 실시하여 우울, 자아존중감, 삶의 질 만족에 미치는 변화를 다각적으로 분석하여 효과성을 확인하는 것이 목적이다.

(1) 연구문제

- 집단미술치료가 시설청소년의 성격구조 변화에 효과가 있는가?
- 집단미술치료가 시설청소년의 삶의 질 만족에 효과가 있는가?

(2) 연구대상

경기도에 있는 ○○ 아동보육 시설청소년 180명을 교류분석 성격구조 유형별로 분류하였다. 그들을 게슈탈트 집단미술치료에 참여시키기 위해 교류분석 성격구조 유형의 5가지 성격으로 분류한 시설청소년 각 10명씩(실험집단)과 분류하지 않은 시설청소년 집단(비교집단) 10명을 무작위 배정하였다.

(3) 치료목표

- 집단미술치료를 통해 시설청소년의 성격구조에 따른 삶의 질(자아존중감, 대인관계 형성) 만족이 목표이다.

(4) 사정도구

효과적인 실시를 위해 라인(Rhyne)이 개발한 게슈탈트 집단미술치료 프로그램을 발췌하여 사용하였다. 프로그램의 효과를 검증하기 위해 각 집단을 대상으로 프로그램 실시 전과 실시 후에 동적 집–나무–사람(KHTP) 그림 우울 검사, 자아존중감(SES: Self-Esteem Scale), 삶의 질 만족 평가 검사(WHOQOL-BREF)를 실시하여 SPSS WIN 12로 분석하였다. 또한, 교류분석 성격구조 유형별로 게슈탈트 집단미술치료 실시 후 성격구조 유형의 변화를 살펴보았다. 게슈탈트 집단미술치료 프로그램 평가를 사후에 실시하여 프로그램에 대한 평가를 하였다.

① KHTP

구성, 인물상의 크기, 거리, 물리적 경계, 방향, 내용, 상동형, 신체왜곡, 건강척도로 나누어 총 157개 항목에 대해 존재, 부존재(2점 척도)로 채점

② 집단그림

자발성 정도, 의사소통 형태, 상호작용, 할당된 역할, 협동성 등 평가, 그리는 위치와 내용, 공간 활용, 그림 순서, 의사소통 등도 관찰 분석

(5) 집단미술치료 프로그램 구성원리

① 표현력이 약하고 에너지 수준이 낮으며 집단원 간의 상호작용에서 소극성을 보이므로 주제나 매체를 치료자가 제공하는 구조화된 프로그램 적용

② 내용에서는 각 개인의 성격문제에 초점

- 집단구성원 간의 개인차와 보편성을 쉽게 인식하게 하기 위하여 각 활동에서는 개인작품과 협동작품 제작을 고르게 배치

(6) 프로그램 구성

① 첫째, 초기, 중기, 후기로 나눈다.

- 초기는 사전 면접과 라포 형성, 매체 탐색, 프로그램에 대한 이해 등을 목표로

한다.

- 중기는 본격적인 치료과정으로서 약물대안으로서의 놀이와 승화의 경험, 자기 및 가족에 대한 인식과 표현, 공격성과 불안 및 분노의 표출, 현실감 증진 및 문제해결 능력 향상, 타인 앞에서의 자기표현과 개인차에 대한 이해, 상호작용에 대한 경험과 이해 등을 목표로 한다.
- 후기에는 성취감을 경험하고 집단변화를 인식하여 대인관계에 대한 자신감 회복을 목표로 한다.

② 둘째, 회기별 미술활동에서는 스스로 적절한 표현방법을 발견하도록 돕는 데 중점을 둔다.

- 초기는 콜라주와 같은 간단한 활동에서 자신감을 갖게 한다.
- 중기와 후기로 갈수록 탈 만들기와 같은 표현과 창의력, 매체를 다루는 능력 등이 요구되는 내용으로 작품완성에서 오는 성취감을 경험하게 한다.
- 회화 표현에서의 두려움 등을 줄이기 위해 배경에 대한 표현이 필요 없는 촉각형의 소조, 상자 등의 입체 작품 만들기 활동으로 해방감과 자유로움을 줄 수 있도록 활동으로 구성한다.
- 개인작품에서는 점차 높은 에너지 수준과 문제해결능력이 요구되는 활동으로 구성하고, 집단작품에서는 단순히 함께하는 활동에서 만화 이어 그리기와 전신상 그려 주기 등과 같이 점차 긴밀한 상호작용이 요구되는 활동으로 구성한다.

③ 셋째, 회기 내의 진행은 도입단계에서는 긴장과 불안 및 저항을 완화시키는 단순한 미술활동을 한다.

- 작품제작 후에는 표현력 향상과 내용과 의도의 명료화를 위해 작품에 대한 설명을 하도록 한다.

(7) 집단미술치료 프로그램 진행과정

- ㅇㅇ보육원 미술치료실에서 실시하였다.
- 총 15회기, 매 회기 50분씩 본 연구자가 직접 진행하고, 보조자 2명과 함께 하였다.

- 초기면접: 프로그램에 대한 소개, 초기 면접지 작성
- 게슈탈트 집단미술치료 프로그램([표 8-1]) 실시

(8) 결과

- 교류분석 성격구조 유형별 게슈탈트 집단미술치료가 진행되는 과정에서 표현력과 창조성이 발휘되어 집단원 모두가 가치 있는 존재로 인정되었다. 서로가 긍정적인 평가를 받고, 소중한 존재임을 깨닫게 되어 자아존중감의 향상과 긍정적인 삶의 자세를 갖게 된 것을 알 수 있었다.

시설청소년의 교류분석 성격구조 유형별 자아상태에서의 개인의 성향이 같은 집단은 개별상담의 효과를 기대할 수 있었다. 자아존중감 향상에 개별상담의 단점인 집단으로서의 대인 관계적 요소를 보완하였을 때, 교류분석 성격구조 유형별 게슈탈트 집단미술치료는 자아상태에 대한 나 자신의 깨달음에 효과가 있었다. 따라서 시설청소년의 우울 감소, 자아존중감 향상, 삶의 질 만족을 가져올 수 있다는 결론을 얻었다.

표 8-1 게슈탈트 집단미술치료 프로그램

<table>
<tr><th>단계</th><th>회기</th><th>활동명</th><th>활동목표/기대효과</th><th>활동방법</th><th>재료</th></tr>
<tr><td rowspan="2">진단</td><td rowspan="2">1</td><td rowspan="2">KHTP
ego그램</td><td>• 진단 프로그램</td><td rowspan="2">• 프로그램 소개
• 도화지에 집, 나무, 어떤 행동을 하는 사람을 그린다.
• ego그램을 실시</td><td rowspan="2">• 도화지 1장, 연필, 지우개, ego그램 진단지</td></tr>
<tr><td>• 오리엔테이션
• 우울감
• 성격구조 파악</td></tr>
<tr><td rowspan="6">현실과의 접촉·감각단계</td><td rowspan="2">2</td><td rowspan="2">이름(별칭 짓기)</td><td>• 신뢰증진, 자아발견</td><td rowspan="2">• 이름(애칭)과 떠오르는 상징적인 그림을 함께 그려 장식한다.</td><td rowspan="2">• 도화지, 그림도구</td></tr>
<tr><td>• 친밀감을 형성하고 자신의 존재, 정체성, 사회적 관계 등을 의식한다.</td></tr>
<tr><td rowspan="2">3</td><td rowspan="2">나는 누구인가</td><td>• 신뢰증진, 자아발견</td><td rowspan="2">• 도화지에 이름과 자신을 나타낼 수 있는 것을 그림으로 그린다.
–자신의 관심사, 가족, 친구, 취미 등이 표현된다. 집단 내에서 자신의 이름, 관계, 성향에 대해 소개한다.</td><td rowspan="2">• 도화지, 그림도구</td></tr>
<tr><td>• 자신의 특성과 성향을 인식하며 집단원의 구체적인 특징을 파악하고 이해할 수 있다.</td></tr>
<tr><td rowspan="2">4</td><td rowspan="2">내가 좋아하는 것과 싫어하는 것</td><td>• 신뢰증진, 자아발견</td><td rowspan="2">• 도화지에 자기가 꾸미고 싶은 것을 잡지를 오려 콜라주한다.</td><td rowspan="2">• 도화지, 각종 잡지, 풀, 가위, 색연필</td></tr>
<tr><td>• 자신이 좋아하는 것과 싫어하는 것에 대해 파악한다.</td></tr>
<tr><td rowspan="2">알아차림 단계</td><td rowspan="2">5</td><td rowspan="2">보물선물 상자 만들기</td><td>• 의사소통, 타인발견</td><td rowspan="2">• 상자를 보며 그 안에 무엇이 들어 있을지 상상하고 지점토로 만들어 상자 안에 넣는다.</td><td rowspan="2">• 종이상자, 지점토, 고무찰흙, 색종이, 풀, 가위</td></tr>
<tr><td>• 소원하고 바라는 것을 인식, 표현할 수 있다. 자기정체성과 관계를 인식하며 소중하게 생각하는 것과 감추고 싶은 것을 인식한다.</td></tr>
</table>

<table>
<tr><th>단계</th><th>회기</th><th>활동명</th><th>활동목표/기대효과</th><th>활동방법</th><th>재료</th></tr>
<tr><td rowspan="6">알아차림 단계(계속)</td><td rowspan="2">6</td><td rowspan="2">꽃 가꾸기</td><td>• 의사소통, 타인발견</td><td rowspan="2">• 자신이 한 개의 씨앗이라고 상상하고 무엇이 되고 싶은지 어떤 환경에서 있고 싶은지 누구와 함께 있고 싶은지 상상한 후 자유롭게 꽃을 만든 후 화분에 꽂는다. 나비 등을 함께 표현할 수도 있다.</td><td rowspan="2">• 종이컵, 석고가루, 색종이, 모루, 가위, 풀, 스카치 테이프, 물</td></tr>
<tr><td>• 자기정체성을 인식한다. 성장의 욕구와 의미를 의식한다.</td></tr>
<tr><td rowspan="2">7</td><td rowspan="2">말풍선 그리기</td><td>• 의사소통, 타인발견</td><td rowspan="2">• 콜라주 기법으로 자신을 포함한 사람이나 동물의 사진을 오려 붙인 후 말풍선을 그려서 대화하는 그림으로 이야기를 만든다.</td><td rowspan="2">• 도화지, 잡지, 사진, 가위, 풀, 사인펜</td></tr>
<tr><td>• 자신의 감정을 이해하고 상황을 표현하고, 상호작용을 통하여 감정을 표출·승화할 수 있다.</td></tr>
<tr><td rowspan="2">8</td><td rowspan="2">인생선 그리기</td><td>• 의사소통, 타인발견</td><td rowspan="2">• 종이를 나누어 주고 종이에 나의 인생계획을 쓴다.</td><td rowspan="2">• A4 용지, 사인펜</td></tr>
<tr><td>• 미래에 대한 계획으로 능력 향상</td></tr>
<tr><td rowspan="4">에너지 동원·행동·접촉 단계</td><td rowspan="2">9</td><td rowspan="2">문 그리기</td><td>• 의사소통, 타인발견</td><td rowspan="2">• 자신이 어떤 문 앞에서 있는지를 상상한 후 종이를 반으로 접거나 양 가장자리가 중앙에 오게 접어 바깥쪽에 자신이 생각한 문을 표현한 후 문 안, 밖에 누구, 무엇이 있을지를 그려본다.</td><td rowspan="2">• 도화지, 크레파스, 물감, 붓</td></tr>
<tr><td>• 외부와 자신과의 관계를 인식한다. 문을 열고 닫는 의미를 생각해보고 이야기를 나눌 수 있다. 또한 자신의 내향적인 면과 외향적인 면을 알 수 있으며 이로 인해 긍정적인 면을 강화한다.</td></tr>
<tr><td rowspan="2">10</td><td rowspan="2">상대방 얼굴 및 자기 마음 표현</td><td>• 의사소통, 타인발견</td><td rowspan="2">• OHT를 이용하여 타인을 그려준다.
• OHT를 이용하여 내 안의 심상을 표현한다.</td><td rowspan="2">• OHP, 물감, 붓</td></tr>
<tr><td>• 나와 각 개인 상호 간의 관계성 이해</td></tr>
</table>

단계	회기	활동명	활동목표/기대효과	활동방법	재료
물러남 · 마무리 단계	11	속마음 겉마음 느낌 나타내기	• 공동체 발견, 자아 다짐	• 종이접시를 나누어주고 2개의 접시에 자신의 마음을 표현해 본다.	• 종이접시 2장, 사인펜, 색종이, 여러 가지 꾸미는 도구
			• 나의 마음 알기		
	12	가면 만들기	• 공동체 발견, 자아 다짐	• 2인 1조로 얼굴에 석고를 발라서 가면을 만든다. 가면의 반은 현재의 내 모습을, 나머지 반은 내면의 모습을 색칠한다. 작업을 마친 후 돌려가며 역할 놀이를 할 수도 있다.	• 석고가루, 물, 물감, 붓
			• 창의적 잠재력을 개발한다. 자기도 모르는 부분, 불안을 주던 자신도 모르던 다양한 부분을 수용하고 이해한다. 자신의 실제 얼굴과 내면적 얼굴과 대화하는 시간을 갖는다.		
	13	사포 난화	• 공동체 발견, 자아 다짐	• 사포에 사물 모양을 그리고 조각 내어 각자 집단원에게 나눠주고 자유롭게 색칠하도록 한 후 그림 조각을 맞춰 붙이도록 한다.	• 사포, 크레파스
			• 자신의 역동성 및 대인관계에 대한 나의 역할		
	14	신체 본뜨기	• 공동체 발견, 자아 다짐	• 전지에 리더가 누워서 신체 본을 뜨도록 하고, 리더의 지시에 의해 수행자들은 말 없이 들어 주고 꾸며준다.	• 전지, 그릴 도구, 붙일 도구, 여러 가지 천이나 장식 도구
			• 자기 신체의 소중함과 리더의 역할과 수행인의 역할로 대인관계 형성 스트레스를 해소하며 미술치료기간 동안 강화된 긍정적인 자아상을 확인한다.		

단계	회기	활동명	활동목표/기대효과	활동방법	재료
진단	15	KHTP ego그램	• 진단 프로그램 • 우울감 • 성격구조 파악 • 1회기 결과와 비교한다.	• 도화지에 집, 나무, 어떤 행동을 하는 사람을 그린다. ego그램을 실시	• 도화지 1장, 연필, 지우개, ego그램 진단지

Chapter 9

성인 미술치료

1 성인 미술치료

무심코 그린 그림에서 무의식을 읽어내고 심리적 갈등 구조를 파악해 치유하는 것이 미술치료이다. 그 대상이 아이 중심에서 최근 성인으로까지 확대되며 부부 갈등을 푸는 열쇠로 등장하고 있다. 잘못된 습관, 시누이 및 시어머니와의 갈등, 성격 차이, 성생활 트러블, 배우자 외도 등으로 인한 부부 고민이 많다. 부부들은 미술치료 작업을 통해 내면적 갈등과 무의식의 일단을 드러낸다. '성인에게는 그리기 자체에 대한 두려움이 많아 오려 붙이는 콜라주 기법이 더 효과적'이며 미술 표현을 통한 '고백성사' 과정에서 막연했던 갈등을 구체적으로 인식하게 되며 사태를 직시하게 된다. 치료는 통상 '아내와 남편의 습관 평가 → 과거 성장 과정에 대한 기억 → 욕구불만의 요인 추적 → 부부생활에 대한 긍정적 기억 떠올리기 → 부부관계 회복'의 순서를 밟는다(이승재, 동아일보, 2003. 1. 23.).

2 성인 미술치료의 실제

1) 회기별 내용

(1) 1회기-별칭 짓기

- 검사를 택한 이유: 자기자신을 더 효과적으로 표현하기 위함
- 내담자의 반응: 별명이 너무 많아 고민했으나 장난기 어린 모습으로 애칭을 결정하며 재미있어 했다.
- 검사 후 소견: 어색해 하는 점도 없지 않아 있었지만 대체적으로 즐겁게 응하며 여러 가지를 상당히 궁금해 하고, 알고 싶어 하는 호기심이 강했다.

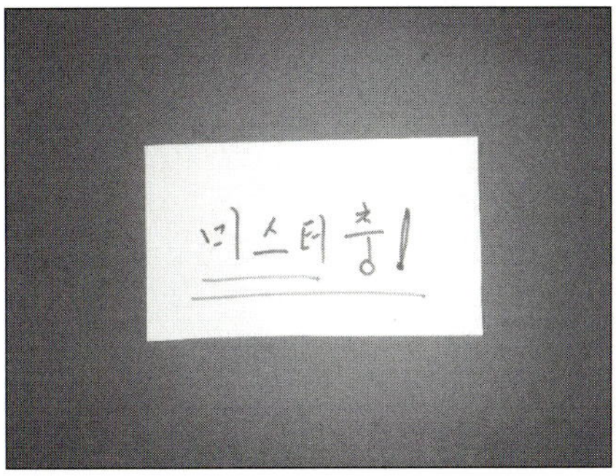

별칭 짓기

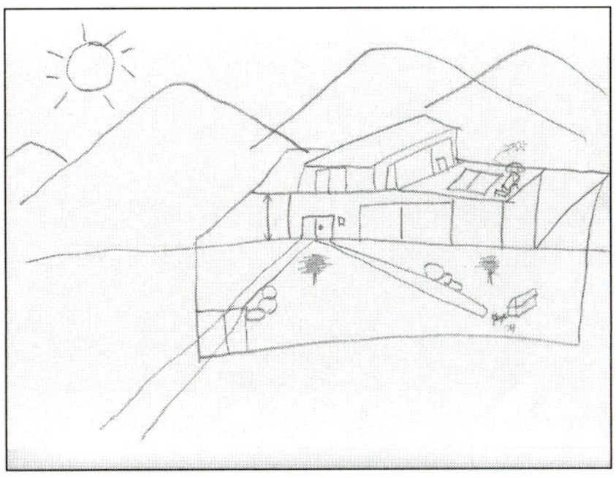

집그림(H)

(2) 2회기-HTP

- 검사를 택한 이유: 가족 관계, 자아 및 심리상태를 파악하기 위함
- 내담자의 반응: 잠깐 골똘히 생각하며 무엇을 그릴지 고민하다가 이것저것 설명하면서 그림을 그렸고, 차마 표현되지 않는 부분은 치료자에게 이야기 하였다.
- 검사 후 소견: 덧칠이 없이 한 선으로 힘을 주지 않고 빠르게 쭉 이어서 그린 것으로 충동적인 성향 혹은 검사에 성의 없는 태도를 보였다고 생각되어지며 전체적으로 세부묘사가 결여된 것으로 보아 에너지가 적으며 움츠러드는 경향으로 판단되어진다. 적극적인 참여 의지가 필요하다.

표 9-1 성인 미술치료 사례

<table>
<tr><td>치료자명</td><td>별</td><td>과정명</td><td colspan="3">미술심리치료사</td></tr>
<tr><td>치료일자</td><td>2010. 6~8.</td><td>지도자</td><td colspan="3">○○○ 교수님</td></tr>
<tr><td>목 표</td><td colspan="5">겉으로 표현되기 힘든 내적 심리를 분석하고 앎으로써 단점을 보완하고 장점을 살려 내외적, 사회적 소통의 계기를 마련하기 위함.</td></tr>
<tr><td>일 정</td><td>시 간</td><td colspan="4">내 용</td></tr>
<tr><td>2010. 6.</td><td>30여 분</td><td colspan="4">별칭 짓기</td></tr>
<tr><td>2010. 6.</td><td>약 2시간</td><td colspan="4">HTP</td></tr>
<tr><td>2010. 6.</td><td>15분</td><td colspan="4">장 · 단점 써보기</td></tr>
<tr><td>2010. 7.</td><td>50분</td><td colspan="4">콜라주</td></tr>
<tr><td>2010. 7.</td><td>약 20 분</td><td colspan="4">거울자화상</td></tr>
<tr><td>2010. 7.</td><td>30분</td><td colspan="4">동물 가족화</td></tr>
<tr><td>2010. 7.</td><td>약 1시간</td><td colspan="4">돌려 그리기</td></tr>
<tr><td>2010. 8.</td><td>1시간 30분</td><td colspan="4">손 석고 뜨기</td></tr>
<tr><td>2010. 8.</td><td>50분</td><td colspan="4">파티상 차리기</td></tr>
<tr><td>치료사 의견</td><td colspan="5">겉으로는 웃고 있지만 속내를 잘 드러내는 데에 익숙하지 않으며 약간의 경계심이 늘 있다고 느껴졌다. 개인적으로 이해하지 못했던 상대의 특정 부분을 조금 더 알게 되어 서로에게 도움이 될 수 있을 것 같다.</td></tr>
<tr><td>이름</td><td>미스터 충</td><td>주민번호</td><td></td><td>연령</td><td>만 37세</td></tr>
<tr><td>문제 요인</td><td colspan="5">• 자신의 감정을 잘 표출하지 않으며, 감정 표현이 서툴다.
• 부적절한 스트레스 해소 방법(흡연)을 가지고 있으나 이를 건설적이고 긍정적인 방법의 스트레스 해소법으로 전환 시키고자 하는 노력을 기울이지 않는다.</td></tr>
<tr><td>부모의 호소내용</td><td colspan="5">적절한 감정의 표출과 타인과의 원만한 감정의 교류를 원함.</td></tr>
<tr><td>치료자가 보는 관점</td><td colspan="5">내담자는 자신의 감정을 표현하고 다른 사람에게 공감 받는 방법에 대한 이해가 적었으며, 남자로서 감정을 감추는 것이 미덕이라는 교육을 받고 자랐다. 내담자의 행동이 타인에게 내담자의 마음을 오해하게 하는 것에 대해 이해하지 못하며 적절한 방법으로 자신을 전달하는 것에 어려움을 가지고 있다. 냉철하고 차분한 성격이나 타인에게는 방어적이며 어려운 사람으로 보여지는 경향이 있다.</td></tr>
<tr><td>발달력</td><td colspan="5">4남매(2남 2녀) 중 셋째로 태어났으나 남자 형제로는 맏이로 태어나 가족의 관심과 사랑을 많이 받았다. 가족 분위기상 장남으로서의 역할과 책임에 대해 꾸준히 주입받고 자라 장남과 아버지라는 역할에 대한 강한 책임감을 가지고 있다. 평범한 성장과정을 거쳐 무난히 대학과 대기업에 입사하여 가족을 꾸리고 생활하여 왔다.</td></tr>
<tr><td>가족 관계</td><td colspan="5">부인과 1남 1녀(4세, 2세)를 두고 있으며, 어머니와 남동생과 함께 3대의 대가족이 함께 생활하고 있다.</td></tr>
</table>

표 9-2 HTP-그림 해석(집 그림)

<table>
<tr><td colspan="2">이름</td><td>미스터 충</td><td>연령</td><td>37</td><td>성별</td><td>남성</td></tr>
<tr><td colspan="2">전체적 인상</td><td colspan="5">• 현대적인 건축양식의 2층 집, 수영장과 높은 담, 넓은 정원이 인상적. 적당한 크기의 지붕 형태로 가족에게 느끼는 안정감을 나타낸다.</td></tr>
<tr><td colspan="2">체크 항목</td><td>표현의 특징</td><td colspan="4">해석</td></tr>
<tr><td>형식적 분석</td><td>크기, 위치
지면선, 필압
선의 성질
세부묘사
생략과 왜곡
투시화
원근법
기타</td><td colspan="5">• 크기는 큰 편으로 중앙에서 오른쪽으로 약간 치우쳐 있다.
• 지면선 표시-비교적 부드럽고 약하지만 많이 흔들리지는 않는 필압
• 커다란 베란다-테라스 식 창이 눈에 띄고 높은 담벼락이 인상적
• 담은 높은 데에 비해 마치 안이 들여다보이는 듯이 정원의 나무와 현관까지 통하는 길, 애완견 집과 나무 등을 표현함.
• 처음에 집의 크기나 형태를 잡을 때는 지우개를 썼으나 점점 횟수가 줄어듦. (잘 그리고 싶은 욕구로 보여짐)</td></tr>
<tr><td>내용적 분석</td><td>지붕
벽
굴뚝과 연기
창문, 출입문
방, 울타리
길, 계단
기타</td><td colspan="5">• 지붕 생략. 태양열을 쓰는 최신식 집이라 설명했다.
• 굉장히 높은 담벼락이 있고 그 안에 2층집이 있다. 담을 마음에 들어 하지 않았고 잘 그려지지 않는다고 불만을 토로
• 문도 크고 손잡이가 있으며(바깥 대문에는 생략됨) 테라스 형 창문이 굉장히 크게 표현됐다. 수영장도 그려져 있음.
• 큰 집에 비해 도심이 아닌 외곽에 있는 집이라 했으며 길도 비교적 좁게 한 길로만 나 있는 점. 집 뒤의 커다란 산. 맑은 날씨 표현.
• 환경에 개입되지 않으려는 태도와 우월감, 과대망상, 가정에서 약간 떠나 있음. 가정의 전통적인 가치나 사회적 가치규준에 대한 근본적인 거부
• 타인과의 치밀한 관계형성 욕구가 강한 편. 통제력, 사회적 요령을 갖고 타인과 접촉하지만 접근과 회피의 양 감정 사이에 있음. 예민하고 약간의 강박증이 보인다. 적절하거나 약간 과도한 자아강도와 통제력을 갖고 있다고 보여짐.
• 부연설명을 많이 하고 혼잣말에 가까운 대화를 많이 했는데, 검사자의 비난을 피하려고 하고 확신을 얻기 바라는 것으로 보여진다.</td></tr>
<tr><td colspan="2">그린 후의 질문</td><td colspan="5">PDI 참고</td></tr>
</table>

검사 일시: 2010. 6.　　　검사자: 별

표 9-3 HTP-그림 해석(나무 그림)

<table>
<tr><td colspan="2">이름</td><td>미스터 충</td><td>연령</td><td>37</td><td>성별</td><td>남성</td></tr>
<tr><td colspan="2">전체적 인상</td><td colspan="5">• 뿌리가 깊고 가지가 하늘 위로 쭉 뻗은 커다란 아름드리 유실수</td></tr>
<tr><td colspan="2">체크항목</td><td>표현의 특징</td><td colspan="4">해석</td></tr>
<tr><td>형식적 분석</td><td>크기, 위치
지면선
필압
선의 성질
세부묘사
생략과 왜곡
투시화
원근법
기타</td><td colspan="5">• 커다랗고 정 가운데에 위치했으며 윗부분은 그림이 약간 잘렸으나 문제 되지 않음. 필압은 집 그림보다 더 강하고 망설임이 없다. 딱딱한 직선보다 부드러운 곡선이 더 많이 사용됨.
• 지면선이 표시되어 있지만 땅 속의 뿌리까지도 표현이 되어 있다.</td></tr>
<tr><td>내용적 분석</td><td>주제
줄기
가지
수관
뿌리
꽃
열매
잎
옹이 구멍
기타</td><td colspan="5">• 줄기가 곧지 않고 중간에 한 번 약간 휘어져 나 있게 그림
• 옹이 구멍: 외상적 표시로 심각한 내 · 외상을 경험했던 때를 반영한다고 보여짐.
• 성장 발달과정에서 획득한 힘, 활력, 생명력, 성격구조의 경과성
• 자아강도에 대한 주관적인 느낌의 반영으로 올곧으나 한 번의 커다란 변화를 겪는 경험이 있었던 듯하다.
• 구름 모양의 잎으로 자신의 의도를 숨김.
• 유실수로 사과열매가 맺혀 있다. 위로 쭉 뻗은 가지들은 환경 속에서 기회를 찾아가고 희망적인 미래, 신뢰하는 환경을 향한 새로운 움직임 등으로 어떤 환경에서도 자신의 것을 찾아 적극적으로 움직일 것이라는 성격이 엿보인다.
• 줄기 중간 부분에 약한 가지 하나가 나 있다. 지금의 환경에 큰 만족을 얻지는 못하나 딱히 불만을 토로하지 않음.
• 뿌리: 자신에 대한 안정감이 보인다. 근본적인 모습에 대한 이해. 현실을 지배하는 능력과 관련. 뿌리가 깊고 잎이 풍성한 나무라고 하며 자신을 활력이 넘치는 존재로 보며 그와 같이 행동하고 싶다는 소망을 나타낸다. 뿌리는 내적으로 느끼는 자기 자신에 대한 안정감의 표현인데 뿌리가 깊은 나무라고 하면서도 지면선을 그려 놓고 땅 속에 보이지 않는 뿌리를 보이는 것처럼 그리는 것은 현실검증력의 장애를 나타낼 수 있다.
• 나무를 그린 후 지면의 선을 그림: 처음에는 침착하나 곧 타인의 인정을 구함. 거기서 한 층 더 높은 만족감을 갖는 것으로 보여짐.
• 나무의 나이를 500년이라고 한 것은 내적인 미성숙함을 부인하거나 과시적인 태도를 통해 보상하고자 할 가능성을 시사한다.</td></tr>
<tr><td colspan="2">그린 후의 질문</td><td colspan="5">PDI 참고</td></tr>
<tr><td colspan="7">검사 일시: 2010. 6.   검사자: 별</td></tr>
</table>

표 9-4 HTP-그림 해석(인물화-남자)

<table>
<tr><td colspan="2">이름</td><td>미스터 충</td><td>연령</td><td>37</td><td>성별</td><td>남성</td></tr>
<tr><td colspan="2">전체적 인상</td><td colspan="5">• 자신과 닮은 또래의 건장한 남자를 그렸다.</td></tr>
<tr><td colspan="2">체크항목</td><td>표현의 특징</td><td colspan="4">해석</td></tr>
<tr><td>형식적 분석</td><td>크기, 위치
지면선
필압
선의 성질
세부묘사
생략과 왜곡
투시화
원근법
기타</td><td colspan="5">• 정 가운데 적당한 크기
• 얼굴 부분, 특히 턱선에 많은 신경과 고민. 다른 곳보다 잔선이 많이 들어가 굵고 눈에 띈다. 딱딱한 직선으로 표현됨
• 투시, 생략과 왜곡, 원근감 없음</td></tr>
<tr><td>내용적 분석</td><td>머리
눈, 코, 입
목, 몸통
어깨, 팔, 다리
손, 발, 손가락
의복, 모자
단추
넥타이
허리띠
주머니
신발
기타</td><td colspan="5">• 단정하게 가르마를 타고 빗어 내린 머리(머리카락 표현됨), 안경을 낀 무표정의 남자. 단추가 있는 칼라 반팔 셔츠에 바지를 입고 있고 벨트, 손목시계 등이 그려졌다. 자연스럽게 내려진 팔과 손가락. 약간 벌리고 선 발
• 머리카락이 2 대 8 가르마로 어느 정도 연령을 표현한 듯
• 덩치에 비해 가는 목은 충동 통제의 조절 결여
• 작은 손은 세상과의 교류에서 무력감을 의미
• 다리는 자율성과 안정감을 나타냄으로 벌리고 선 자세는 공격적인 저항이나 불안정감으로 해석
• 여자 그림에는 생략된 인중 표현. 살짝 짙은 눈썹. (정서적 성숙과 관련 여부)
–남성상이 여성상보다 훨씬 크다. (여자 그리는 것을 상당히 어려워함)
• 전체적으로 얼굴에 많은 신경을 씀. 처음 성별 선택에 약간의 고민. (남자 먼저 그림) 일전에 처음 그린 사람 그림은 완전한 회화체 만화 그림이었는데 어릴 때 만화에 관심이 많았고 회화화 하는 걸 즐겨 그렇다고 생각되어지나, 검사자를 의식하는 경향도 약간 보여졌다. (심각한 자기경멸이나 적개심의 표현으로는 보여지지 않음) 자기애, 자기중심, 강한 자만심, 남성다움 추구. 자신을 드러내는 것에 대한 거부. 의존욕구에 대한 거부. 억압이나 적개심. 강직하고 강제적이며 억제적인 성격. 사회적으로 개방적임. 내적 힘 제한. 안정감을 얻기 위해 타인에게 의존
• 전체적으로 억압된 성격. 엄격함. 강박증. 방어하려는 마음이 강하고 남성성을 강조하였다.</td></tr>
<tr><td colspan="2">그린 후의 질문</td><td colspan="5">PDI 참고</td></tr>
<tr><td colspan="7">검사 일시: 2010. 6. 검사자: 별</td></tr>
</table>

표 9-5 HTP-그림 해석(인물화-여자)

<table>
<tr><td colspan="2">이름</td><td>미스터 충</td><td>연령</td><td>37</td><td>성별</td><td>남성</td></tr>
<tr><td colspan="2">전체적 인상</td><td colspan="5">• 상대적으로 작게 그려졌고 신경질적으로 보이는 인상</td></tr>
<tr><td colspan="2">체크항목</td><td>표현의 특징</td><td colspan="4">해석</td></tr>
<tr><td>형식적 분석</td><td>크기, 위치
지면선
필압
선의 성질
세부묘사
생략과 왜곡
투시화
원근법
기타</td><td colspan="5">• 작고 위쪽으로 치우쳤다. 남자 그림의 절반 크기
• 비교적 남자보다 덜 들어간 직선. 뾰족한 얼굴형
• 귀의 생략. 머리카락과 가슴으로 여성임을 표현
• 왜곡, 투시, 원근감 없음
• 자주 끊기는 선: 거부, 고집
• 선에 힘을 주지 않고 한 번에 그림
• 투시화 없음
• 귀가 생략</td></tr>
<tr><td>내용적 분석</td><td>머리
눈, 코, 입
목, 몸통
어깨, 팔, 다리
손, 발, 손가락
의복, 모자
단추
허리띠
주머니, 신발
기타</td><td colspan="5">• 자연스러운 긴 생머리 (성적으로 매력 있고 활동적인 여성상이나 그림을 그린 본인이 추구하는 여성상인지 불확실함)
• 찢어지고 날카로운 눈매: 경멸적, 건방짐
• 귀 생략: 단순히 머리에 가려진 걸 표현한 듯하다.
• 꼭 다문 입술: 자신을 드러내는 것에 대한 거부, 의존욕구에 대한 거부, 억압, 적개심
• 날카로운 얼굴, 생김새: 예민함, 심미적
• 강박적 세밀함. 가슴 그리는 것을 굉장히 어려워함. 긴장된 곡선이 여러 번 반복되어 그려짐: 의존적 욕구(사랑과 인정에 대한 강한 추구)
• 플립플랍에 발가락 표현
• 민소매 톱과 짧은 반바지를 입은 여자를 그렸다.
• 머리카락은 여성다움과 외모에 대한 관심을 상징함
• 큰 눈은 의심이 있거나 망상적인 특징임
• 목은 지성과 정서의 연결을 상징한 것으로 얼굴 크기에 적당하게 표현되어짐
• 작은 손은 세상과의 교류에서 무력감을 의미
• 작은 발은 안정감의 욕구가 적음</td></tr>
<tr><td colspan="2">그린 후의 질문</td><td colspan="5">PDI 참고</td></tr>
</table>

검사 일시: 2010. 6. 검사자: 별

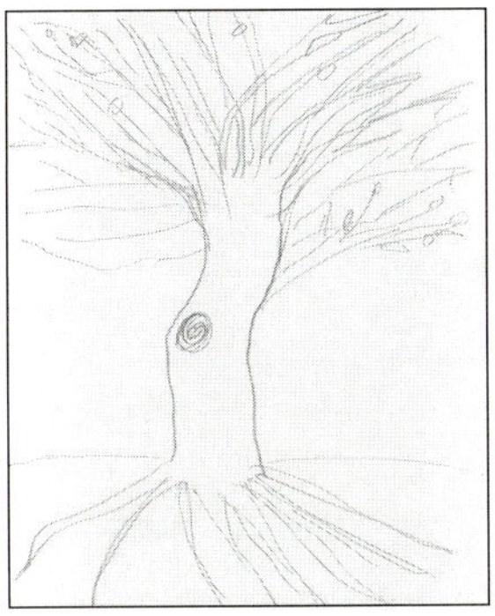

나무(T)

인물(P)

인물(P)

(3) 3회기: 장 · 단점 쓰기

① 검사를 택한 이유

내담자가 자신을 어떻게 인식하는지를 알아보고 자신에 대해 깊이 있게 생각해 보는 기회를 제공하고자 함.

② 내담자의 반응

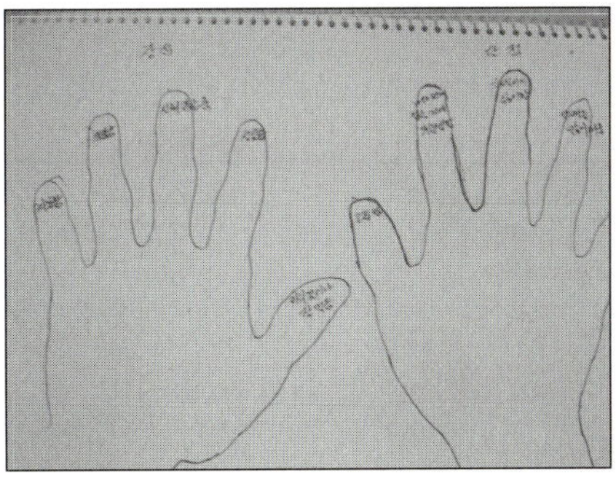

장 · 단점 쓰기

- 내담자는 처음에는 장점과 단점을 5가지씩 찾기가 어렵다고 말하였으나, 5개의 장점을 쓰고 단점부분을 마무리하였다.
- 장점으로는 차분함, 책임감, 신뢰감을 줌, 성실함의 성격적인 부분과 아무것이나 잘 먹는다는 행동적인 부분을 적었고, 단점으로는 고집이 셈, 나와 관계없는 것에 무관심함이라는 성격적 부분과 움직이기 싫어함, 회식을 싫어함이라는 성향적인 부분, 담배를 많이 피움이라는 행동적인 부분을 적었다.
- 내담자가 장점과 단점으로 꼽은 것들은 본인이 평상시 생각하는 본인의 모습과 타인에게 주로 듣거나 지적받는 것들이 골고루 섞여 있었다.

③ 검사 후 소견

내담자는 이번 활동을 하며 미술적 표현 작업이 적은 것에 만족해 하였으나 반면에 자신에 대한 것들을 생각해서 적어 내야 한다는 것에 대하여 조금 귀찮아하였다. 장점과 단점을 적은 후 손 그림에 채색이나 꾸미기를 하려고 하지 않아 복잡한 활동에 대해 의지가 없음을 알 수 있었다.

(4) 4회기-콜라주 ('나' 의 광고)

① 검사를 택한 이유

자신을 나타내는 콜라주를 통해 자기 자신에 대해 얼마나 인식하고 있는지 여부와 세상에 본인을 나타내고 표현, 소통하는 힘을 알아보고자 한다.

콜라주('나' 의 광고)

② 내담자의 반응

- 주제를 받고 주저 없이 어렵지 않게 재료들을 찾아내 표현했다. 단, 잡지를 찾는 대신 인터넷에서 이미지를 찾아내 본인이 좋아하는 것들을 붙여 넣었다.
- 그림을 그릴 때보다 훨씬 더 즐거워하였다.

③ 검사 후 소견

'나' 를 표현하는 것을 즐거워하는 듯 보이나 내가 좋아하는 것과 나에 대해 정의할 수 있을 만한 이미지의 미묘한 차이를 잘 구분하지 못하였다.

(5) 5회기-거울 자화상

① 검사를 택한 이유

자기 자신을 거울을 보며 관찰하고 객관적으로 보며 자기신뢰 형성.

② 내담자의 반응

거울 자화상

거부반응을 보임. 본인의 얼굴을 거울로 들여다보는 것에 대해 어색해하고 표현하는 것을 상당히 어려워함. 지우개 사용을 많이 하고 약간의 짜증을 부리며 곤란해 하고 부담스러워하기도 했다. 색칠을 원하면 해도 좋다고 했더니 강하게 저항했다. 본인이 그린 그림을 보고 싶지 않아함.

③ 검사 후 소견

남자 사람 그림과 (HTP) 이미지가 비슷한데, 그냥 남자 그림을 그릴 때와는 달리 거부감이 굉장히 심했고 상당히 어색해 했다. 얼굴에 콤플렉스가 있다기보다는 자신의 생김새를 객관적으로 표현하는 것을 어려워하는 걸로 보인다.

(6) 6회기-동물 가족화 그리기

① 검사를 택한 이유

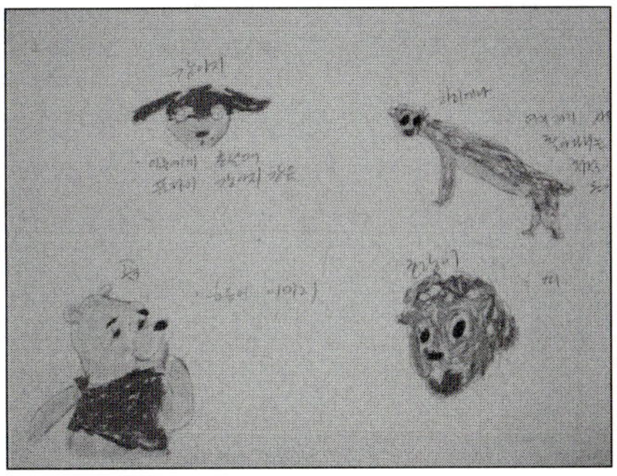

동물 가족화 그리기

가족에 대한 내담자의 생각과 느낌을 알아보고 가족 간의 관계를 파악해 보기 위하여 실시함.

② 내담자의 반응

내담자는 화지 우측 상단에 가장 먼저 두 아이 중 막내인 딸을 그리기 시작하였다. 다음으로 좌측 상단에 아들을 그렸고, 그 하단에 자신, 우측으로 아내를 그렸다. 함께 살고 있는 어머니와 남동생은 굳이 그리지 않아도 된다고 하였다.

- 딸은 하이에나라고 하였는데, 이유는 여기저기 돌아다니며 사냥감을 찾는 것처럼 집안을 돌아다니기 때문이라 하였다. 아들은 강아지라고 하였으며, 어른에게 혼날 때 표정이 강아지처럼 보인다고 하였다. 자신은 '곰돌이 푸우' 삽화를

보고 그렸는데 이유는 순한 이미지이기 때문이라고 하였다. 마지막으로 아내는 호랑이로 표현하였는데 그 이유는 호랑이 띠이기 때문이라고 답하였다.

③ 검사 후 소견

딸에 대하여는 평소에 자신이 부르던 별명을 그대로 사용하였다. 아들에 대하여는 야단의 횟수가 많아지는 경향이 반영된 것으로 보인다. 자신에 대한 이미지는 의미가 잘 드러나지 않으며, 아내에 대한 이미지는 단순히 호랑이 띠이기 때문에 그렸다고 하여 특별한 생각을 기울이지 않고 활동을 했다는 느낌이 강하게 든다.

(7) 7회기-돌려 그리기

① 검사를 택한 이유

협동심, 화합과 배려, 의사소통기능 높이기, 상상력, 흥미유발 등에 효과적이기 때문에.

돌려 그리기

② 내담자의 반응

칸을 나누어 같이 돌아가며 그리는 것에 처음엔 좀 낯설어 하며 주제를 무엇으로 할지 고민함. 자신의 생각대로 전개되지 않자 당황하고 다시 돌리려 애쓰다가 중간이 지나서야 같이 그리는 데에 익숙해졌다.

③ 검사 후 소견

가벼운 주제로 재미있게 그려내고 싶었는데 상대의 그림에 당황하고 돌리려 애쓰는 모습에서 약간의 고집이 느껴지고 의견충돌이 일어나는 것 같으나 공격적이지 않은 온순한 성격으로 여겨진다. 하지만 끈질기게 본인이 하고자 하는 것을 밀고 나가는 경향도 보인다.

(8) 8회기-석고 손 본뜨기

① 검사를 택한 이유

자신의 신체를 사용하여 모양을 본뜨고 꾸미며 소중함을 깨닫는다.

② 내담자의 반응

점토를 꼼꼼하고 부드럽게 만들고 예쁘게 모양을 내기 위해 두 번이나 다시 하면서 싫증 내지 않고 열심히 만들었다. 손이 더러워지는 것에 대한 거부감이 없다.

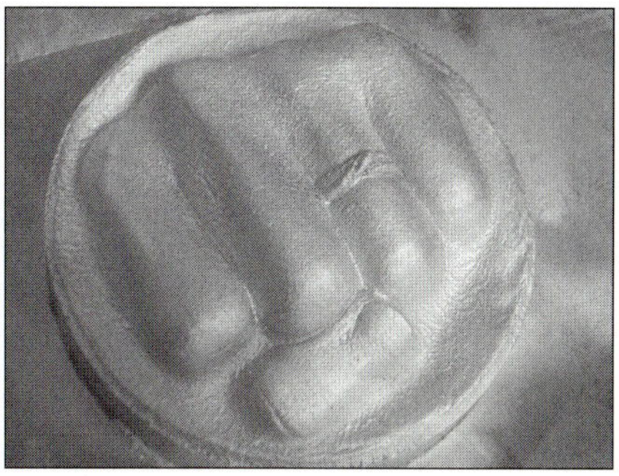
석고 손 본뜨기

③ 검사 후 소견

모양(결과물)이 잘 나오기 위해 다시 같은 과정을 되풀이하는 것에 대한 거부가 적고 애착을 가지고 성실하게 맡은 일을 끈기 있게 해낸다. 자신의 몸에도 애착과 자신감이 있다고 보여진다.

(9) 9회기-파티상 차리기

① 검사를 택한 이유

대인과의 관계문제, 애착심, 적극성 여부

② 내담자의 반응

색칠이 가능한 점토로 만드는 것에 대한 아쉬움이 보임. 찰흙으로 만들었다. 음식보다는 그릇을 먼저 만들었고 훨씬 더 많은 공을 들였는데, 실제로 그릇이 음식의 맛보다 훨씬 중요하다고 생각하고 있었다.

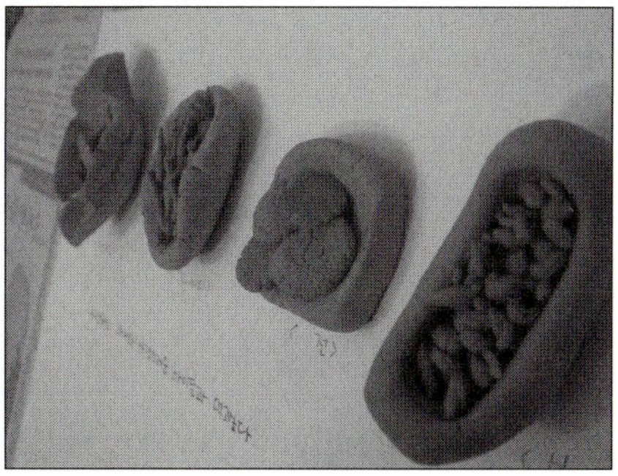
파티상 차리기

③ 검사 후 소견

음식들에 통일성이 없지만 먹고 싶은 것, 혹은 초대 시 비교적 만들기 간단하고 푸짐해 보이는 것들을 만들어 놓고, 아내와 아이들과 먹고 싶다고 했다.

Chapter 10

노인 미술치료

1 노인의 이해

인구의 고령화와 가치관의 변화에 따르는 노인문제는 우리 사회의 이슈가 되고 있다. 경로효친의 미풍을 전통적으로 간직한 채 산업화과정을 걷고 있는 상황에서 이를 발전시킬 계기의 마련이 절실하였다. 이러한 필요성 위에 전통윤리와 늙어서도 인간답게 살 권리를 보장받기 위해서는 본인의 노력과 더불어 사회와 국가의 뒷받침이 있어야 한다는 반(半) 강제조항이 노인헌장에 삽입되어 있다.

세계 최초의 노인헌장이라는 점에서도 특별한 의의를 지니는 이 헌장은 전문과 5개 조항으로 되어 있으며, 전문에서는 노인의 위치, 산업사회 속에서 노인이 처한 상황, 선(先)가정 후(後)사회의 노인대책, 노인의 책임 등을 천명하고, 노인이 나라의 어른으로서 받아야 할 실천사항을 구체적으로 명시하고 있다.

2 노인 미술치료의 의미와 목적

노인들은 미술활동을 통하여 '새로운 의사소통 가능성과 표현 가능성을 발견하여 발전시킬 수 있으며' 또는 '억제하고 있거나 회피하고 있는 의식적, 무의식적 갈등을 표현' 할 수 있게 된다.

노인 미술치료의 목적은 일반적으로 미술활동을 통한 노인의 정신적, 심리적, 신체적 문제점과 병을 완화하며 치료하는 것이다. 또한 노인 미술치료는 노인들에게 사회에 대한 지속적 참여를 유지하도록 도우며, 신체-감각기능의 장애와 질병의 예방 혹은 완화를 목적으로 한다. 노인 미술치료 목적에 있어서 강조점은 창의적-자기실현적 관점, 장애 및 질병에 의한 관점에 따라 달라질 수 있다. 또는 장소와 대상에 따라 치료목적이 달라질 수 있다. 이에 따라 노인 미술치료의 주목적과 부수적 목적으로 나눌 수 있다.

1) 노인 미술치료의 목적

- 노인의 주체적 체험을 통하여 예술적 잠재력을 개발하고 실현한다.
- 삶을 회고하며 균형 있고 조화로운 삶을 유지한다.
- 만남의 기회를 가져 참여성과 사회적 관계를 유지한다.
- 신체적 · 감각기능의 장애와 노인성 질병을 예방하거나 완화한다.
- 시각적, 운동적, 촉각적 자극을 통하여 뇌 세포의 활동을 자극한다.
- 심리적 안정감과 자신감을 얻는다.
- 자신의 삶을 긍정하여 수용하고 독립성과 자아실현을 이룬다.

2) 노인 미술치료의 효과

노인들은 미술치료로 긍정적이고 창조적인 자기표현을 하며 그러한 과정을 통해 환경적 · 심리적 변화를 건강하게 수용할 수 있게 된다. 또한 노인의 역할과 자신의 삶을 긍정적인 시각으로 바라보는 새로운 관점을 가지게 되며, 나아가 자아존중감, 자기신뢰감을 회복하게 되고, 자신의 생활에 균형과 조화를 이루는 것을 발견할 수 있다. 또한 미술치료는 노인들의 창의성과 자기성취를 이루는 것을 도울 뿐만 아니라, 노년기에 빈번하게 발생하는 다양한 질병의 감소 및 회복과 남은 수명에 대한 심리적 불안감과 두려움 및 우울감을 극복하는 데 중요한 역할을 한다. 노인 미술치료는 바로 삶의 황혼기에 만나는 자신을 돌아보는 기회이며 동시에 자신의 삶에 대한 도전이다.

노인 미술치료의 기대효과는 치료 장소와 대상의 주 문제점과 목표에 따라 다양하게 나타날 수 있다. 치료목적에 따라 분류할 수 있고, 정서영역, 인지영역, 감각 및 운동영역, 사회영역으로 나누어 볼 수 있다.

(1) 정서영역

- 창의성과 자기표현력이 증가한다.
- 자율성과 자기수용력을 갖는다.
- 자존감과 타인에 대한 수용력과 이해력을 가진다.
- 자연과 주변환경에 대해 개방적이 된다.
- 심리적 긴장감을 이완하고 안정감을 얻으며 즐거운 생활을 할 수 있다.
- 자기통제력과 결정력을 향상시킨다.

(2) 인지영역

- 자기인식과 자기고찰의 기회를 갖는다.
- 미술재료의 사용 및 기법을 익힌다.
- 색 인지와 색 선택 및 형태 감각이 증진된다.
- 다양한 자료들을 응용하여 사용할 수 있는 능력이 확대된다.

- 새로운 아이디어가 증가되며, 작업에 대한 평가 및 비판 능력이 향상된다.
- 갈등이나 문제해결 능력이 생긴다.
- 주변환경과 사물에 대한 민감성을 지닌다.
- 기억력 저하를 막고 회상을 통해 기억력을 자극시킨다.
- 미적 감각이 향상된다.
- 집중력을 증가시킨다.

(3) 감각 및 운동영역

- 미술재료와 활동을 통하여 오감능력을 강화한다.
- 좌뇌 손상과 우뇌 손상에 따른 문제점을 회복하는 재활적 관점을 향상시킨다.
- 대근육운동과 소근육운동의 발달을 돕는다.
- 눈과 손, 손과 촉각의 협응을 돕는다.
- 미술도구나 재료 사용에 대한 통제능력을 기른다.
- 언어능력을 개선한다.
- 이완을 통한 규칙적인 호흡의 리듬을 유지하게 된다.
- 색과 형태에 대한 구별능력을 유지하거나 개선한다.
- 손의 근육조직을 발전시킨다.

(4) 사회영역

- 집단에서 자신을 표현할 수 있는 능력을 개발한다.
- 일상적인 생활에 적응할 수 있게 한다.
- 타인의 권리와 입장을 수용할 수 있게 된다.
- 개인적 삶의 경험을 함께 나눌 수 있는 기회를 가진다.
- 협동심과 공동체 의식을 높인다.
- 사회적 관계에 있어서 통합성을 함양한다.
- 예술활동의 내용과 형태의 의미를 결정하는 능동적 파트너가 된다.

3) 노인 미술치료에서 매체의 역할과 기능

(1) 미술치료에서 매체의 역할

미술작업은 방어나 통제를 줄이고 상징적인 이미지에 의해 감정이나 사고를 표현하는 것을 가능하게 한다. 그리고 시각적 이미지에 의한 표현은 의식의 깊숙한 부분을 자극하여 자기개방을 더 풍부하게 해준다. 미술 표현은 언어를 통해 교류하는 것이 불가능한 경우 개인 간을 연결한 매개체가 된다.

이렇게 미술작업에서 미술매체는 다른 치료와 성격을 달리하는 미술치료의 독특성을 부여한다. '치료적 틀 안에서 미술과 다른 시각적 매체를 사용하는 것'이라는 미술치료의 특징은 미술이라는 매개물을 통해 치료가 이루어진다는 것을 의미한다.

미술치료의 긍정적 측면 중 하나는 언어뿐 아니라 매체를 통해서 탐구와 발견을 하는 경험들을 제공할 수 있다는 점이다. 다양한 매체로 작업하는 과정에서는 다양하고 풍부한 가능성이 존재한다. 이처럼 미술치료에서 환경과 매체는 창의적인 표현의 촉진과 자극을 주고 개인적 사고 · 느낌 · 경험 등의 확장을 가져온다. 치료과정에서의 촉진과 자극은 중요한 의미를 가지며, 치료적 가능성을 통하여 탐험하고, 판단과 평가가 배제된 자유롭고 의미 있는 경험을 돕는다. 치료환경 안에서의 매체의 충분한 탐색과 감각적인 경험은 치료관계 및 치료목표에 매우 긍정적인 효과를 담당할 수 있다.

미술치료에서 미술매체의 역할을 다시 정리하여 살펴보면 다음과 같다.

- 창의적인 표현의 촉진과 자극
- 심리적 내면세계의 투사
- 개인적 사고, 느낌, 경험의 확장
- 치료관계의 활성화(치료동맹)
- 개인의 고유한 심상 발견 및 개인적 상징성 표현
- 표현과 탐험의 흥미 유도

(2) 노인 미술치료에서 매체의 역할

노인 미술치료에서 자신이 체험한 것을 표현하고 대화하도록 하며, 미술작품의 도움을 받아 상실된 능력들을 자각하고 향상시키는 문제는 매우 중요한 과제이다. 이러한 목표로 이루어지는 미술치료에서 노인에게 제공되어지는 매체는 다양한 의미가 있다.

노인에게 미술이라는 것은 결코 쉽고 편한 활동만은 아니다. 노인에게 미술은 강력한 치료성과 함께 위협성을 동시에 줄 수 있다. 이것은 그들에게 치료적 입장으로 접근되었을 때 나타나는 소극적이고 방어적 태도에서 알 수 있다.

노인들에게 미술이라는 매체는 친근하기보다는 부담과 위협이 될 수도 있다. 이것은 표현의 의지와 욕구가 있어도 사용방법에 대한 경험 부족으로 위축되고 경직되어 무엇을 어떻게 그리거나, 재료를 어떻게 활용해야 하는지 심리적인 갈등을 일으킬 수 있다는 것이다. 미술이 치료적으로 다가서기에 앞서 그들에게 심리적 갈등과 위협을 주며 자기노출에 방어적이게 하고 자신에 대한 창의적 탐색에 제한을 가져올 수 있다. 그렇기 때문에 치료사는 이러한 상황들을 고려하여 노인들에게 친숙한 재료와 성취욕을 높일 수 있는 재료를 선택하여 접근할 수 있어야 한다.

예술적인 것을 표현하는 데 대한 부담감을 줄이고, 흥미를 유발하며 성취감을 부여할 수 있는 매체 선택은 치료목표와 과정을 위해 중요한 부분이다. 인지적 자극과 소근육, 감각의 발달을 돕는 매체와 미술에 대한 위협감을 해소하고 친근하게 접근할 수 있는 자연물의 활용, 과거의 경험들을 표현할 수 있는 대체 매체가 적절히 활용되어져야 한다.

3 노인 미술치료의 실제

1) 연구대상

본 연구의 대상자는 서울시에 위치한 노인복지관에서 만 65세 이상의 노인으로 다음의 조건에 만족하는 자를 임의로 표집하여 집단을 선정하였다. 미술치료 프로그램을 실시하지 않는 통제집단, 회상을 주제로 활용하여 집단미술치료 프로그램을 실시하는 실험집단 등 2군으로 나누어, 실험집단에 집단미술치료 프로그램을 시행하였다.

첫째, 집단미술치료에 자율적인 참여가 가능한 노인
둘째, 집단미술치료 프로그램에 참여하기로 동의한 노인
셋째, 항정신성 약물이나 콜린계 약물을 복용하지 않는 노인

2) 연구대상의 일반적 특성

본 연구의 대상자는 집단미술치료 프로그램에 참여한 실험집단 8명과 참여하지 않은 통제집단 8명으로 구성되어 있다.

3) 회상을 주제로 한 집단미술치료 프로그램

표 10-1 회상을 주제로 한 집단미술치료

단계	회기	활동명	활동방법	기대효과
초기단계	1	프로그램 소개 및 자기 소개(나는…)	• 본 프로그램의 목적과 전반적인 과정을 이해하고, 자기소개를 통해 친밀감을 갖는다.	• 친밀감 형성
	2	물과 색의 만남	• 물과 색의 만남으로 번지기, 뿌리기 등의 자연스러운 우연의 효과로 표현한다.	• 친밀한 관계 형성 • 정서적 이완 • 흥미유발
	3	유년시절의 행복 (어린 시절 놀이)	• 유년시절의 긍정적인 기억(놀이, 우정, 우애)을 회상하고 친구, 형제와 함께 놀던 놀이형태를 표현한다.	• 긴장이완/흥미유발 • 긍정적 과거 경험 노출
	4	고향의 봄 (꽃동산)	• 고향의 향수를 생각하며, 고향 동네의 풍경과 계절의 변화 등을 나누며 공동으로 흙과 꽃을 이용해서 꽃동산을 꾸민다.	• 긴장이완과 흥미유발 • 집단의 응집력 향상
중기단계	5	추억의 그 시절 좋아했던 배우	• 젊은 시절의 화려했던 기억들을 떠올리고, 서로 좋아했던 배우, 유행했던 것들을 나누고 표현한다.	• 긍정적인 감정표출 • 흥미유발, 상호작용
	6	추억이 담긴 선물	• 추억이 담긴 물건에 얽힌 사연과 의미, 소중한 흔적을 나누고, 소중한 작품으로 재탄생 시킨다.	• 긍정적 지지/감정표출
	7	나의 인생길	• 나의 인생에 기뻤던 기억들을 떠올리고 행복의 의미와 애환들을 글, 잡지 등을 활용하여 표현한다.	• 자기인식과 성찰 • 감정표출 및 자기개방
	8	그리운 부모님	• 부모님에 대한 긍정·부정적 기억을 나누고, 정서적인 변화를 느끼며 표현한다.	• 감정표출 및 자기개방 • 공감대와 신뢰감 형성

단계	회기	활동명	활동방법	기대효과
중기단계(계속)	9	첫날 밤의 설레임 (신방 꾸미기)	• 배우자를 만났을 때 느낌, 결혼식, 첫날 밤의 방을 떠올리고, 배우자에게 느끼는 감정을 표현	• 감정표출과 분노해결 • 긍정적인 수용
	10	사랑하는 아들 · 딸아	• 자녀양육 시절의 기쁨, 애환, 아픔 등을 나누며 그때의 감정들을 표현한다.	• 감정표출 • 공감대와 신뢰감 형성
	11	소중한 내 인생	• 인생에 대한 의미를 부여하고 성찰하여 자신이 겪은 인생길을 그림으로 표현한다.	• 과거와 현재의 성찰 • 감정표출 및 감정해소
	12	인생 곡선 그리기	• 지금까지 살아온 삶을 10살 단위로 구분해 인생의 굴곡과 의미를 통찰하며 표현한다.	• 자아성찰과 통합 • 자아존중감 향상
종결단계	13	나에게 보내는 상장	• 자아통찰을 통한 자존감을 높이고 자기 얼굴, 손을 구체화 작업한다.	• 자아존중감 향상 • 긍정적 자기이해
	14	나를 기다리는 또 다른 길(죽음)	• 인생에 대한 성찰과 긍정적인 죽음에 대한 인식을 하도록 자신의 무덤, 유서, 묘비 등을 준비한다.	• 긍정적으로 죽음에 대해 이해하고 수용하기 • 자아통합
	15	소망 나무	• 집단원들끼리 각자의 소중한 인생의 의미를 정리하고 앞으로의 삶에 대한 현실적인 소망을 다짐하는 나무를 공동작업으로 만든다.	• 자아통합 • 긍정적인 상호지지
	16	나의 소중한 인생 (작품 전시회)	• 종결에 대한 기쁨과 자아통합의 성과를 통한 작품 발표회를 하며 자축한다.	• 자아통합 • 성취감과 자존감 향상

4) 집단미술치료 프로그램에 활용된 미술매체

표 10-2 회상을 주제로 한 집단미술치료 프로그램에 활용된 미술매체

분류	매체
소묘 및 채색 재료	• 연필, 사인펜, 칼라펜, 색연필, 파스텔, 크레용, 수채 물감, 아크릴 물감, 먹물, 포스터칼라
종이	• 다양한 크기의 도화지와 켄트지 • 색도화지, 검정 도화지, 두꺼운 도화지, 한지, 신문지, 색종이
입체 재료	• 점토, 지점토, 색점토 • 각종 천, 실, 바늘, 털실, 노끈, 솜, 재활용품 • 자연물: 꽃, 풀, 돌, 자갈, 지푸라기, 나뭇잎, 나뭇가지 • 곡류: 쌀, 보릿겨, 밤, 대추
회상을 돕는 매체	• 흙, 삼베천 등의 장례물품, 털실 • 밤, 대추, 호두, 전통혼례사진, 색동 천, 빨간고추 • 새끼줄, 지푸라기, 숯 • 옛 배우들 사진 및 포스터 • 잡지, 사진-흑백/칼라
작업 도구	• 다양한 크기의 붓, 물통 • 팔레트, 점토 자르는 줄칼, 가위, 풀, 본드, 오공본드, 글루건, 실리콘, 스카치테이프, 압정

5) 결과

집단미술치료를 통하여 노인들에게 친근감과 즐거운 기억을 회상하게 하여 상실된 능력을 자각하고 향상시킬 수 있었다. 자기통합을 통하여 인생의 마지막을 정리하여 심리적 갈등을 줄이고, 자기노출 및 긍정적인 삶의 질을 높일 수 있었다.

Tip

노인을 대하는 기술

① 친절하게 한다.
② 노인의 속도를 맞춘다.
③ 열심히 잘 듣는다.
④ 불안에 대해서 노출시키도록 한다.
⑤ 노인의 공간영역을 이해한다.
⑥ 노인은 자신이 좋아하는 것, 관심이 있는 것을 자신이 좋아하는 위치에 놓는다.
⑦ 의사소통을 위해 좋은 방법을 강구한다.

마음을 여는 대화법

① 잘 듣는다.
② 비언어적 대화를 자주 한다.
③ 긍정적 화법으로 시작한다.
④ 자존심을 건드리지 않는다.
⑤ 독선적이고 단정적인 화법은 피한다.
⑥ 다양한 배경과 현재 입장을 고려한다.
⑦ 나쁜 말과 푸념과 욕에는 동조하지 않는다.
⑧ 자신이 한 말에 책임을 진다.

장애 내용에 따른 대상별 미술치료의 임상적 적용

4

Chapter 11

장애에 따른 미술치료의 효과

01 개요

1 개요

미술치료는 어린이와 청소년, 성인, 노인 등 모든 연령층에게 적용할 수 있고, 치료를 시행하는 장소와 장애 내용에 따라서 다양하게 실시할 수가 있다.

그리고 이러한 치료는 치료목표와 치료자의 이론적 배경에 따라서 달리 접근될 수 있다. 치료형태는 자기성찰과 성장 또는 인성개발 프로그램이 될 수도 있고, 예방적 차원과 치료적 차원으로 될 수도 있다. 내담자의 특성에 맞게 개인치료 면담 형태와 집단 또는 가족 치료의 형태가 있다. 치료 시에는 프로그램에 따라 유연하게 처방되어야 한다.

키아즈(Kniazzeh, 1981)는 '미술치료가 말보다 심층적 경험을 표현할 수 있어서 좋은 의사소통의 수단이 되며, 그리는 일 자체가 창조적 활동으로서 정화 혹은 승화시킬 수가 있고, 묘사하고자 하는 대상의 통찰과 조직화를 통해서 정신기능을 회복하는 데 도움을 주므로, 치료적 효과가 있다' 고 말하였다.

1) 미술치료의 과정

미술치료의 적용에 있어서, 아동의 경우를 예로 들면 부모 및 아동의 면담을 통한 평가 및 치료 계획을 세우는 것으로부터 시작한다. 먼저 아동의 이전 그림과 제한된 검사를 통해서, 아동의 성격 특징 및 행동과 가족관계에 대한 정보를 제공받는다. 초기에는 무엇보다 치료사와의 관계형성(rapport)이 중요할 것이다. 먼저 아동의 이전 그림과 제한된 검사를 통해서, 아동의 성격 특징 및 행동과 가족관계에 대한 정보를 제공받는다. 그리고 여러 가지 심리 테스트를 통한 진단과 비교해서 미술치료의 장기계획과 기본적 전략을 세우고 매회 관찰지를 기록하도록 한다. 프로그램은 개인치료 또는 집단치료인지, 지시적인지 비지식적인지, 또는 구조적인지 비구조적인지 등에 따라서 그리고 어떻게 시작할 것인가에 의해서도 방향이 달라질 수 있다. 이 경우에는 가족관계로 인한 정서적 장애와 양육의 문제가 원인이므로, 정신역동적 접근과 성장발달 이론의 이해를 갖고 치료에 접근하는 것이 효과적이다.

2) 미술치료의 효과적인 임상적 적용을 위한 제언

(1) 우선 병원 내에 미술실의 치료적 환경여건이 갖춰져야 한다

우선 안정되고 편안하게 그리고 원할 때 열려 있는 독립된 공간이 확보되어야 한다. 내담자 스스로 재료를 선택하고 창작할 수 있도록, 일관된 분위기가 형성되어 있어야 한다.

(2) 전임 미술치료사가 필요하다

한국에 미술치료가 소개된 지 20여 년이 지났다. 그러나 국내의 임상영역에서 특히 정신과 병동에서의 미술치료의 적용은 그 변화가 매우 더디다. 환경적 여건도 열악하고, 미술치료사의 병원 내의 위치도 별로 달라짐이 없다.

치료사 자신이 전문가적 자질과 자격기준을 갖추고 있어야 하며, 병원 내에서 독자적 한 영역의 역할을 담당할 수 있어야 할 것이다.

(3) 병원 내에 치료 팀의 구성과 협조가 필요하다

미술치료사는 내담자와 그 가족과의 면담, 또한 체계적인 상담치료뿐 아니라, 치료 팀과의 교류가 필요하다. 즉, 환자에 대한 정보를 교환하고 치료계획을 세우는 데에 있어서, 서로 도움을 주고받을 수가 있다는 것이다.

(4) 미술치료사에 대한 사회적 위치와 급여의 문제

급여의 문제는 미술치료사의 직업적 성장을 반영하기도 한다. 이는 사회적 위치를 확고하게 해주기도 하는 것이다. 그러나 국내의 현실에선 부정적인 사회적 인식을 헤치고 나갈 수 있는 미술치료사 자신의 긍정적인 철학과 자리매김이 중요하다. 또한 직업인으로서 자격을 갖출 수 있는 노력과 함께, 전반적인 미술치료의 발전이 이루어져야 하겠다.

(5) 미술치료 적용의 활성화를 위한 의식의 확장과 대안적 치료

이제 수요가 공급을 넘어서는 지점에 왔다고 본다. 특수아 부모 상담교육이나 일반 학부모나 교사 특강에서, 미술치료에 대한 주변의 요구와 관심이 지대한 것을 볼 수가 있다. 그리고 특수학교, 복지관, 상담소 차원에서의 미술치료는 비교적 다양하게 시도되고 있다.

Chapter 12

정신현상과 신체현상의 상호관련

1 통합체로서의 개체

과거의 심리학 이론을 보면 대부분 신체현상은 외면한 채 심리적 갈등에만 초점을 맞추거나 아니면 고작해야 정신이 신체에 영향을 미친다는 정도로만 생각하였다. 그러나 현대의 심리학자들은 좀 더 발전된 이론으로 신체와 정신은 서로 뗄 수 없는 하나의 통합적인 전체로 이해한다. 우리의 존재가 정신적인 측면과 신체적인 측면들로 이루어졌지만 통합체로서의 우리 존재는 단순히 정신과 신체를 합한 것이 아니며, 정신과 신체를 포괄하면서도 동시에 이 둘을 넘어서는 총체적인 실체라고 할 수 있다(Perls et al., 1951; Perls, 1969a, 1969b, 1976).

정신과 신체는 서로 분리된 실체라기보다는 유기적인 관계 속에서 동일한 실상을 각각 다른 양식으로 표현하고 있을 따름이다. 우리는 정신과 신체의 양측면을 통합적인 현상으로 바라보아야 한다. 만일 어느 한 쪽을 무시하고 다른 한 쪽만을 다루면 정신과 신체의 통합성이 깨어지게 된다. 전형적으로 이러한 태도를 보이는 사람들의 예로서 신체화장애를 들 수 있는데, 이들은 신체증상이 자신을 괴롭히기 때문에 이를 없애 달라고 말한다. 그런데 이러한 태도는 신체를 자신과 무관한 대상(object)으로 취급하는 것이다. 이들은 신체를 하나의 사물로 생각하기 때문에 신체증상 그 자체가 어떤 의미를 갖고 있다고 생각하지 못한다. 만일 이들이 신체증상도 정신과 마찬가지로 통합체로서 자신을 표현하는 하나의 방식이라는 것을 이해한다면 신체가 하고자 하는 말이 무엇인지 귀를 기울이게 될 것이다.

2 감정이나 욕구억압의 신체적 측면

우리의 생각이나 감정, 욕구, 환상 등 소위 정신적 현상은 우리의 신체적 현상과 뗄 수 없는 관계에 있다. 예컨대, 불안감은 가슴이 두근거리고 신체가 긴장되고 호흡이 편안하지 않은 신체적 증상으로 나타나며, 슬픔은 목이 메고 눈시울이 축축해지며 가슴이 찡해지는 신체현상을 동반한다. 이처럼 모든 정신적 현상들은 그와 관련된 신체현상을 내포한다. 그러므로 어느 한 쪽의 출현이나 억압은 반드시 다른 쪽에도 그에 대응되는 결과를 초래한다. 예컨대, 분노감정의 자각은 신체의 흥분과 함께 체험되는 데 반해, 분노감정의 억압은 신체긴장과 함께 나타난다(Perls, 1969a).

흔히 살아오면서 감정이나 욕구를 억압하기 때문에 우리 자신의 감정이나 욕구를 알아차리는 것이 쉽지 않다. 하지만 우리의 신체현상을 자각하는 것은 훨씬 쉬우므로 일단 신체상태를 먼저 자각하고 이에 주의를 집중하면 관련된 정서상태를 알아차리는 것이 가능하다. 그래서 게슈탈트 치료에서는 자신의 감정이나 욕구를 잘 자각하지 못하는 환자들에게 신체상태를 자각하게 함으로써 그에 대응되는 정서상태를 자각하도록 도와준다(Polster & Polster, 1974).

내담자에게 자신의 신체상태에 주의를 집중하도록 해주면 억압된 감정을 자각해낼 수 있다. 이런 사람들은 대개 오랫동안 자신의 감정이나 욕구를 통제하고 억압해 온 사람들로써 심하면 신체를 자기로부터 완전히 분리(split)시키기도 한다. 그렇게 함으로써 자신의 직면하기 싫은 감정이나 욕구를 더욱 철저하게 외면할 수 있기 때문이다. 신체화장애 환자들이 대개 이런 경향을 많이 보이는데, 이들은 신체를 자신으로부터 소외시켜 버린다(Kepner, 1988).

지속적인 신체구타나 구타위협, 모욕적인 벌을 체험한 개체에게서도 이러한 신체소외 현상을 관찰할 수 있다. 가장 극단적인 예로는 성폭력 피해자들을 들 수 있다. 이들은 해결되지 않은 분노감정과 죄책감, 불안감, 수치심 등을 억압함으로써 고통을 해결하려 하는데, 이러한 억압을 좀 더 완전하게 하기 위해 신체를 자기로부터 분리시킨다. 이때 마약이나 술을 보조수단으로 사용하기도 한다(Briere, 1988; Jehu, 1988). 이러한 억압은 자신의 고통스런 감정이나 부담스런 욕구를 외면함으로써 불쾌한 정서를 줄여주는 기능이 있지만, 문제는 긍정적인 감정이나 욕구마저 억압되어 사는 것이 무의미하게 된다는 점이다.

3 신체작업을 통한 심리치료

유기체이론에 입각해서 구성된 대표적인 심리치료기법으로 게슈탈트 심리치료를 들 수 있는데, 게슈탈트 치료에서는 모든 심리적 문제는 반드시 신체현상과 함께 나타나며, 또한 모든 신체증상은 동시에 심리적 측면을 내포하고 있기 때문에, 진정한 문제의 해결을 위해서는 이 둘을 항상 함께 다루어야 한다고 주장한다(Latner, 1973; Zinker, 1977). 이때 치료의 초점은 환자들이 자신의 신체현상을 자각함으로써 자신의 억압된 감정이나 욕구를 알아차려 과거의 미해결과제를 완결시키도록 도와주는 데 있다. 예컨대, 두통, 요통, 위궤양, 고혈압, 협심증, 식욕장애 등의 신체증상으로 표현되고 있는 개체의 실존적 메시지에 귀를 기울임으로써 환자가 안고 있는 미해결 상황을 찾아 해결해 주는 것이다. 이때 치료자의 과제는 다음과 같다. ① 환자가 자신의 신체과정을 이해하고 또한 이와 다시 접촉하도록 신체작업을 해주고, ② 신체현상들을 기술하는 새롭고 정확한 언어를 개발하고, ③ 소외된 자기부분들 특히 신체현상들 간에 새로운 관계(대화)를 맺을 수 있도록 이끌어 주며, ④ 소외된 자기기능을 재통합할 수 있도록 미해결 상황에 대한 작업을 해주어야 한다(Zinker, 1977).

이러한 신체작업을 할 때, '지금 여기' 에 나타나고 있는 것들을 좀 더 명확히 자각하도록 도와주어야 한다. 그러기 위해 환자의 신체자세를 좀 더 과장하도록 요구하거나 혹은 내담자의 신체를 잡아주거나 신체동작을 연습시키는 것이 도움이 된다. 내담자 스스로 의식적으로 어떤 신체감각을 초래시키면 그 신체현상에 대해 더 잘 자각할 수 있게 된다. 그렇게 되면 신체자세 혹은 긴장 뒤에 숨어 있는 과정에 대해 더 잘 자각할 수 있다.

신체작업을 할 때 환자의 현재의 신체행동이나 신체자세를 언어적으로 표현하도록 권유해보는 것도 좋다. 예컨대, 몸이 뻣뻣하게 굳어 있는 사람은 "나는 벽이다." 라고 말해보는 것이다. 그리고 반대되는 신체자세를 취하게 하고 그것을 말로 표현해보게 하는 것도 좋다. 그러면서 양쪽 간에 대화를 시켜보는 것도 흥미로운 결과를 가져다준다(Polster & Polster, 1974; Zinker, 1977).

4 신체자세의 심리적 의미

장기적으로 일정한 정신현상이 반복되어 나타나면 이것이 정신적 차원에서는 성격이란 형태로 굳어지게 되는데, 여기서도 대응되는 신체차원의 현상이 관찰 가능한 바, 그것이 신체자세이다. 말하자면 신체자세는 성격의 신체적 차원이라고 할 수 있다(Reich, 1949). 정신적 측면을 무시하고 신체자세만을 강제로 고치려 들면 불안이 더욱 심해질 수 있다. 이는 아무 대안 없이 신체긴장이 갖고 있는 방어적 기능만을 와해시키는 것이 되기 때문이다. 마찬가지로 신체측면을 고려하지 않고 정신적 차원에서만 성격변화를 유도하려면 잘 되지 않는다. 왜냐하면 정신적 차원은 종종 모호하고 추상적이어서 그 의미가 쉽게 왜곡될 수 있기 때문이다. 그런데 신체측면을 함께 다루면 정신적 측면에서는 미처 드러나지 않았던 것들이 분명하고 구체적으로 드러나기 때문에 효과적으로 다룰 수가 있다(Stevens, 1975; Rahm, 1990).

5 방어의 신체적 측면

프로이드의 정신분석학에서 '방어(defense)'란 내적 갈등이 의식화되는 것을 막기 위해 자아가 사용하는 메커니즘으로 보았는데, 여기서 방어하는 주체와 방어되는 내용은 서로 다른 실체로 보았다. 즉, 방어하는 주체는 자아이지만 방어되는 내용은 이드 충동이라고 했다.

정신분석가는 내담자의 신체긴장을 자신의 억압된 공격성에 대한 방어라고 보지만, 게슈탈트 치료에서는 이를 단순한 방어라고 보지 않는다. 즉, 이는 비록 자신에게 향한 것이지만 그 자체가 공격성의 표현이라고 본다(Latner, 1973; Polster & Polster, 1974). 문제는 표현방식이 언어적으로 이루어지지 못하고 또한 표현방향도 잘못되게 나타나는 데 있다. 그러므로 신체긴장을 언어행동으로 옮겨주고 방향도 바로잡아주면 신체긴장으로 사용된 에너지를 창조적으로 사용하도록 할 수 있으며, 그렇게 되면 신체긴장은 사라지게 된다.

게슈탈트 치료에서는 궁극적으로 방어는 개체가 특정한 상황에서 보이는 자기 표현방식의 한 형태라고 본다. 따라서 치료는 방어의 형태로 표현되고 있는 정신적 혹은 신체적 표현을 좀 더 효율적인 정신적 혹은 신체적 표현방식으로 나타내도록 도와줌으로써 방어에 사용되는 에너지를 생산적 에너지로 전환시켜주는 것이라 하겠다. 이때 방어를 완전히 없애는 것이 치료의 궁극적인 목표는 아니다. 왜냐하면 특정한 상황에서 방어는 긍정적인 기능을 갖고 있기 때문이다. 따라서 내담자로 하여금 필요한 방어는 계속 사용하도록 허용해주되 다만 장소와 상황에 따라 좀 더 효과적으로 방어를 사용하도록 도와주는 것이 중요하다.

Chapter 13

장애 내용에 따른 대상별 미술치료 적용 방법

1 아동기 장애에 따른 미술치료

1) 아동 그림의 정서적 내용의 복잡성

아동 그림의 정서적인 내용을 이해하려면 그들 그림의 복잡한 창조적 작업을 고려해야 한다. 아동들의 감정은 흔히 복잡하고 모순적일 때도 있으며 아동이나 함께 작업하는 성인들 모두에게 혼동을 일으킬 수 있지만 그림은 많은 정서가 저절로 담길 수 있는 극히 드문 양식 중 하나이다.

아동 그림의 정서적인 내용을 이해하는 데 있어 가장 어려운 점은 성인들의 시각으로 자신의 감정을 의식하는 것인데 아동이 그린 그림의 색, 선, 내용, 형태에 자신의 즐거운 감정, 불안, 두려움, 슬픔을 투사한다. 정서는 아동들에게 있어 추상적 개념이기 때문에 초기 아동기의 그림에 아동 자신의 감정을 표현했다고 말하기는 어렵다. 어린 아동의 경우 본 것을 표현하는 단어가 한정되어 있고, 자신의 감정상태를 그림으로 표현하기가 쉽지 않다.

도식기의 아동들은 감정에 대한 이미지를 좀 더 알아볼 수 있게 그리게 된다. 골룸(Golomb, 1990)은 아동들이 어떤 특별한 감정을 표현해 달라고 요구받았을 때 감정을 나타내기 위해 대표적으로 얼굴을 사용하는 시기가 10세까지라 하였는데 10세 이후에는 신체가 더 그려지는 경향이 있고 팔과 같은 신체 부분이 관련된 감정을 나타내는 데 그려지기도 한다.

아동미술 표현의 상징적 내용을 이해하기 위해서는 선, 형태, 색, 크기, 전체적인 구성 등 구조적인 요소를 살펴보는 것이 중요하다. 이들은 발달적 특징에 영향 받는데 어린 아동일수록 운동조절력이 떨어지며 이는 선이나 형태, 구성의 질에 영향을 미칠 수 있다. 따라서 아동 그림의 구조적인 요소만을 보고 확대 해석하지 않는 것이 중요하다.

(1) 그림에서 정서적인 의미를 가진다고 보는 구조적인 요소

① 색

색은 감정과 밀접한 관련이 있기 때문에 미술 속에서 담긴 정서적인 반응과 관계지어 봐야 한다.

색은 개인적인 의미뿐 아니라 문화나 사회적인 영향, 전통과도 관계가 있다. 색은 다양한 정서를 내포하고 있기에 치료사들은 정서적인 문제나 외상을 경험한 아동들에게서 나타나는 색의 특별한 의미를 알고 싶어 한다.

아동의 색 사용에서 각각의 단계에 대한 색 사용의 발달적 기준을 고려하는 것이 특히 중요하다. 미술발달의 초기단계인 1, 2단계(18개월~4세)에서는 색을 의식하지 않고 가장 손닿기 쉬운 것을 잡고, 3단계(4~6세)에서는 주관적으로 색을 사용하지만, 어떤 아동들은 환경을 자기가 인식하는 대로 색과 연관시키기 때문에 이 시기에는 보통 재료를 가지고 실험하는 것과는 다른 특별한 의미를 가지고 색을 사용했는지를 결정하기가 어렵다. 4단계(6~9세)에서는 색을 도식적으로 사용하고 색에 대한 법칙을 만들어낸다. 아동이 나무를 표현할 때 갈색의 줄기와 녹색의 잎 등 색의 도식적인 사용이 보여진다. 이 시기에는 색의 표현이 경직되고 법칙에 근거하여 색이 사용될 수 있어서 특이하게 색을 사용하는 것이 좀 더 쉽게 발견되며 더 의미를 가진다. 5단계(9세 이상)의 아동들은 사실적인 색을 사용하는데 4단계보다 더 사실적인 묘사를 하므로 보여지는 대로 색을 사용한다.

특별하게 사용된 색의 의미는 감정과 관련하여 대부분 일화와 인상을 다룬 것일 수 있다. 알슐러와 해트윅(Alschuler & Hattwick, 1947)은 아동 그림에 대한 초기 연구에서 더 어린 아동일수록 따뜻한 색을 좋아하고 나이 든 아동일수록 시원한 색을 좋아한다고 지적하였다. 이는 어린 아동들의 본능적 충동성과 나이 든 아동들의 발달적 조절능력에 기인된다고 생각했다. (알슐러와 해트윅의 1947년 '회화와 퍼스널리티' 논문-유아동의 색채 사용방법과 색채의 배치를 중심으로 분석하여 어린이의 심리상태를 이해하려 하였다.)

어린 아동 그림에 대한 정신분석적 평가는 방법론적 오류를 범할 수 있는데 색의 사용은 작업활동 또는 미술활동에 의해서도 영향을 받으므로 색과 감정을 이해하는 것은 복잡하다. 선이나 형태와 같은 세부적인 부분이 중요할 때는 색을 부수적으로 사용하고, 주제를 나타내는 것이 중요할 때는 색을 주로 사용한다. 색의 사용은 연령에 따라 변화한다.

일반적으로, 아동들은 자기 그림에서 세부적인 것을 그리는 데 흥미가 있고, 이때 단색 사용을 더 좋아한다. 이런 경우 색은 중요하게 고려되지 않을 수 있고, 정서적인 의미로는 해석을 할 수 없다.

② 크기

아동들이 사람 그림을 통해 자기 자신을 상징적으로 드러내고, 자기 자신에 대한 감정을 반영하여 자기상을 만들어 낸다는 가정하에 인물화에서 사람의 크기는 자아존중감 또는 개인 모습의 적절성과 관련된다고 본다. 사람을 아주 작게 그리는 것은 아동이 자신에 대해 어떻게 느끼는가와 관련이 있고, 자존감이 낮은 것을 드러내는 다른 근거가 될 수 있다. 때론 자신을 방해하는 성인들로부터 자기 자신을 감추기 위해 작게 그리기도 한다.

③ 그림 그리는 태도

그림을 그리라는 지시나 그림 작업에 대한 반응이 어떠한가를 잘 살펴보아야 한다. 미술작업 과정에서 아동에게 공포심과 불안 등 강력한 감정을 일으켜 외상을 상기시키기도 하기 때문에 재료 사용과 행동의 반복이 있는지, 주저하는지를 살펴야 한다. 아동들의 그림에 대한 정서적인 내용은 반드시 다루어져야 한다. 치료사들은 위기, 공포, 불안 등의 고통스러운 경험에 대한 표현을 자주 접하게 된다.

미술 표현은 아동들의 인식과 감정을 반영하는 것이며, 위기와 관련된 강력한 감정을 담는 공간을 제공한다. 아동들은 그림을 통해 자기 자신을 표현하기 쉽고, 적응력이나 회복력과 같이 좀 더 긍정적인 측면뿐 아니라 불안이나 절망, 두려움 등의 부정적인 측면도 드러낼 수 있다.

2) 장애아동을 위한 미술치료의 접근방법

장애아동의 경우 언어 표현이 미숙하고 신체적, 심리적, 사회적, 인지적 발달이 지체되어 있기 쉬우므로, 전반적으로 성장을 촉진할 수 있는 미술활동을 단계적으로 잘 선택하는 것이 중요하다. 치료사는 성장이론을 바탕으로 하여 점진적 발달과정에 따라 정상아와 특수아동의 발달 표현에 대한 이해를 하여야 한다. 치료사가 단계적으로 치료목표를 세우고 방법을 제시하는 것은 오랜 미술치료 프로그램의 경험을 필요로 하지만, 보다 중요한 것은 치료사의 성품과 치료적 자질이다. '치료사는 아동에게 좋은 어머니의 역할을 대행하여 아동을 감싸고 어루만지고 돌볼 수 있어야 한다' (Winnicott, 1975). 그러기 위해서는 미술치료 상황에서 '전이' 와 '방어기제' 등을 처리하고 해결할 수 있는 정신역동과 이상심리와 정신발달의 이해 등 심리치료사의 훈련도 받아야 한다. 실제적으로 임상장면 과정에서, 초기에 미술평가를 통한 투사적 심리진단이 이루어지게 되는데, 이를 통해 발달평가와 성격진단과 가족관계 등을 이해하게 된다. 이는 다른 치료부서와의 팀 회의를 통해서 보다 정확한 정보교환을 한 뒤에 이루어지며, 정확한 치료계획을 세우는 것이 중요하다. 장애아동의 증상은 발달적 문제로 인해 복합적인 경우가 많으므로, 보다 신중하고 유연성 있는 태도와 치료방법에 대한 적절한 선택이 요구된다.

(1) 정신지체 아동의 특성과 미술치료

일반적으로 미술치료는 3세 이후의 지적 능력을 갖고 있거나, 상징적 표현과 언어능력이 있는 아이들에게 적용할 수 있다고 생각한다. 이는 상상이나 추상적 개념을 사용하여 의사소통을 하는 전통적인 정신분석적 또는 분석 심리학이 미술치료의 접근방법으로 알려져 있기 때문이다.

정신지체아의 경우는 인지적 지체를 보이므로 미술치료의 목표와 접근방법이 달라야 한다. 그림의 해석이나 심리적 통찰과 감정의 승화에 목표를 두는 것은 어려우며, 아동의 발달수준에 적합한 단계적 미술 프로그램이 설정되어야 한다.

미술치료사는 정상 발달과 특수아동의 발달과정과 표현에 대한 섬세한 이해가 필요하며, 각 시기에 맞는 과제를 활동과정 속에서 제시할 수 있어야 한다(Williams & Wood, 1977). 구체적 신체경험과 감각경험을 제공하는 감각과 지각, 운동기능의 전반적 발달을 향상시키는 것이 중요하다. 따라서 그리기 재료뿐 아니라 감각적이고 보다 창의적인 재료의 사용을 통해서 창의적이고 탐구적인 실험을 함으로써, 아동들 스스로 발달적 체험을 하도록 한다. 선-미술재료(pre-art material)의 사용이 효과적일 수 있는데, 호기심을 자극할 수 있는 다양한 재료로 밀가루 반죽이나 모래, 물, 콩, 마카로니 등 안전한 재료들이 이용된다. 이때, 치료사는 아동이 각 재료나 매체에 보이는 반응과 숙련도와 활용 정도 및 통합능력을 관찰하고 평가하여 치료적 개입을 하게 된다(김진연, 1989). 재료 사용을 제한할 필요가 있는 아동은 정신지체 정도가 심하거나 퇴행이 심한 아동이다. 찰흙이나 연필은 재료에 대한 저항이나 거부감이 있는 경우 또는 감정조절이 어려운 경우에 사용하게 할 수가 있다.

정신지체아는 교육 가능등급과 훈련 가능등급 그리고 보호대상으로, 각 발달단계에 따라 분류된다. 이들은 인지적 장애뿐 아니라 적응행동에도 어려움을 보이므로, 미술치료 프로그램에서는 인지적, 행동주의적 접근방법이 효과적일 수 있다.

미술활동의 구성에 있어서 정신지체 아동은 매우 천천히 학습한다는 것에 유의해야 한다. 교육이 가능한 등급의 아이들도 추상화된 일반화의 능력에는 문제가 있으므로, 미술치료사는 각 치료 장면에서 세심한 주의가 필요하며 미술활동의 경험 속에서 조금씩 성취해 나가는 것이 중요하다고 본다(Insight, 1976).

정신지체아 중에서 교육이 가능한 경우는 읽기, 쓰기, 셈하기 등 최소한의 기능을 습득할 수 있도록 하며, 또한 환경에 스스로 적응할 수 있도록 사회적 적응력을 강조하는 프로그램과 나아가 경제적 직업능력을 가질 수 있도록 독립성을 기를 수 있는 프로그램이 개발되어야 한다. 이때 미술치료사는 단순한 것에서 어려운 과제로 실시하여 실패와 좌절감이 생기지 않도록 하고, 또한 한 번에 한 단계에만 집중할 수 있도록 고려한다. 짧은 시간에 중요한 기능과 개념에 초점을 맞추는 것이 필요하다.

미술치료사는 긍정적인 강화와 피드백을 하도록 한다. 훈련이 가능한 정신지체아의 문제 중 하나는 주로 운동발달의 지체이다. 미술 프로그램은 미술 매체와 도구와 재료를 적절하게 사용할 수 있도록 한 뒤에, 표현이 이루어지게 된다. 정신지체아에게는 짧은 시간에 단순한 미술활동의 반복을 이루어지도록 하여 기본적 개념을 형성하도록 한다. 짧은 집중력과 제한된 기억력을 가진 아이들을 배려하는 것이 필요하며, 재료는 물감이나 나무 등 단단하거나 너무 액체 상태인 것은 선택에 제한을 두기도 하는데 이는 감정이나 운동 조절력이 잘 안될 수 있기 때문이다.

(2) 감각장애 아동의 특성과 미술치료

① 시각장애 아동의 특성과 미술치료

- 시각장애 아동의 특성: 시각장애는 시각기능이 전혀 없는 전맹과 시력이 조금이나마 남아 있는 약시로 구분된다. 특히 전맹일 경우에는 감상이 전혀 이루어질 수 없으며 선천적인 시각장애와 후천적인 시각장애를 구분하여 한다. 사실상 순수한 시각장애라면 일반아동과 생각하는 것, 관심, 욕구가 다를 바가 없다. 그러므로 이들의 이런 특성을 가만해 일반 아동의 심리를 적용하여 프로그램을 짜는 것도 좋은 방법이다.
- 시각장애 아동의 미술치료: 미술을 하는 데 있어 시각기능의 상실은 치명적인 것이 사실이다. 다시는 그림을 그릴 수 없다는 좌절감과 포기가 있을 수 있다. 그렇기 때문에 시각장애 아동에게 미술치료란 꼭 필요한 부분이라 할 수 있다. 시각으로 인지할 수 없다면 촉각과 청각을 이용한 프로그램을 통해 형태와 색채를 상상할 수 있는 기회를 부여하는 것이다. 그러기 위해서는 이들의 장애를 고려한 작업장의 일관성과 물감과 특정 재료 등에 향로와 같은 후각으로 인지할 수 있는 특별한 재료와 도구가 필요하며 프로그램에 있어서는 평면적인 작업보다는 이들의 작업의 결과물을 느낄 수 있게끔 부조적이고 입체적인 작업이 적합하다. 예를 들자면 콜라주, 풀 그림, 찰흙 등 촉각으로 인지되는 재료의 선택은 시각장애인들에게 있어 중요하다.

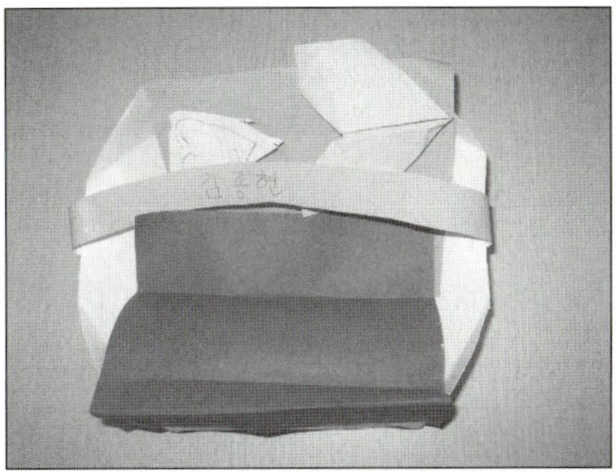

선물상자 만들기: 선물을 주고 싶은 사람을 생각하며 꾸며본다.

② 청각장애 아동의 특성과 미술치료

- 청각장애 아동의 특성: 청각장애는 농과 난청으로 구분되는 감각장애로 분류된다. 청각장애인은 언어상의 문제가 심하여 의사표현 언어를 수단으로 하는 자기표현에 어려움이 있어 대인관계가 힘들어 사회성에 결함을 가지고 올 수 있다.

청각장애자는 장애 중에 정상인과 가장 흡사한 생활을 할 수 있으며 난청일 경우 의료기구의 착용으로 인해 외견상 정상인과 다를 바가 없다. 그러므로 일반인과의 접촉 기회가 많으며 그로 인해 대인관계 등과 같은 사회성의 문제로 인해 감정장애가 생길 수 있다.

가면 만들기: 별칭이 예쁜 공주인 아동 자신이 좋아하고 의지하는 사람들로부터 본의 아니게 상처를 많이 받는 성격인 것으로 파악되어지며 자신의 아픔에 대해 대화할 수 있는 상대가 필요한 것 같다.

청각장애 아동의 미술치료: 언어로 표현 할 수 없음으로 인해 억제되어 있는 것을 그림으로 발산하게 하면 정신건강에 큰 도움이 될 것이다. 청각장애 아동에게는 농아벽(deafism)이라 하여 특정한 몇 가지의 경험만을 성급히 일반화를 시켜 반복적으로 그리는 특징적인 행동이 있다. 이는 다양한 재료와 경험을 접하게 하는 프로그램을 통해 올바른 인지능력을 키워 주어야 한다.

③ 신체장애 아동의 특성과 미술치료

신체장애(지체부자유)는 무엇보다 작업환경의 문제점들을 고려하지 않으면 안 된다. 이들의 대부분은 심각한 운동장애를 가지고 있으므로 그들이 미술활동을 하기 위해서는 그들의 운동장애를 고려한 도구와 재료 등이 필수적이라 하겠다. 또한 이들에게 미술은 부담이 되어서는 안 되며 생활에 있어 하나의 즐거움이 되어야만 한다. 팔이 없는 사람은 발과 입으로 그림을 그릴 수 있으며 몸을 움직일 수 없는 사람은 엎드려 그림을 그릴 수 있다. 이들에게 미술은 학습이 아닌 자신의 내면을 표현하는 하나의 돌출구일 수 있으며 즐거움일 수 있다. 또한 도전일 수 있다.

신체장애 아동(지체부자유)의 경우에는 그들의 신체적 특성과 운동성의 장애 때문에 자신의 모습에 위축되고 자신감의 결여로 인해서 대화를 할 때 소리가 거의 들리지 않을 정도로 말을 하는 등 기존의 심리적 문제를 가진 아동과는 다르게 특별한 문제를 가질 수 있다. 미술치료 프로그램으로는 신체 본뜨기를 통해서 긍정적인 자아상을 회복하게 하거나, 미래의 내 모습을 다른 아이들과 함께 그리면서 현실에서 의사소통하고 적응할 수 있는 체험을 통해 자신감을 갖도록 할 수 있다. 미술치료사는 미술작품의 형태보다는 그들이 성취욕구와 의욕을 갖도록 해야 할 것이다. 뇌성마비 아동의 경우에는 다른 아동에 비해 넓은 장소와 환경이 필요하다. 소 근육 등 운동기능을 조절하고 활성화시킬 수 있는 프로그램이 단계적으로 필요하며, 보조적인 재료와 환경이 준비되면 미술활동에 큰 문제는 보이지 않는다.

미술활동에 있어서 미술치료사는 개별화 지도를 하거나, 아동과 긴밀한 관계를 형성하고 유지해야 한다.

몸이 불편한 신체적 장애를 갖고 있는 아동의 그림: 현실을 떠나 자신이 원하는 곳을 자유롭게 날아다니고 싶은 마음과 자신이 원하는 것을 하고 싶은 꿈을 나타내었다. 미술활동을 통하여 자신의 간절한 바람을 표현하고 그림으로 자신이 원하는 것을 이루어보는 직간접적인 적용이 내면의 욕구를 풀어내는데 도움을 준다.

(3) 행동장애 아동의 특성과 미술치료

행동장애를 보이는 아동의 경우 몇 가지 형태로 나뉘므로, 발달적 문제인지 과잉행동의 문제인지 사회성의 문제인지에 대해 원인을 파악할 필요가 있다. 아동의 사회성의 문제가 해결되지 않을 경우 청년기 이후 품행문제나 반사회성을 띌 수 있기 때문이다. 미술치료사의 태도에도 부적절한 행동과 긍정적 행동에 대한 체계적인 대응과 접근방법이 요구될 수 있는데, 심하게 엄격하지 않으면서도 일관성 있는 계획의 수립이 필요하다. 행동장애의 경우 행동을 조절하거나 규칙을 지키는 데 어려움을 느낀다. 미술치료 프로그램이 준비단계와 활동과 정리단계로 구조적으로 짜여 있으면 아동들은 미술환경 속에서 안정감을 느낄 수 있고, 자신의 위치를 느끼게 된다. 행동장애를 보이는 아동은 주의집중력도 짧고 좌절감도 쉽게 느낄 수 있다. 표현력을 증가시키기 위해 긍정적인 격려를 할 필요가 있으며, 좋은 습관에 대해서는 칭찬 등의 강화를 통해 성공 요인을 높여주는 것이 좋다. 또한 집단미술치료 활동을 구성하여 상호작용과 의사소통 능력을 키우며, 미술활동을 함께 하면서 분배하고 조절하고 협동하는 것을 경험할 수 있도록 한다. 또한 심하게 위축된 아동들은 미술활동 초기에는 쉽게 당황하거나 활동 자체에 거부감을 가질 수 있으므로, 자신감을 심어주기 위해 과제를 작은 단계로 나누어 실시할 필요가 있다. 지나친 미술활동의 강요는 아동을 더욱 위축시킨다. 이런 아동에게는 방어를 약화시킬 수 있도록 원색 종이보다는 약간 색깔 있는 종이를 사용하거나, 종이에 테두리를 쳐주고 그리게 할 수도 있다. 난화 게임을 통해서 사회적 상호관계의 경험과 동기를 부여해 줄 수 있으며, 찰흙으로 놀이를 하거나 핑거페인팅이나 분필로 칠판에 그림을 그리거나 큰 종이에 붓으로 그려보는 것도, 위축된 감정을 편안하고 자유롭게 확장시켜 볼 수 있는 기회가 될 것이다. 간혹 심하게 결벽증적이거나 대인관계 접촉을 꺼리는 경우, 찰흙이나 손이 더러워지는 재료를 기피하기도 한다. 이런 경우 콜라주 등 간접적인 재료를 사용해 보거나 단계적으로 재료 및 사용방법을 바꿔보는 것이 필요하다. 초기상담을 통해 가족관계 등 보다 근본적인 환경적 원인을 조사해 보는 것이 필요하며, 치료적 접근도 달라져야 할 것이다.

주의력 결핍 과잉행동 아동은 우선 흥미로운 활동을 통해서 동기유발을 시킨 뒤에 주의를 끌어서, 스스로 계획하고 구성하고 제작할 수 있도록 짧은 시간에 완성감을 주는 의도가 있는 활동을 하도록 한다. 이후 점차로 활동시간을 늘여 가면서 집중 시간을 늘리고, 또래와의 집단미술치료 프로그램을 단계적으로 시행하게 하며, 함께 따라하도록 하여 집단활동이 정상화 되도록 한다.

주의력 결핍 과잉장애 아동이나 그 외에도 특수한 활동장애로 나타나는 신체적 증상인 틱(tic) 등이 정서와 긴밀한 연관이 있어서, 그 문제가 해결될 경우 매우 좋아지기도 한다. 이는 미술치료를 통해 정서적 긴장완화와 의욕적인 자기표현을 통한 몰입이 가능하고, 집단활동으로 현실 적응의 문제를 다루어 주기 때문일 것이다. 그러나 기질적 소인이 함께 보이는 경우에는 약물치료를 하는 경우도 많으므로, 이러한 아동의 변화 과정에 보완될 수 있는 단계적 프로그램을 적용하는 것이 필요하겠다.

① 주의력 결핍 및 과잉행동장애 아동을 위한 지도방법

최근 주의력 결핍 및 과잉행동장애(Attention Deficit Hyperactivity Disorder)로 인한 문제가 대두되면서 주의력 결핍 및 과잉행동장애에 대한 관심이 높아지고 있다. 주의력 결핍 및 과잉행동장애는 우울증, 공격행동, 자살 등 많은 행동문제를 야기할 수 있다.

- 정의: 미국정신의학협회(1987)에서 명칭한 것으로 종전에는 과다운동증(Hyperkineic syndrome) 또는 미세뇌기능장애(MBO: Minimal brain dyfunction)라고 불렀으나 현재에는 주의력 결핍 과잉행동장애(ADHD: Attention Deficit Hyperactivity Disorder)라 명하고 있다. 이 증후의 주된 장애로 어려움이 있는 아동들은 한 곳에 주의집중을 유지하기 어렵고, 쉽게 싫증을 내고 지루해한다. 또한 호기심이나 충동을 통제하는 데 어려움이 있고 과다한 활동성을 보인다. 따라서 규칙이나 지시를 따르기가 어렵고 행동이나 기분 변화가 심해서 예측하기 힘든 모습을 보인다.
- 원인
  - 뇌기능의 장애: ADHD는 뇌의 특정 부위의 손상 혹은 기능의 장애의 결과로 생각되어져 왔으며 초기에는 대뇌손상으로 간주되었다. 뇌염이나 사고로 인해서 대뇌에 손상을 입은 사람들에게서 주의집중의 문제와 과잉활동이 나타났기 때문이다. 그러나 대부분의 경우에서 대뇌손상이 확인되지 않는 미소대뇌손상(Minimal Brain Damage)이 가정된다. 그러므로 대뇌손상은 하나의 원인으로 볼 수도 있지만 주요원인은 아닌 것이다. ADHD와 뇌손상의 관련성을 입증하기 위해서는 좀 더 체계적인 연구가 요구된다.
  - 유전: 모리슨과 스튜워(Morrison & Steware, 1973)는 ADHD 아동의 부모를 조사 · 연구한 결과 친부모보다 양부모의 경우 ADHD의 출현율이 낮게 나타났다고 말했다. 또한 버클리(Barkley, 1988)는 ADHD 아동의 부모나 형제에게서도 이 장애가 일반적 확률 이상으로 나타난다는 것을 보여주었다. 이를 통해서 유전적 전이가 ADHD의 발생과 관련되어 있다는 것을 알 수 있다.
  - 생화학적 요인: 데이비드(David, 1976)는 과잉행동을 보이는 이들의 혈색과 소변 내 납의 수치가 높은 것을 발견했다. 그래서 체내의 납을 제거시키는 강한 물질로 과잉행동을 치료해본 결과 처음부터 혈중 납수치가 높았던 집단은 납중독보다는 다른 요인으로 과잉행동을 보인다고 추정되는 이들에 비해 혈중 납수치가 현저하게 낮아졌으며 행동 면에서도 전체적인 개선이 나타났다고 보고했다. 페인골드(Feingold, 1975)는 과잉행동을 인스턴트식품, 식품첨가물(인

공염료, 인공향신료, 방부제)과 살리실산염의 영향에 따른 반작용으로 말할 수 있다고 보았다.

- 환경적 요인: 양육되어지는 환경과 가정환경은 ADHD의 2차적 증상에 미치는 영향이 크다. 패터니트와 로니(Paternite & Loney, 1980)는 과잉행동을 보이는 94명을 대상으로 이들의 증상과 가정환경을 비교하여 과잉행동과 가정환경과의 관련성을 제시하였다. 부모와 자녀의 관계가 긍정적일 경우에는 관계와 공격성 · 행동문제와는 부적 상관이 있고 친사회적 행동과는 정적 상관이 있다고 주장한다. 사회환경도 연관이 있는데, 사회적 지위가 높은 과잉행동 집단은 사회경제적 지위환경이 낮은 과잉행동 집단에 비해 2차적인 증상의 심각성이 낮았다는 보고와, 사회경제적 지위가 낮은 부모들은 높은 부모들보다 더 적대적이었고 일관성이 결여되었다는 보고도 있다. ADHD라고 진단 내릴 정도는 아니지만 과잉행동, 주의력 결함, 충동성 · 공격성 등의 행동을 보이는 많은 학생들이 있는데 그들은 이와 같은 환경적 요인이 큰 작용을 미친 것이 아닐까 생각된다.
- 진단기준

Tip

진단기준

A. (1) 또는 (2) 가운데 1가지를 만족시켜야 한다.

(1) 부주의에 관한 다음 증상 가운데 6가지 이상 증상이 6개월 동안 부적응적이고 발달 수준에 맞지 않는 정도로 지속된다.

주의산만

a. 흔히 세부적인 면에서 면밀한 주의를 기울이지 못하거나, 학업, 작업, 또는 다른 활동에서 부주의한 실수를 저지른다.
b. 흔히 일을 하거나 놀이를 할 때, 지속적으로 주의를 집중할 수 없다.
c. 흔히 다른 사람이 직접 말을 할 때 경청하지 않는 것으로 보인다.
d. 흔히 지시를 완수하지 못하고, 학업, 잡일, 작업장에서의 임무를 수행하지 못한다(반항적 행동이나 지시를 이해하지 못해서가 아님).
e. 흔히 과업과 활동을 체계화하지 못한다.
f. 흔히 지속적이고 정신적인 노력을 요구하는 작업(학업 또는 숙제 같은)에 참여하기를 피하고, 싫어하고, 저항한다.
g. 흔히 활동하거나 숙제하는 데 필요한 물건들(예) 장난감, 학습 과제, 연필, 책, 또는 도구)을 잃어버린다.
h. 흔히 외부의 자극에 의해 쉽게 산만해진다.
i. 흔히 일상적인 활동을 잊어버린다.

(2) 과잉행동-충동에 관한 다음 증상 가운데 6가지 이상 증상이 6개월 동안 부적응적이고 발달 수준에 맞지 않는 정도로 지속된다.

과잉행동

a. 흔히 손발을 가만히 두지 못하거나 의자에 앉아서도 몸을 움지럭거린다.
b. 흔히 앉아 있도록 요구되는 교실이나 다른 상황에서 자리를 떠난다.
c. 흔히 부적절한 상황에서 지나치게 뛰어다니거나 기어오른다(청소년 또는 성인에서는 주관적인 좌불안석으로 제한될 수 있다.).

d. 흔히 조용히 여가활동에 참여하거나 놀지 못한다.
e. 흔히 끊임없이 활동하거나 마치 자동차(무엇인가)에 쫓기는 것처럼 행동한다.
f. 흔히 지나치게 수다스럽게 말을 한다.

◀◀◀◀◀ 충동성

g. 흔히 질문이 채 끝나기 전에 성급하게 대답한다.
h. 흔히 차례를 기다리지 못한다.
i. 흔히 다른 사람의 활동을 방해하고 간섭한다(예 대화나 게임에 참견한다.).

B. 장애를 일으키는 과잉행동-충동 또는 부주의 증상이 7세 이전에 있었다.

C. 증상으로 인한 장애가 2가지 또는 그 이상의 장면에서 존재한다.

D. 사회적, 학업적, 직업적 기능에 임상적으로 심각한 장애가 초래된다.

E. 증상이 광범위성 발달장애, 정신분열증, 또는 기타 정신증적 장애의 경과 중에만 발생하지 않으며, 다른 정신장애(예 기분장애, 불안장애, 해리성 장애, 또는 인격장애)에 의해 잘 설명되지 않는다.

- 복합형: 지난 6개월 동안 진단 기준 A1과 A2 모두를 충족시킨다.
- 주의력 결핍 우세형: 지난 6개월 동안 진단 기준 A1은 충족시키지만 A2는 충족시키지 않는다.
- 과잉행동-충동 우세형: 지난 6개월 동안 진단 기준 A2는 충족시키지만 A1은 충족시키지 않는다.

표 13-1 주의력 결핍 과잉행동장애 아동 진단자료(Conners의 평가지)

관찰된 행동	정도			
	전혀 없다 (1점)	약간 2점)	상당히 있다 (3점)	아주 심하다 (4점)
❶ 차분하지 못하고 너무 활동적이다.				
❷ 쉽사리 흥분하고 충동적이다.				
❸ 다른 아이들에게 방해가 된다.				
❹ 한번 시작한 일을 끝내지 못한다. 주의집중 시간이 짧다.				
❺ 늘 안절부절 한다.				
❻ 주의력이 없고 쉽게 주의분산이 된다.				
❼ 요구하는 것이 있으면 금방 들어주어야 한다. 쉽게 좌절이 된다.				
❽ 자주, 또 쉽게 울어 버린다.				
❾ 금방 기분이 확 변한다.				
❿ 화를 터뜨리거나 감정이 격하기 쉽고 행동을 예측하기 어렵다.				

※ 교사가 평정한 10개 행동의 점수를 모두 더해 16점을 넘으면 주의력 결핍 및 과잉행동장애일 가능성이 있다. 그런 경우에는 더 전문적이고 정확한 심리검사를 받아보는 것이 필요하다.

ADHD 아동들은 부주의한 잘못된 여러 행동들로 인해 야단을 많이 맞고 공부에서도 실수를 많이 하는 등의 문제를 보이기 때문에 주변 사람들에게 인정을 받지 못하고 이로 인해 자존감이 낮아지기 쉽다. 그래서 그런 기간이 오래되면 자신감이 떨어져서 할 수 있는 일도 안 하려고 하기 때문에 능력이 있어도 그것을 발휘하지 못하게 된다. 또한 자존감이 낮은 청소년은 범죄, 약물남용, 성적 문란, 가출 등의 문제행동도 많이 보이게 된다. 따라서 ADHD 아동이 자신의 잠재력을 발휘하고 행복한 삶을 살기 위해서는 낮아진 자존감을 높여주는 치료가 필요하다. 그러기 위해서는 부모님을 포함한 주변 사람들의 노력이 절대적으로 필요하다.

주의력 결핍 및 과잉행동 장애는 심리적인 요인이 아닌 기질적인 요인에 기인한 것으로 아동 자신은 잘 하고 싶지만 뜻대로 잘 되지 않는 경우가 많다. 보고 있는 교사는 답답하겠지만 인지능력과 실행능력 간의 차이로 인해 정말 괴로운 것은 아동 자신일 수 있다. 때문에 표면적으로 나타나는 아동의 문제행동만이 아닌 아동의 입장에서 아동의 욕구를 함께 볼 수 있는 여유를 가질 필요가 있다.

(4) 자폐아동의 특성과 미술치료

① 자폐아동의 특성

자폐는 정서장애에도 포함되는데 이는 정서장애의 특징과도 무관하지 않다는 것을 의미한다. 루터(Rutter, 1975)는 자폐성 아동의 특징적인 증상에 대해 부모와의 상호 작용이 전혀 이루어지지 않고 사람과의 접촉을 피한다고 하였다. 자폐아들은 환경에 대해서도 적응하는 능력이 결여되어 있어 새로운 환경에 당면하면 크게 당황하여 변화에 저항하는 행동을 보이기도 한다.

어떤 장애든지 그러하겠지만 특히 자폐증은 100%의 완벽한 치료가 이루어질 수 없으므로 정상화를 위해 최대한의 노력을 하는 것이 최선이다. 하지만 현대에 이르러 자폐의 치유에 가능성을 제기하고 있다.

자폐아의 병인은 너무나 다양하다. 그래서 치료적 방향에 대해서도 여러 분야에서 많은 연구가 이루어지고 있다. 그러나 미술치료사의 역할은 무엇보다 아동이 갖고 있는 깊은 잠재성과 내면의 욕구를 자극하여 세상 밖으로 인도하는 것이다. 위니캇

(Winnicott, 1975)은 '미술치료사는 초기 모성의 따뜻한 보살핌과 어루만짐, 그리고 포옹을 제공하여야 한다.' 라고 말한다. 안전하고 자유로운 환경을 통해서, 아동이 스스로 깨어날 수 있는 시간과 공간을 주어야 하는 것이다.

미술실과 미술재료는 창조성을 고취시키고, 도화지 위의 공간은 내적 세계와 외적 세계를 연결할 수 있는 중재의 공간이 되어, 아동은 스스로 자신을 깨고 나올 수가 있게 된다. 외부세계에 대한 내적 관심을 표현할 수 있게 되는 것이다. 아동은 그림을 그리면서 초기 대상, 즉 모성관계에 대한 좌절과 실패감을 드러낼 수 있다. 그리고 미술과 놀이를 통해서 제3의 공간인, 새로운 대상과 영역 속에서 아동이 재창조하게 함으로써 내적 현실과 외적 현실의 체험을 하게 하고, 세상 밖으로 그들을 서서히 끌어낼 수가 있다.

자폐아동의 주된 특징은 대상관계와 애착을 형성하기 어렵다는 것이다. 그리고 타인과의 감정교환이 잘 안되고, 적절히 반응하는 능력에 장애를 갖는다. 안나 프로이드(Anna Freud, 1927)가 그림 연구를 통해서 자폐아를 진단하려 하기도 하였다. 치료적으로도 여러 가지 접근방법이 있지만, 초기 모성의 문제를 다룬 대상관계 심리학적 이해에 근거하여 아동을 이해한다면, 미술치료의 기법이나 재료뿐 아니라 미술실의 공간 그리고 치료사 자신이 아동에게 치유적인 매체가 되고(정여주, 2001), 창조적 환경이 되어줄 수 있음을 자각하게 될 것이다.

크레이머(Kramer, 1972)와 로빈스(Robbins, 1987)는 미술치료사의 깊은 이해와 감정이입 그리고 해석을 통해서, 초기 대상 상실의 문제를 보상하는 데 도움을 줄 수 있다고 하였다.

로웬펠드(Lowenfeld, 1957)에 의하면 이러한 '도식들은 아동이 의도적으로 자기 개념을 바꾸려 하지 않는 한 반복해서 그리게 되는 형상' 이라고 한다. 자폐아동은 사람도 기계적으로 표정 없이 그리는데, 사람의 도식은 아동의 심리적 성장을 반영하는 것으로서 아동의 개별화된 개념, 즉 아동의 생각과 느낌 그리고 자기 주변세계를 자각한 바가 그대로 사람 도식에 투사되는 것이다. 창조적 재료를 주고 의욕을 불러일으킬 수 있는 모든 감각과 지각의 자극을 열어놓음을 통해서, 아이들은 아주 서서히 주변사물에 관심을 가지기 시작한다. 이때 미술치료사는 많이 기다려 주어야 한다. 아이의 자유를 최대한 허용해 주고, 내면 깊이 자리잡은 두려움과 방어의 껍질을 뚫고 나와서 표현하고 타인에게 손을 내밀 수 있도록, '이곳은 위험하지 않으며 자유롭고 재미있는 곳' 이라고 느끼게 해주어야만 한다. 이곳은 '창조 공간' 인 동시에 '놀이 공간' 이고 현실로 나아가기 위한 실험의 장이라는 것을, 미술 자체의 창조적 힘의 역동을 보여주어야 한다. 그러면 아이는 서서히 변화되기 시작하며, 이것이 '미술이 갖고 있는 치유적인 힘' 인 것이다.

자폐아의 경우, 미술재료와 프로그램이 아이에게 어떻게 반응될지 미술치료사는 많은 경험을 통해 섬세하게 파악하고 있어야 한다. 부드럽고 편안한 재료의 체험은, 아이에게 삶의 동기를 불어넣어 멈췄던 자리에 심리적 성장을 촉진시킨다.

인간의 심리적 성장이론에 대한 이해를 토대로 미술치료 목표와 프로그램을 세워볼 수가 있겠다. 자폐아의 경우, 찰흙 활동이나 특히 놀이(Arts play)적 형태를 적용하는 것이 효과적이다. 여러 가지 자폐적 활동 특성과 미술 표현의 특성을 한꺼번에 바꾸려 하지 말고, 아이의 심리가 그렇게 표현할 수밖에 없다는 것을 이해해 주어야 한다. 또한 숫자나 문자와 특정 매체에 집착하는 자폐아의 특성을 살려서 콜라주를 통해 새로운 자극을 받을 수도 있고, 접촉을 싫어하는 자폐아동에게 찰흙이나 풀 그림 등으로 감각을 열어줄 수 있으며, 생애초기 피부접촉의 중요성과 중간대상물과 관련된 인형 만들기를 통해서 역할관계 경험을 해볼 수도 있다. 로웬펠드(Lowenfeld, 1957)는 촉각과 시각이 지각에 영향을 미치며 찰흙 모형 작업이 자아개념을 발전시키며 타인과의 관계를 강화하는 수단이 된다고 하였다.

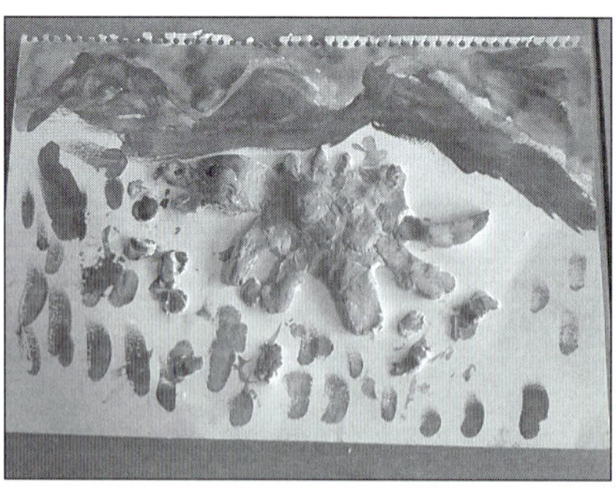

점토작업: 공룡을 만들어서 세우기는 힘들어 보여 아예 처음부터 스케치북 위에다 붙어 있는 공룡을 만들자고 했다. 지점토로 꾹꾹 눌러서 공룡의 등을 만들고 몸통도 만들었다. 공룡의 색은 스스로 선택했다. 군데군데 있는 풀도 스스로 그렸다. 하늘의 표현은 치료자와 같이 하고 산은 내담자가 칠하였다. 작품을 마치고 흐뭇해하였다.

대부분 초기에는 개별활동으로 시작하는 것이 좋지만, 충동적인 자폐아동에게는 집단활동을 통해서 사회적응력과 감정조절 능력을 키워볼 수 있다. 어쨌든 대상과 증상의 정도에 따라서 접근은 달라질 수 있다.

② 자폐아동의 미술치료

자폐아들의 미술특성은 자신이 관심을 갖고 집착하는 부분에 대해서는 굉장히 세부적인 묘사를 한다는 것이며, 사인펜과 같은 선적 표현이 가능하고 세밀한 묘사를 할 수 있는 재료를 선호한다. 또한 특정한 미술재료나 도구에 집착을 보이는데 흰 도화지에 집착을 보이는 경우가 많으며, 그림을 그릴 때 창작보다는 모방을 많이 하여 잡지나 TV에서 관심을 가졌던 장면이나 사진을 외워 그리는 경우가 많다. 그래서 자폐아동들의 그림은 대부분 비슷한 패턴이 많으며 주로 그리는 주제 또한 비슷한 경향을 보인다. 사람은 잘 그리지 않으며 도시의 빌딩을 꽉 차게 그리는 경우가 많다. 다른 장애보다 자폐아동들에게 미술치료는 다양한 매체를 접해 봄으로써 변화에 대처하고 적응할 수 있는 훈련이 가능하여, 사회와 건강한 결합을 맺는 데 도움이 된다. 자폐아동은 언어화가 결핍된 아동이 많은데 이런 아동은 묽은 점토가 유용하며 특히 대상관계, 애착관계가 부족할 때 더욱 유용하게 활용된다. 정서적인 불안정과 억제되어 있던 내면을 해소시키는 작업으로는 핑거페인팅이 효과적이다. 자폐아동의 내면을 읽는 데 효과적인 것은 잡지나 사진을 이용한 콜라주 작업이며 그림을 그리기를 부담스러워하는 아동에게 좋은 방법이다. 타인과의 상호작용을 통해 사회성을 발달시키는 소집단 프로그램으로 효과적인 것은 전지 그림이나 돌려 그리기 등이다. 미술치료는 자폐아동의 장애에 따라 여러 프로그램을 조금씩 시행함으로써 아동에게 변화에 대한 저항감과 두려움을 줄이면서 치료를 할 수 있어 효과적인 치료가 될 수 있을 것이다.

(5) 학습장애 아동의 특성과 미술치료

학습장애 아동들은 정보처리 과정이나 의사전달 또는 표현에 문제를 지니고 있다. 예를 들면 글씨를 거꾸로 쓰는 등 학습정보가 혼란스러운 경우, 또한 지능이 낮지 않은데도 학교 수업에 적응하지 못하는 경우의 사례가 많다.

시각적 혹은 청각적 기억이나 계열성에 문제를 가지고 있는 아동의 경우 미술활동이 계열성을 강화할 수 있다고 한다. 이는 미술활동이 특정한 순서에 의해 단계적인 작업을 요구하기 때문이라는 것이다(Lerner, 1970).

기초적인 그림 그리기와 색칠하기 등은 아동의 시각화(visualization)에 중요한 활동들이다. 시각화는 복합적인 지각능력이며, 머릿속에 담아두는 능력이 아동의 시각화능력을 향상시키는 데 도움을 줄 수 있고, 본 것과 만진 것을 기억하는 능력과 미술활동을 할 때 과거에 언제 어떤 사건이 있었고, 미래에 아동이 무엇을 계획하고 있는지 표현이 구체화 되는 것으로 시각화에 도움이 된다. 그리고 지각장애를 보이는 아동은 전체적 배경(윤곽)은 보지만, 부분적 형태를 놓치곤 한다. 반면에 도형-배경의 변별에 문제가 있는 아동들은 퍼즐게임 등을 활용하여 훈련될 수 있다. 삼차원적 미술학습은 공간관계나 환경개념에 문제를 지닌 아동에게 도움이 된다. 시각적으로 사물을 인식하는 능력과 물체를 변별하는 능력을 길러주는 내용이 미술활동에 포함될 수 있기 때문이다. 지각은 학습된 행동이고, 미술의 많은 부분이 지각 발달에 초점을 두고 있기 때문에 지각장애 아동에게는 미술활동이 크게 도움이 될 수가 있다(박주현, 1999).

학습장애 아동들은 과거에 대해 쉽게 불만족을 표시한다는 것을 기억해야 한다. 이는 아동이 미술활동을 하는 데 있어서 선택성과 한계성을 지니고 있음을 시사하는 것이다. 미술치료사는 이들에게 지속적인 격려와 특성별로 개인적 지도를 해주어야 한다. 예를 들어 운동발달이 위축된 경우, 프로그램에 들어가기 전에 먼저 활동적인 학습이 선행되어야 하며, 특정한 행동수정 프로그램을 적용하고 미술뿐 아니라 적절한 학습보상 체계를 덧붙여 줄 수 있다. 그리고 미술활동을 전개하면서 근 감각과 촉각 경험을 동시에 갖도록 하는 것이 중요하다. 예컨대 기본적인 기하학적 모형을 제시하면 아동들은 촉각으로 카드 모형을 나타내거나 그들의 신체로 이러한 형태를 만들어 보일 수가 있다. 또한 사회성 발달에 문제가 있는 아동들은 부정적 자아 개념을 지니고 있어서 그들의 신체개념의 연상이 왜곡되어 있는 경우가 많다(Harris, 1963). 그래서 미술학습 내용에는 신체개념과 자아개념 발달을 돕는 것들이 포함되어 있다. 예를 들면 사람의 눈 부위만 그려둔 종이를 주고 나머지 부분을 완성하게 하는 방법이나, 잡지나 사진을 이용하여 콜라주나 포토몽타주를 할 수 있고, 색종이나 천, 비닐 등을 활용하여 인형을 만들 수가 있겠다.

콜라주: 공룡을 좋아하고 초코우유를 좋아하는 조금은 어린 남자아이의 모습. 자동차를 운전하는 친구가 좋다고 함. '키키키~' 하고 웃는 모습을 몹시 마음에 들어 함. 싫어하는 것은 자동차들이라고 함. 자동차를 위험하게 생각하며 약간 무서워함. 버스도 싫어한다고 함. 좋아하는 것에는 자신이 좋아하는 푸른색으로 마무리하고 싫어하는 것은 싫어하는 색깔인 빨간색으로 마무리함.

(6) 우울 아동의 특성과 미술치료

아동들이 보이는 우울은 여러 다른 장애나 조건과 함께 나타나기도 하고 분류도 어렵고, 복잡하게 얽혀 있어 확인하기 어렵다.

우울한 아동들은 슬퍼 보이거나 위축되어 보일 수 있으나, 자신들의 감정을 다른 반응이나 행동으로 감추기도 한다. 전형적으로 우울은 외견상 무기력과 무가치, 에너지 결핍, 지나친 죄의식, 통제할 수 없는 울부짖음 등으로 나타나는데 특히 어린아동들의 우울은 이러한 행동들이 잘 나타내지 않을 수 있으며 전혀 슬퍼보이지도 않아 그냥 지나칠 수 있다.

우울한 아동 중에는 자신의 좌절감을 동물을 괴롭히거나 방화, 유분증, 야뇨증, 적대감 표현 등으로 표출하기도 한다. 그림은 아동으로 하여금 우울에 수반될 수 있는 분노, 불안, 좌절, 슬픔 등 자신의 감정을 표출하게 해주기 때문에 아동들이 경험한 우울의 표현에 도움을 준다. 그림은 복잡한 감정을 표현하도록 허용하고, 개인적인 이야기를 미술치료사에게 털어놓는 기회를 제공해 주기도 한다.

① 투사 그림 검사, 그림 평가 및 우울

HTP, KFD, DAP와 같은 투사적 평가도구에서 우울에 대해 많이 언급하고 있다.

우울의 준거로 아주 작게 그린 그림, 필압이 지나치게 약함, 세부적인 묘사의 부족 등이 지적된다. 와데슨(Wadeson, 1971)의 우울한 성인들의 그림 연구결과 색의 사용이 빈약하고 여백이 많고, 활동과정에서 노력이 줄어드는 점, 의미 있는 상징이 줄어드는 점 등을 지적했다. 간트(Gantt, 1990)는 우울한 환자들의 그림이 정상인들의 그림보다 더 공간 사용이 적고 세부적이지 못하다는 데 의견을 같이 하였다. 특별한 상징만으로 단정 짓는 것보다 그림의 구조적 요소를 살펴보는 것이 우울확인에 도움을 줄 수 있다.

걸브로-레비트와 쉼멜(Gulbro-Levitt & Schimmel, 1991)은 우울평가를 위한 아동그림의 구조적 요소들을 살펴보는 그림 평가도구인 진단적 그림 시리즈(DDS)를 사용하였다. 종이의 1/3만을 사용, 특별한 색의 사용이 줄고, 음영과 기하학적 도형이 많고, 사람 대신 동물을 그리는 등의 특징을 제시함으로써 경향의 틀을 제공해 주었다.

실버(Silver, 1988, 1993)는 자신이 직접 개발한 DAS(Draw-A-Story)를 사용하여 그린 그림에서 2~3가지 이미지를 선택하여 이야기를 만들게 되는데 이런 이미지들이 부정적 상상을 자극한다고 보았다. DAS의 평가방식은 아동이 그린 그림에 나타난 공간, 색, 선의 질적 특성 등 구조적 요소보다는 그림의 내용이나 의미에 더 근거하고 있다. DAS는 아동이 선택할 수 있는 표현의 자유를 제공하는 개방적인 활동이다. HTP, KFD, DAP와 같은 투사적 그림 검사는 무엇을 그리는가에 더 초점을 맞추어 창조적이거나 공상적인 자료를 드러내는 경향이 적을 수 있다. 위험상황에 놓여 있는 아동의 경우 그들의 정서장애를 이해하고 결정하는 데 있어 은유와 이야기가 중요한 요소라고 보았다.

DAS: 여러 개의 그림 중, 낙하산 타는 소년과 혼자 있는 소년을 그림. 구름과 하늘의 색깔 표현을 꼼꼼하게 열심히 함. 낙하산을 타고 나는 것을 쳐다보는 소년의 모습이 흐뭇해 보인다.

② 우울 평가에 있어서 주제와 내용의 중요성

그림 속에서의 특별한 요소나 상징보다는 아동 스스로 만들어 내는 이야기 내용에 근거를 두고 있다. 미술 표현의 내용과 이야기 속에는 네 가지 주제가 중요하다.

첫째, 슬픔이나 희망이 없다. 연령대에 맞지 않게 단조로운 색을 사용하거나 검정으로 칠한 집, 풍경 그림, 또는 다른 그림에서 눈물이나 비를 표현했을 시 우울을 생각해 봐야 한다.

둘째, 고립은 소외감, 버려짐, 거부 등의 감정을 포함한다. 눈에 띄게 고립된 주제를 사용하기도 하고 어떤 경우는 알아볼 수 없을 정도로 더 감추어져 있다. 집 안에 둘러싸인 채 다른 사람들과는 고립된 자기 자신을 여러 번 그렸다. 신체적 구타, 성학대, 심리적 학대는 분명히 고립이나 소외된다는 감정을 일으키며 고립되었던 경험은 우울과 무기력으로 나타난다. 이러한 고립은 신체적 학대로부터의 보호수단이다. 외상으로 고립이나 소외 감정을 가진 우울 아동들은 정신적으로 무감각하거나 사고가 경직되어 말없이 앉아 있거나 해리로 집중이 어려울 수도 있다. 우울한 아동은 절망적이고 무력하고 공허감을 느낄 수 있다.

셋째, 절망감의 표현은 아주 깊은 절망감일 수도 있고, 자신의 감정, 사고, 활동에 대한 두려움일 수도 있다. 아동들은 그들의 삶, 가족 혹은 생활방식이 변하기를 소망하는 표현을 할 수도 있는데 그러한 소원이 이루어진다는 것이 불가능하기 때문에 미래에 대한 절망감을 표현하기도 한다.

넷째, 자기파괴적인 주제들은 자기혐오, 자기비난, 자기파괴, 죄의식, 아주 낮은 자존감을 포함한다. 자기 자신에 대해 자기비하적인 태도를 가질 수도 있고, 자화상을 그릴 때 우스꽝스럽게 그리거나 추한 모습으로 표현하거나, 혹은 매력이 없는 것처럼 묘사하기도 한다. 방임이나 학대의 경험을 가진 아동들은 그림에서 자기 모습을 손상시키거나 변덕스럽게 혹은 매력적이지 않게 표현한다.

Tip

콕스(Cox, 1984)는 우울과 자기파괴적 그림의 10가지 주제를 다음과 같이 제시 하였다.

① 화, 적개심, 공격성, 분노
② 자기혐오, 자책감, 자기파괴, 죄의식, 매우 낮은 자존감
③ 절망감, 자포자기, 무기력, 고통, 공허감, 포기
④ 소외, 거부, 고립, 중요한 타인에 대한 상실감 혹은 상실에 대한 두려움, 극단적인 취약성
⑤ 적대적인 대인관계
⑥ 의존욕구의 좌절, 초기의 박탈
⑦ 영적 재탄생에 대한 갈망, 정신적 회복, 사랑하는 사람과의 재결합에 대한 갈망
⑧ 긴장, 불안, 좌절, 혼돈의 감정, 충동적 감정의 증가
⑨ 분열, 비인간화
⑩ 죽음에 대한 양가감정

이 중 5가지가 미술 표현에 나타나면 잠재적인 자기파괴적 행동을 심각하게 고려해야 할 충분한 근거가 될 수 있다고 보았다.

③ 외상

폭력, 학대, 천재지변, 사건 등의 외상을 경험한 아동들이 자신의 기억을 묘사하는 것은 매우 어렵다. 흔히 두려움이나 개인적인 안전, 비밀을 염려하고, 부정적인 반응을 보여 자발적으로 그림을 그리는 경우는 드물다. 그와 관련된 주제를 그리지 않을 수도 있고 언어보다는 은유적인 표현으로 나타낼 수도 있으며 정서적인 내용을 전혀 그리지 않을 수도 있다.

묘사에서는 구조적인 요소나 선의 질, 내용에 있어서 오히려 상세함이 결여되고 색도 제한적으로 사용하여 빨강과 검정을 사용한다. 그리는 과정도 순식간에 그려버리거나 상세히 그리려 하지 않는다. 표현은 단순하고, 정형화된 만화나 난화 형태로 표현한다. 또한 같은 그림, 주제의 반복도 나타난다.

④ 아동학대와 가정 및 사회폭력에 대한 노출

폭력이나 학대로 인한 정신적 외상을 가진 아동들은 많은 경우 사건을 자발적으로 그리지는 않으며 그림의 구조적인 요소나 선의 질, 내용에 있어서 오히려 상세성이 빈약하다. 색의 사용도 제한되어 있고 대부분 그림에 검정이나 빨강을 주로 사용한다(Malchiodi, 1990). 그림을 순식간에 그리며, 상세하게 그리려고 몰두하는 경우가 거의 없고 모습을 통합되게 그리는 것도 서툴다. 그들의 미술 표현은 흔히 단순하며, 유사한 모습으로 정형화된 만화나 난화 형태로 표현된다(Terr, 1981, 1990; Malchiodi, 1990, 1997). 그림의 내용이나 상세성, 색의 빈약성의 이유로 가정폭력이나 거리폭력 등 학대적인 상황에 노출되어온 아동들은 위축되거나 두려움이 있다.

아동이 심리적으로 지쳐 있을 때에는 흔히 표현의 건전성에 영향을 준다. 복잡하고 지쳐버린 일련의 외상적 사건을 종이 위에 표현할 내적 자원을 가지고 있지 않고 사건의 희생으로 우울을 가져오게 되고 표현에 대한 에너지나 인내가 거의 없으며, 위축되고, 자신들의 감정을 공유하는 것에 대한 관심이 없다. 특히 자신들의 외상과 직접적으로 관련된 주제에 대해 그림을 요구하면 방어적 태도를 보일 수도 있다.

티벳(Tibbetts, 1989)의 연구에서 자신들의 외상이나 감정, 인상을 최소한으로 그렸으며, 압축시켜 그리는가 하면 배경과 실제 사건을 통합시키지 못하였다. 이러한 아동들은 폭력을 부추기고 끊임없이 되풀이되는 외상과 불안을 조장하는 환경에 종속되기 쉬우므로 극단적 폭력에 노출되지 않은 아동들보다 감정을 공유하거나 표현하는 데 어려움을 느끼게 된다고 지적하였다.

반복(repetition)학대를 경험했거나 폭력행위를 보아온 폭력가정 아동들의 경우는 그들의 경험이 그림의 구조적 요소와 그리는 행동 모두에서 보여진다. 자신이 경험한 외상과 관련된 그림과 구출에 대한 주제, 폭력이나 파괴적인 행동의 그림이 계속해서 반복적인 이미지를 표현함으로써 외상을 극복하는 상징적인 힘을 아동에게 심어주어 치유과정에 도움을 줄 수 있다.

투사 그림 문헌에서 지나친 음영은 불안과 관련이 있다고 한다. 그림에 음영을 강하게 넣는 것은 아동에게 에너지가 필요하다는 표현이며, 지나친 음영은 외상을 겪은 아동들의 그림 특성으로 알려져 있다. 학대나 폭력을 겪는 아동들은 흔히 반복적으로 공간을 채움으로써 자기 스스로를 달래는 기능을 한다. 반복적인 행위가 외상을 경험한 아동들의 미술표현에 흔하게 나타나는 것이 하나의 근거가 될 수 있다.

부모나 친척, 친한 친구의 죽음을 경험한 아동들의 외상은 폭력이나 학대로 희생된 또는 큰 재해를 입은 아동들이 경험한 것과 유사하다. 그러나 아동들마다 경험하고 표현하는 상실감은 다르며, 상실의 유형뿐 아니라 발달적 요인들도 아동들의 그림 표현의 형식이나 내용에 영향을 준다는 것을 기억해야 한다.

(7) 성 학대 아동의 특성과 미술치료

가족이나 타인으로부터의 성 학대의 경험은 아동들에게 심한 정서적 영향을 미친다. 성 학대를 받은 아동들은 삶의 즐거움 상실, 애정의 결핍, 미래에 대한 협소한 시각, 신체적 불평, 반복된 학대에 대한 공포, 과도한 경계심, 불안, 위축, 주기적인 악몽, 인지적 수행 능력의 감소 등과 같은 행동특징을 보인다. 학대에 대해 뚜렷하게 떠오르는 장면들, 반복되는 생각들, 이탈과 마비, 해리 등의 방해 증상들과 수치심, 죄의식, 낙인감 등의 부가적인 감정을 가질 수도 있다. 아동마다 학대의 경험이 다르고, 학대의 기간과 빈도, 아동의 연령이나 가해자, 경험한 성 학대의 유형에 따라 모두 다르다.

그림에서의 가장 큰 특징 중 하나는 그림에 강한 성적 주제(생식기, 누드, 혀, 섹시한 드레스, 지나친 화장, 속눈썹 등)나 심상이 포함되어 있다는 것이다. 또 다른 특징은 불완전한 신체상을 그리는 경우가 많다. 머리, 상반신만 그리는 경우가 많으며 사람 그림이 잘 이어지지 않게 그리거나 모순적인 형태로 그리기도 한다. 인물을 그릴 때 지나친 왜곡 등을 보인다. 아동들의 그림에 표현된 성적 암시가 성 학대 사실을 알려주는 것이 아닐 수도 있다. 본능적인 표현, 포경수술과 같은 신체에 대한 외상으로 인한 성기에 대한 관심의 표현일 수도 있고 대중매체의 영향일 수도 있다.

(8) 해리장애(disassociation disorder) 아동의 특성과 미술치료

성 학대와 같은 외상은 아동과 성인 모두에게 정체감, 해리장애의 근원이 된다. 해리 증상은 특히 스트레스를 받는 동안 백일몽이나 공간 이탈의 형태로 직접적인 접촉환경에서 벗어나는 것, 정서적 마비, 학대에 대한 기억상실, 그리고 다중인격 등이 포함된다. 이런 행동들을 통해 정서적 고통과 외상을 약화시킴으로써 아동과 성인 모두를 세상에서 기능하게 해준다고 생각한다.

해리를 나타내는 것이 어느 정도의 가상 친구를 만들어 내고 환상적인 신념과 이야기를 자유롭게 구사하는 특히 5~6세 아동들에게는 발달적으로 정상이다. 그리고 아동이 성숙해 가고 현실과 상상을 분리하는 것을 학습해감에 따라 11세가 되면 줄어든다.

외상에 대한 연구에서 해리 행동이 성 학대를 당한 많은 아동들에게서 보여진다는 사실에 동의한다. 성 학대를 경험한 아동은 고통스런 감정과 기억들이 의식에 갇히게 됨으로써 시간이 지나면서 점차 두드러진 다중인격을 발달시키기도 한다.

미술 표현에서 해리 현상을 보인다고 추측되는 그림의 특징으로는 예술적 퇴행이 나타나며 미술을 통한 '자기위로' 흔히 반복적인 선이나 표시, 점의 사용, 물감 색의 혼합, 반복적으로 진흙으로 거칠게 만들거나 다른 어떤 것을 만든다. 창조적인 활동을 하는 동안 의식을 이동시키는 것처럼 보이기도 하고 자신들의 환경을 인식하지 못하기도 한다.

미술활동은 흔히 현실에서 뒤로 물러날 수 있게 해주고 창조과정에 열중할 때 그 사람은 주변세상과의 모든 접촉을 잃은 것처럼 보여질 수도 있다.

(9) 재난 경험 아동의 특성과 미술치료

아동들 저마다 재해 유형과 아동, 가족, 가정에 미친 결과에 따라 그 사건을 서로 다르게 경험한다. 자연재해를 입은 아동은 화재가 난 건물을 목격하거나 자기 집이 파괴되는 것을 보거나, 사람들의 손발이 절단되거나 죽는 것을 보거나, 부모, 형제, 가족구성원, 동물 혹은 친구를 잃은 여러 경험을 가질 수 있다. 경험한 사건 때문에 사랑하는 사람이나 애완동물, 집 등을 잃어버리게 되면 대단히 큰 상실감을 경험하게 된다. 자기 자신이나 가족의 안전에 대해 관심을 가지고 때론 자기를 구조해 주지 않거나 보호해 주기 위해 제 시간에 도착하지 못한 부모나 양육자에게 화가 나거나 실망하기도 한다. 어떤 아동에게는 그림이 단순히 당황하게 만든 그 상황에 대한 상징적인 통제감을 제공하고 어떤 아동에게는 재해 사건으로부터 내적인 안정감과 안전을 확보시켜 주는 하나의 방법이 되기도 한다. 아동들은 창조적인 활동을 통해 자신들의 집과 가족을 보호하려고 노력하기도 한다. 경험한 자연재해의 위험성뿐 아니라 그 상황에 대처하기 위한 상상적인 방법을 반영하는 그림을 표현하기도 한다. 어떤 아동들은 자연재해를 경험한 후 그림 그리는 것을 거부하기도 하고 외상 때문에 정서적으로 무감각해지기도 한다. 이전의 발달수준으로 퇴행하기도 한다. 반복적인 패턴을 사용하거나 조절능력을 확립하기 위해 그림을 반복해서 그리기도 한다. 자연재해를 포함한 외상을 입은 아동들의 그림은 색 선택에 있어 매우 억제되어 있는데 제한된 색 사용을 통해 아동들은 세상에 대한 자신들의 심리적 고통, 즉 불안, 무력감, 고독감, 슬픔, 위협당하는 느낌, 취약감, 두려움, 공포와 절망감 등을 표현할 수 있다.

3) 역경을 극복하는 능력과 외상

심각한 상황임에도 불구하고 많은 아동들이 자연스런 적응력과 회복력으로 빨리 치유되거나 되돌아온다. 아동들이 외상 사건을 다루고 극복하기 위해 자신들이 가지고 있는 힘, 기술, 능력 등을 그림으로 표현할 가능성이 있음을 치료사들이 자주 간과할 수 있다.

역경을 극복하는 능력이란 우울, 불행, 질병, 혹은 기타 부정적인 상황에서 회복하려는 능력을 일컫는 용어이다. 아동들에게 이 용어는 '비행, 행동문제, 심리적 부적응, 학업수행의 어려움, 신체적 합병증과 같은 부정적인 결과를 피하고 그런 위험을 극복하려는 확인 가능한 위험 요인에 노출된 사람들의 능력' 으로 정의된다. 회복력이 있는 아동들은 삶을 계속해서 긍정적이고 의미 있는 것으로 보려는 능력이 있고 적극적으로 문제를 해결하며, 낙천주의적이고 적극적이며, 새로운 경험을 추구한다. 임상경험으로 아동들의 미술 표현에 회복력을 나타내는 특징이 있음을 알 수 있는데 아동들이 자신뿐 아니라 타인에 대한 긍정적인 관심, 삶에 대한 열정, 미래에 대한 희망적 견해를 나타내고 있음에서 알 수 있다.

많은 아동들이 외상에 대해 효율적으로 대처하고 의미를 찾으며 주변환경에서 희망을 찾으려는 능력이 두드러진 그림을 묘사하고 표현한다. 희망을 품고 있는 만족스러운 모습의 자화상, 언어 표현 등은 모두 회복력을 보여주는 중요한 단서다. "다

행스럽게도 고통스러운 개인적인 경험과 생활에도 불구하고 그림은 그들이 겪은 상실, 분노, 불안, 두려움과는 대조적으로 기쁨과 희망을 주는 방법이 되는 것 같다." 미술은 말할 수 없는 고통과 힘든 감정을 담을 수 있게 해주며 또한 즐거움과 안정감을 가져다주고, 적응하고 대처하게 해주며 당황스러운 상황에서 성장하기 위한 아동의 잠재능력을 드러낼 수 있게 해주는 활동이다.

미술 표현 자체가 아동의 회복력을 뒷받침해 주는 데 도움이 된다. 이는 그림을 단순히 정서적 상태를 반영하는 것만으로 간주하는 것보다 훨씬 더 중요한 부분이 된다. 아동들에게 나타나는 문제나 정서적 어려움에 대한 징후, 스트레스의 영향을 찾으려 하는 것이 외상을 입거나 정서적으로 고통을 받고 있는 아동들을 상담하는 데 있어 중요한 부분인 반면, 아동들의 잠재력, 특히 치료 밖에서 아동이 잘 기능하도록 강화하는 정서적 힘이 있다는 것을 미술을 통해 발견할 수 있다.

2 성인기 장애에 따른 미술치료

성인기는 25세 이후부터 60세 이전을 말하는데 이들은 자신의 삶의 반려자를 선택하고 아이를 낳아 기르고 키우면서 가정을 이루고 가정에서나 사회생활 면에서 많은 것들을 생산하고 창출하면서 위로는 상사나 부모님과 같은 어른들을 아래로는 자신의 아이들이나 후배 또는 제자들을 두루 살펴야 하는 위치에 있게 된다.

이 시기에는 삶을 가장 화려하게 장식하기도 하지만 그렇지 못할 경우에는 많은 어려움들을 겪게 된다. 이 시기에 가장 중요한 것은 생계유지와 자아실현을 할 수 있는 직업선택의 문제일 것이다. 그 외에도 출산, 양육, 시댁과 처가와의 관계와 역할의 문제, 가정에서의 역할 분담의 문제, 직장에서의 업무 능력과 평가, 승진과 출세에 대한 압력, 명예퇴직, 자녀문제, 건강문제, 종교문제 등으로 인한 불안, 우울, 혼동감, 적절치 않은 분노표출 등 극심한 스트레스 상황이 될 수 있다.

이렇게 심리적으로 불안한 상황을 '미술치료사는 이러한 고정된 패턴을 깨고 내담자들이 자신을 표현할 수 있도록 도와주고 독자성을 기를 수 있도록 도와준다' (최승순, 1990). 그럼으로써 극도로 낮아진 자존감을 향상시켜주고 인간관계의 소통과 믿음을 시험할 수 있도록 격려하는 것이 미술치료사의 기본적인 역할이다.

1) 정신장애

(1) 정신분열증

정신분열증은 사고의 왜곡과 붕괴, 비현실적인 지각으로 인해 매우 기이한 행동패턴을 반복적으로 보인다. 그러므로 미술치료사는 그 틀을 새롭게 창조하여 통합하고 재구성할 수 있도록 안내할 수 있어야 한다. 또한 정신분열증의 미술치료에서는 증상에 대한 이해를 기반으로 하여 표현의 메시지를 알아차리고, 제작과정의 준비에서 과정과 작품의 토의와 정리과정까지를 모두 치료적으로 이용하는 것이 중요하다.

모든 구체적인 체험과정을 통해서, 자아경계가 붕괴되어 있는 내담자에게 더욱 뚜렷한 현실감과 다양한 인간관계, 혼자서 또는 무엇인가 함께 계획하고 만들어 가는 체험을 가지게 하는 것이 미술치료의 실제적 과정이자 치료의 목표인 것이다(한기수 · 박분금, 1985). 환자의 전체적인 행동이 관찰되고 변화되어야 하는 것처럼 현실감과 현실에 대한 자아적응의 문제와 계획하고 창조하고 성취감을 갖게 하는 것, 그리고 적절한 자기표현과 신뢰감을 경험할 수 있는 인간관계(나움버그는 '미술치료가 환자와의 관계를 깊게 하며 감정을 통합하고, 콤플렉스와 무의식의 흐름을 관찰할 수 있다' 고 하였다, 1958) 그리고 정서적 통합과 안정감을 갖게 하는 것이 모든 프로그램에 포함되고 배려되어야 하는 것이다.

아리에티(Arieti, 1974)는 정신분열증 환자의 회화활동을 4단계로 나눠서 말했는데, 갈등의 출현과 소망이 이차적 과정기제의 감독 없이 나타나는 첫 단계와 일차 과정기제가 분명히 출현하는 둘째 단계와 일차 과정기제가 구체화되고 상동적인 형태로 나타나는 셋째 단계, 그리고 일차 과정마저 붕괴하는 넷째 단계로 나누어, 둘째 단계를 넘지 않은 환자는 회복 가능성이 높다고 하였다. 또 다른 정신분열증의 미술 특징을 살펴보면, 퇴행적 표현을 하는 경우가 있다. 아기같이 단순하게 그리거나 왜곡되거나-레비(Levy)는 DAP 그림 검사에서, 왜곡은 자아개념으로 보며 정신병적 지표로 본다-공간구조와 시점이 혼란되어 있거나 공간성의 상실은 내외적 현실 간의 불균형으로 인한 자아경계의 붕괴를 뜻한다고 하였다(Billig, 1947).

아리에티(Arieti, 1974)는 정신분열증이 만성화되면 퇴행과 방어의 양상으로 상동증이 나타난다고 하였다. 무의미한 형태를 반복하거나 병리적 증상을 그대로 그림에 드러내기도 하는데, 이러한 표현들은 내담자의 무의식적 내면세계를 그대로 표현하는 것이므로 치료사는 이를 임상에서 치료적 단서로 활용해야 한다.

치료과정에서 주의할 점은 자유롭게 자신의 표현을 하도록 하며-그러나 크리스(Kris, 1952)는 망상촉진은 위험하다고 하였다-기능적 측면을 강조하지 않는 것이다. 자신감이 떨어져 있는 내담자를 위축시키거나 저항을 증가시킬 수 있기 때문에 그림에 대한 비판 분석이나 평가는 금물이다. 그러나 흥미를 촉진할 수 있는 벽화나 함께 만들기 등 집단 프로그램은 매우 효과적이다. 대부분 장기 환자들로 이루어진 정신분열증의 미술치료에서는 의욕을 촉진하여 무엇인가 창조하고 완성하고 함께 의사소통하는 것 자체로 자존감이 강화되며 치료적이다. 또한 치료사 자신이 매너리즘에 빠지지 않도록 하며, 복잡하지 않지만 다양한 재료를 접촉해 볼 수 있는 프로그램 방법을 가지고 있어야 한다. 그러나 미술치료의 기법들은 치료사의 목표와 접근에 따라 달라질 수가 있다. 정신분석학이나 분석심리학의 이론적 입장을 가지고 있다면 자유화나 풍경화, 인물화나 만다라 등을 보다 자유롭게 연상하여 그리도록 할 것이다. 이때 치료사는 상징에 대한 이해를 할 수 있어야 하며 작품의 해석과정이 의사소통의 매개체로 이용될 것이다. 그러나 인지 발달적 입장에서는 발달기능을 촉진하기 위해 다양한 감각재료가 소개될 것이며, 만들기 등이 프로그램에 포함될 것이다. 그리고 여기에서는 무의식을 다루지 않으며 분석을 하지 않는다. 또한 현상학적 입장에서는 사물의 형태를 그렸을 때 그 사물의 전경과 배경의 왜곡된 지각을 통합하도록 프로그램이 진행될 것이다.

핑거페인팅: 4인 협동 자유화

미술치료사는 증상과 상태에 따라 목표를 적용할 수 있어야 한다. 망상형태인지, 분열형태인지, 편집형태인지 그 정도에 따라서 이해를 달리해야 한다.

(2) 조울증

나움버그(Naumburg, 1958)는 '인간 심성의 내적 갈등에서 유래된 문제나 인간의 원초적 사고나 감정은 때로는 언어보다는 어떤 이미지(image)로 더 잘 표현될 수 있다' 고 하였다. 특히 이러한 것은 억압이나 투사 등 방어기제를 사용하기 때문이라고 하였는데, 조울증은 감정조절의 장애로서 '우울' 은 중요한 대상에 대한 두려움이나 죄책감, 분노감정을 적절하게 표현하지 못하고 억압하여 감정의 통제를 잘 할 수 없게 된 것이다. 이로 인해 자존감이 떨어지거나 방어적 인간관계 패턴을 보이므로 존재감과 현실감을 가지고 자신을 지각하고 표현하거나 의사소통하기가 어렵다.

클레이머(Kramer, 1972)는 전이 경험의 강도는 때로 정신이상(psychotic)에까지 이를 수 있다고 위험성을 경고하였다. 이에 비해 나움버그(Naumburg, 1958)는 전이에 허용적이었다. 치료자에 대한 의존적인 그림을 그림으로써 스스로 자기 문제를 보게 되며, 문제가 드러나고 해결될 수 있다고 하였다. 치료자와의 관계를 더 강조한 것이다.

미술치료사는 이러한 조울증에 대한 원인과 표현과정에 대한 정확한 인식과 함께, 투사 · 억압 · 저항 등 방어기제에 대한 이해와, 그리고 치료사에 대한 환자의 전이감정과 방어기제를 처리할 수 있어야 한다. 또한 미술치료 활동에서 일어나는 특별한 상황을 창조적으로 승화할 수 있도록 격려하는 것이 중요하다. 조울증의 미술치료는 우선 건강한 자아기능을 회복하도록(Kris, 1952) 하고, 자신의 내적 감정을 자유롭게 표출하여, 억압되어 있어 있는 무의식적 우울과 분노, 두려움 등을 의식 표면 위로 끌어내고 통합되도록 하는 것이 필요하다.

정신분열증과 우울증 환자의 치료를 많이 하였던 융(Jung)은 '무의식의 이미지가 표현되지 않고 억압되면 그것이 자신을 해칠 것' 이라고 하였으며, '내적 이미지를 외적 세계로 표현하여 통합하는 것이 자기실현의 길' 이라고 하였다. 분석심리학에서는 내면세계의 풍경을 그리거나 만다라 그림을 통해서 자신의 세계를 확인하고, 상징 이미지를 내면화하여 통찰의 힘을 얻도록 하는 방법을 많이 쓴다.

현상학적 접근에서는 아마도 자신의 존재감을 체험할 수 있도록 신체를 활용하거나(신체 본뜨기 그림), 사물에 자신을 직접적으로 투영하여 자각하고 통합하는 (Self Box) 프로그램을 적용할 수가 있고, 아들러(Adler) 식 미술치료에서는 '자기 표현을 위한 집단' 같은 그룹을 통해 가족이나 사회의 축소판 속에서 자신을 표현하고, 인간관계의 긍정적인 체험을 통해 현실에 적응할 수 있도록 도움을 줄 수가 있을 것이다.

조울증이나 정신분열증 치료는 정신과 치료에서 약물과 언어치료에 많이 의존하나, 사고와 감정의 왜곡이 심하고 방어적이고 고정적인 감정과 행동 패턴을 보일 때에는, 미술치료를 통해서 방어를 완화시키고 의사소통의 통로를 열어두도록 하는 것이 환자의 현실적응 능력을 키울 수 있으며, 정신치료의 보조수단으로서도 도움이 될 것이다. 무엇보다 창조적인 미술활동에 참여하여 무엇인가 만들어 내는 것 자체가 현실에서 자신이 쓸모없고 무기력하다고 느끼며 비관적인 감정의 충동을 느끼는 우울증 환자들에게는 치유적인 체험이 될 것이다.

빈 통 채우기: 빈 통에 자신이 바라는 것이나 하고자하는 것을 꾸며본다.

우울증의 경우 인물화(DAP) 진단 그림을 그리라고 하면 정적인 표현을 하거나 주로 앉아 있는 그림을 그리고, 많은 시간을 소요하고, 지우개로 형태를 지우고 덧붙이는 것을 반복하는 경우가 많다. 이는 우울하고 무기력한 환자의 감정 특징을 보여주는 것이다. 이에 비해 조울증 환자의 경우, 조증 상태에서는 색채 사용이 화려해지고(Plokker, 1965) 창작 의욕이 고양되며 과장된 동적 표현과 완성도(Wadeson, 1970)가 특징적인데, 조증에서 울증으로 변화될 때에는 그림에서 자살충동을 예고할 수도 있으므로, 이때 치료사는 환자를 주의 깊게 관찰하여 치료적 대처와 활동에 대한 개인적 배려를 하는 것이 중요할 것이다.

2) 성인 ADHD

많은 성인들은 원인이 밝혀지지 않은 AD/HD를 가지고 있다. 그들의 아이들 역시 장애를 가지고 있음을 인식하지 못하고, 아동의 평가와 치료를 하는 중에 비로소 자신의 행동습관과 아이들 사이의 유사점을 알기 시작한다.

성인 미술치료는 개인적 정신요법에 의존하는 것과 반대로 집단미술치료법을 통해 아이들에게 했던 것처럼 원인을 밝혀내는 치료과정이 적합하다. 또한 목록을 짜는 것을 배우고 좀 더 쉬운 단계의 임무수행은 어느 연령대의 그룹에게나 도움이 된다.

성인 ADHD의 경우는 자존감 결핍, 죄의식, 억압, 카페인, 알코올, 약물 등과 같은 물질에 의존하게 되며, 두려움(자신의 무능력의 발견, 성공이나 실패), 스스로 무능력하고 비난받는다고 느낀다.

(1) 집단미술치료

나의 바람: 자신의 어릴 적 꿈이 '선생님'이라는 내담자. 콜라주로 표현하였다.

미술치료는 억눌렸던 감정을 표현하는 데 미처 말로 표현하지 못한 생각들을 나타내는 것을 촉진시킨다. 그들의 자녀가 결코 태어나서는 안 된다고 했던 생각같이 사회적으로 금기시 되는 것들을 포함한다. 집단미술치료는 그 모임의 안전성 안에서 분노의 느낌, 좌절, 비탄, 슬픔 등이 그림이나 단어를 통해서 좀 더 쉽게 표현된다. 이 모임 안에서 그들은 그들이 공유한 현실적인 경험과 같이 주체적이 된다.

ADHD 그룹에서 지도하는 것은 각 멤버들 간의 격려이다. 혼란스러움은 ADHD성인들이 공통적으로 가지는 문제이다. 그리고 이 그룹은 이러한 혼란을 해결할 수 있는 많은 다른 방법들을 제시한다. 그들은 서로에게 그들의 배우자나 다른 가족구성원이 가르치는 것보다 좀 더 성공적인 조력자가 된다. 성인그룹 미술치료의 특징은 정보의 공유이다. 그룹은 변화를 위한 새로운 전략의 습득을 돕는 가장 성공적인 원천이 된다.

3 노인기 장애에 따른 미술치료

1) 노인성 질환

(1) 치매

치매를 일으키는 원인은 알츠하이머 병 외에도, 혈관성 치매, 파킨슨 증상과 관련된 치매, 두부외상, 감염성 질환에 의한 치매 등 다양하다.

이 중 알츠하이머 병의 역학조사를 통해 밝혀진 원인들은 고령, 여성, 낮은 수준의 학력, 두부외상의 병력, 뇌혈관질환의 위험요소가 많은 경우 등이 있다.

근래에 인구분포변화 중 가장 특징적인 급격한 노령인구의 증가는 치매 환자의 증가와 밀접한 관계가 있다고 볼 수 있다. 또한 치매에 대한 관심이 높아지면서 진단되는 환자수가 늘어났다고 추측할 수 있다. 치매 환자 중에서도 유난히 여성이 많다. 이는 단순히 우리나라만의 상황은 아니다. 물론 모든 연령에서는 아니지만 전체적으로 봤을 때에는 여성이 남성에 비해 50% 정도 환자가 많으며 알츠하이머 병은 70세 이상에서 이 비율보다 오히려 더 많은 차이가 난다는 보고도 있다. 이는 고령인구에서 여성이 남성보다 인구학적으로 많은 수를 차지하고 있는 것이 이러한 차이를 설명하는 요인이 될 수 있다는 것이다.

이와 함께 일부에서는 폐경 이후에 여성 호르몬의 감소와 관련된 가설이 있지만 이 부분은 일치되는 결과가 보고되지 않고 있는 상황이다.

① 치매노인을 위한 치료 프로그램

표 13-2 치매노인 주간보호센터 프로그램 표 예시

구분	월	화	수	목	금
오전 9:00	송영서비스				
10:00	신문 브리핑, 인지기능/의사소통 훈련, 기억력/지남력 훈련, 체조, 노래 부르기 등				
11:00	음악치료 I	음악치료 II	미술치료	동화 구연	도예치료
12:00~13:30	점심식사, 양치지도, 배변지도, 휴식(TV 시청)				
오후	경건의 시간	한국무용	작업치료	회상치료	스포츠댄스
1:30~	간식, 물리치료, 배변지도, 일상동작훈련 취미활동(색칠하기, 스포츠 활동, 놀이 활동 등)				
4:00	하루정리, 귀가하기, 송영서비스				

출처: 서울 강남구 M치매노인 주간보호센터

팝콘나무: 한지 족자에 먹으로 그림을 그리고 팝콘을 붙여 완성하였다. 눈에 익은 재료를 사용하여 젊은 시절을 떠올리게 한다.

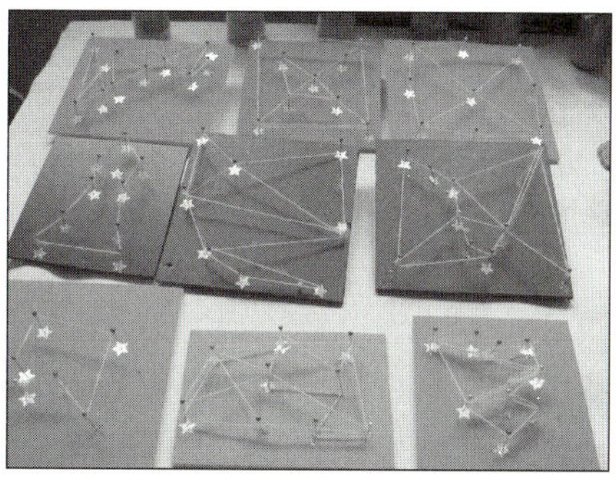

실 연결하기: 손과 눈의 협응력 향상을 위한 치료

(2) 우울증

고령화가 빠르게 진행되고 있는 우리나라의 경우 고령층의 우울증이 증가하면서 자살률도 크게 증가하고 있다. 우울증 환자는 5년 전에 비해 32.9%에 해당하는 13만명이 늘어났으며 특히 10대와 70대 이상에서 우울증 진료가 급증한 것으로 드러나 청소년과 노년층에 대한 우울증 대책이 시급한 것으로 나타났다. 노인의 경우 우울증을 방치하게 되면 가성치매가 나타나기도 하며 장기적으로 치매로 발전할 가능성이 높기 때문에 관리가 시급하다.

① 노인 우울증 판별

가장 기본적인 증상은 우울한 기분과 흥미나 즐거움의 상실이지만 환자 개개인에 따라 매우 다양한 양태로 나타난다. 의사들은 우울증을 크게 네 가지 범주로 나눠서 보고 있다. 첫째, 기분의 저하이다. 기분의 저하는 흔히 울적함, 눈물, 우울, 불행감, 공허함, 과도한 걱정, 불안 등으로 이어진다.

둘째, 인지 및 사고의 이상이다. 흥미상실, 집중곤란, 자존심의 저하, 부정적 사고, 기억력 저하, 우유부단함, 죄책감, 절망감, 건강염려증, 환청, 망상 등이 대표적이다.

셋째, 행동의 장애이다. 정신운동지체 또는 안절부절못함, 대인관계 및 사회생활의 위축과 회피, 의존성, 자살시도 등으로 표현된다.

넷째, 신체 증상이다. 수면장애(불면 또는 수면과다)나 심한 피로감, 식욕저하 또는 과식, 기운 없음, 전신 통증(두통, 사지 통증, 허리 통증 등), 소화기장애 등이 여기에 해당된다. 하지만 이러한 네 가지 범주만이 우울증의 전부는 아니다. 이런 증상 외에도 우울한 기분의 지속성 여부 등이 우울증을 판별하는 중요한 근거가 된다고 전문의들은 설명한다. 분당서울대병원 정신과 하규섭 교수는 "만약 앞서 언급한 증상들이 2주 이상 지속되며 사회적, 직업적, 기타 중요 영역에서 임상적으로 심각한 고통이나 장해를 일으킬 경우에는 우울증 진단을 내리게 된다."고 말한다.

② 우울증 노인의 미술작품

나뭇잎 그림: 삶의 막바지에 계신 어르신께서 내 삶에 봄이 왔다고 표현하고 있다.

닭과 알: 생명이 잉태되고 보듬어주는 기쁨을 표현하였다.

참고문헌...

권기덕 · 김동연 · 최외선 편저(1997). 가족미술치료. 서울: 동아문화사.

권상구(1991). 아동미술교육. 서울: 미진사.

김동연(1990). 미술을 통한 심리치료. 정서학습장애아 교육, 제6권 제1호.

김동연 · 공마리아 편역(2001). 집 · 나무 · 사람 그림에 의한 심리진단법. 한국미술치료학회.

김순혜(2001). 아동상담. 서울: 학지사.

김영미(1997). 콜라주에 의한 미술치료가 장애아동의 행동개선에 미치는 효과. 미간행 석사학위청구 논문. 대구대학교 재활과학대학원.

김용태(2000). 가족치료이론. 서울: 양지사.

김유숙(1998). 가족치료. 서울: 학지사.

김정(1991). 아동의 미술교육연구. 서울: 창지사.

나카니시 요시오(1996). 그림으로 읽는 아이들 마음. 서울: 사계절.

노무라 준이찌. 김미지자 역(1999). 수수께끼풀이 색채학. 서울: 혜암.

로웬펠드 · 브리테인. 서울교육대학교 미술교육연구회 역(2002). 인간을 위한 미술교육. 서울: 미진사.

모턴 워커. 김은경 역(1998). 파워 오브 컬러. 서울: 교보문고.

박옥련(1998). 색채이론과 활용. 서울: 형설출판사.

배은우(1996). 색깔로 나를 바꾼다. 서울: 경향신문사.

송성자(1988). 가족과 가족치료. 서울: 법문사.

신민섭 · 김수경 · 김용희 · 김주현 · 김향숙 · 김진영 · 류명은 · 박혜근 · 서승연 · 이순희 · 이혜란 · 전선영 · 한수정(2003). 그림을 통한 아동의 진단과 이해. 서울: 학지사.

옥금자(2005). 청소년 임상 미술치료 방법론. 서울: 하나의학사.

유미(2007). 현장적용을 위한 미술치료의 이해. 경기: 한국학술정보.

유아미술연구회(1995). 유아미술교육. 서울: 학문사.

윤현주(2001). 콜라주에 의한 미술치료가 정신지체아동 어머니의 양육스트레스에 미치는 효과. 미간행 석사학위청구논문. 대구대학교 재활과학대학원.
이규선 · 김동영 · 류재만 · 전성수 · 최윤재 · 권준범(2001). 미술교육학. 서울: 교육과학사.
이숙 · 정미자 · 최진아 · 유우영 · 김미란(2005). 아동상담. 경기: 양서원.
정문자(2004). 사티어 경험적 가족치료. 서울: 학지사.
정여주(2003). 미술치료의 이해. 서울: 학지사.
정연숙(1997). 가족상담과 치료. 서울: 양서원.
정현희(2007). 실제 적용 중심의 미술치료. 서울: 학지사.
조미영(2008). 교류분석 성격유형별 게슈탈트 집단미술치료의 효과성 연구. 한영신학대학교 일반대학원 박사학위논문.
조태예(1986). 아동기 조형이론의 분석연구. 이화여자대학교 석사논문.
최외선 · 김갑숙 · 최선남 · 이미옥(2006). 미술치료기법. 서울: 학지사.
최외선 · 이근매 · 김갑숙 · 최선남 · 이미옥(2007). 마음을 나누는 미술치료. 서울: 학지사.
파버 비렌. 김진한 역(1996). 색채의 영향. 서울: 시공사.
파버 비렌. 김화중 역(1985). 색채 심리. 서울: 동국출판사.
한국미술치료학회(1994). 미술치료의 이론과 실제. 대구: 동아문화사.
한국미술치료학회(1997). 미술치료의 이론과 실제. 서울: 동아문화사.
한국미술치료학회(1999). 제 24 미술치료 연수회 자료집.
한국미술치료학회(2000). 정신 병리, 29.
한국미술치료학회(2001). 인물화 및 집 · 나무 · 사람 그림에 의한 심리진단법. 대구: 동아문화사.
한국심성교육개발원(2005). 심성계발을 위한 미술치료의 이론과 실제.
황민순(2001). 아동화의 발달 단계별 표현 특성에 관한 연구-6～13세를 중심으로. 경희대학교 교육대학원 석사학위 논문.
황유경(2005). 미술치료로 아이들에게 한 걸음 다가서기. 서울: 혜성출판사.

Berg, I. K. & Miller S. D.(1992). 가족치료 연구 모임 역(1993). 해결중심적 단기 가족치료(Working with the problem drinker). 서울: 하나의학사.

Boyatzis, C. J., and Varghese(1993). R. Children' s Emotional Associations with Colors. *The Journal of Genetic Psychology, 155(1)*. pp. 77-85.

Cathy A. Malchiodi. 김동연 · 이재연 · 홍은주 역(2001). (미술치료사를 위한) 아동미술심리의 이해. 서울: 학지사.

Cockerill, I. M., and Miller B. P.(1983). Children' s Colour Preferences and Motor Skill Performance with Variation in Environmental Colour. *Perceptual and Motor Skills, 56*. pp. 845-846.

Eliana Gil(2006). *Helping abused and traumatized children integration and nondirective approaches*. NY: The Guilfor ress A Division of Guilford Publications.

Nancy A. Ratey(2008). The Disorganized Mind: Coaching Your ADHD Brain to Take Control of Your Time, Tasks, and Talents. St. Martin' s Griffin.

Pauline Wills(1997). *Colour therapy*. Broadway: Element books, Inc.

Swedo, Susan E., M. D. (EDT)/ Pine, Daniel S., M. D. (EDT)(2005). Anxiety, an Issue of Child and Adolescent Psychiatric Clinics. Elsevier Science Health Scienced iv.

한국가족치료학회(www.familytherapy.or.kr)

한국가족상담교육연구소(www.consult.or.kr)

부록

미술치료일지

치료자 이름		내담자 성명	
날짜		지도자 성명	
목표			
일정	시간	내용	
치료자 의견			
다음 치료 내용			

<table>
<tr><td>이름</td><td></td><td>연령</td><td></td></tr>
<tr><td>주민등록번호</td><td colspan="3"></td></tr>
<tr><td>문제요인</td><td colspan="3"></td></tr>
<tr><td>부모의
호소내용</td><td colspan="3"></td></tr>
<tr><td>치료자가 보는
관점</td><td colspan="3"></td></tr>
<tr><td>발달력</td><td colspan="3"></td></tr>
<tr><td>가계도
(가족구성)</td><td colspan="3"></td></tr>
</table>

검사 종류 (인물화, KHTP, KFD, 어항 그 림, 동그라미 가족화 등)	
검사를 택한 이유	
내담자의 반응	
작품사진	
검사 후 소견	

HTP 검사 보고서

이름		연령	
성별		생년월일	
주소		집전화	
직업		직장전화	
학교		검사일시	
검사장소		검사자	
의뢰사유			

가족배경과 개인력	FAMILY TREE

검사 시의 행동관찰	
요약 및 검사자의 견해	

1. 전체적 인상

집	
나무	
남자상	
여자상	

2. 형식적 분석

구분	집	나무	남자상	여자상	견해
소요시간					
그린 순서					
크기					
위치					
필압					
선의 성질					
지우기					
대칭성					
방향					
세부묘사					
생략과 왜곡					
절단					
그림자, 음영					
투시화					
원근법					
운동성					
지면선					
기타의 표시					

3. 내용적 분석

<table>
<tr><th colspan="2">집</th><th>유무</th><th>표현의 특징</th><th>상징과 해석</th></tr>
<tr><td colspan="2">주제</td><td></td><td></td><td></td></tr>
<tr><td rowspan="4">필수요소</td><td>지붕</td><td></td><td></td><td></td></tr>
<tr><td>벽</td><td></td><td></td><td></td></tr>
<tr><td>문</td><td></td><td></td><td></td></tr>
<tr><td>창문</td><td></td><td></td><td></td></tr>
<tr><td rowspan="8">기타요소</td><td>굴뚝과 연기</td><td></td><td></td><td></td></tr>
<tr><td>방</td><td></td><td></td><td></td></tr>
<tr><td>울타리</td><td></td><td></td><td></td></tr>
<tr><td>길</td><td></td><td></td><td></td></tr>
<tr><td>계단과 보도</td><td></td><td></td><td></td></tr>
<tr><td></td><td></td><td></td><td></td></tr>
<tr><td></td><td></td><td></td><td></td></tr>
<tr><td></td><td></td><td></td><td></td></tr>
<tr><td colspan="2">그린 후의 질문</td><td></td><td></td><td></td></tr>
</table>

<table>
<tr><th colspan="2">나무</th><th>유무</th><th>표현의 특징</th><th>상징과 해석</th></tr>
<tr><td colspan="2">주제</td><td></td><td></td><td></td></tr>
<tr><td rowspan="3">필수요소</td><td>줄기</td><td></td><td></td><td></td></tr>
<tr><td>가지</td><td></td><td></td><td></td></tr>
<tr><td>수관</td><td></td><td></td><td></td></tr>
<tr><td rowspan="10">기타요소</td><td>뿌리</td><td></td><td></td><td></td></tr>
<tr><td>꽃, 열매, 잎</td><td></td><td></td><td></td></tr>
<tr><td>지면선</td><td></td><td></td><td></td></tr>
<tr><td>동물들</td><td></td><td></td><td></td></tr>
<tr><td>옹이구멍</td><td></td><td></td><td></td></tr>
<tr><td>나무껍질</td><td></td><td></td><td></td></tr>
<tr><td>숲</td><td></td><td></td><td></td></tr>
<tr><td></td><td></td><td></td><td></td></tr>
<tr><td></td><td></td><td></td><td></td></tr>
<tr><td></td><td></td><td></td><td></td></tr>
<tr><td colspan="2">그린 후의 질문</td><td></td><td></td><td></td></tr>
</table>

<table>
<tr><th colspan="2">남자상</th><th>유무</th><th>표현의 특징</th><th>상징과 해석</th></tr>
<tr><td colspan="2">주제와 행동</td><td></td><td></td><td></td></tr>
<tr><td colspan="2">성차의 표현</td><td></td><td></td><td></td></tr>
<tr><td rowspan="7">필
수
요
소</td><td>머리</td><td></td><td></td><td></td></tr>
<tr><td>눈, 코, 입,
표정</td><td></td><td></td><td></td></tr>
<tr><td>몸류</td><td></td><td></td><td></td></tr>
<tr><td>팔</td><td></td><td></td><td></td></tr>
<tr><td>몸통</td><td></td><td></td><td></td></tr>
<tr><td>손</td><td></td><td></td><td></td></tr>
<tr><td>발</td><td></td><td></td><td></td></tr>
<tr><td rowspan="7">기
타
요
소</td><td>목</td><td></td><td></td><td></td></tr>
<tr><td>손가락</td><td></td><td></td><td></td></tr>
<tr><td>발가락</td><td></td><td></td><td></td></tr>
<tr><td>단추,
넥타이,
허리띠,
주머니</td><td></td><td></td><td></td></tr>
<tr><td>모자, 신발</td><td></td><td></td><td></td></tr>
<tr><td>기타의 특징</td><td></td><td></td><td></td></tr>
<tr><td></td><td></td><td></td><td></td></tr>
<tr><td colspan="2">그린 후의 질문</td><td></td><td></td><td></td></tr>
</table>

여자상		유무	표현의 특징	상징과 해석
주제와 행동				
성차의 표현				
필수요소	머리			
	눈, 코, 입, 표정			
	몸류			
	팔			
	몸통			
	손			
	발			
기타요소	목			
	손가락			
	발가락			
	단추, 넥타이, 허리띠, 주머니			
	모자, 신발			
	기타의 특징			
그린 후의 질문				

동작성 가족화 검사의 분석용지(번스의 채점기준)

이름: 연령: 성별:

Ⅰ. 스타일

1) 구획 나누기

2) 포위하기

3) 밑선 긋기

4) 어떤 특정 인물 아래에만 밑선 긋기

5) 외형만 그리거나 검사지의 테두리를 따라 그리기

6) 검사지 윗부분에 선 긋기

7) 검사지를 접은 후 구획을 나눠 그리기

II. 상징

1) 아버지상에 사용된 상징:

2) 어머니상에 사용된 상징:

3) 자기상에 사용된 상징:

4) 기타 인물에 사용된 상징:

III. 활동 내용

1) 가족원 각자의 활동 내용

인물		활동내용	대상
1			자신
2			어머니
3			아버지
4			형(오빠)
5			누나(언니)
6			남동생
7			여동생
8			기타

2) 가족원들 간의 활동

인물		활동내용	대상
1			자신
2			어머니
3			아버지
4			형(오빠)
5			누나(언니)
6			남동생
7			여동생
8			기타

Ⅳ. KFD에 나타난 각 인물의 특징

1) 팔을 더 길게 늘여서 그린 경우 ………………………………… (   )

① 자신 ② 어머니 ③ 아버지 ④ 형, 오빠 ⑤ 누나, 언니
⑥ 남동생 ⑦ 여동생 ⑧ 기타

2) 받침대 위에 올라가 있는 것으로 그린 경우 …………………… (   )

① 자신 ② 어머니 ③ 아버지 ④ 형, 오빠 ⑤ 누나, 언니
⑥ 남동생 ⑦ 여동생 ⑧ 기타

3) 그렸다가 지운 경우 ……………………………………………… (   )

① 자신 ② 어머니 ③ 아버지 ④ 형, 오빠 ⑤ 누나, 언니
⑥ 남동생 ⑦ 여동생 ⑧ 기타

4) 검사지 뒷면에 그린 경우 ………………………………………… (   )

① 자신 ② 어머니 ③ 아버지 ④ 형, 오빠 ⑤ 누나, 언니
⑥ 남동생 ⑦ 여동생 ⑧ 기타

5) 매달려 있도록 그린 경우 ………………………………………… (   )

① 자신 ② 어머니 ③ 아버지 ④ 형, 오빠 ⑤ 누나, 언니
⑥ 남동생 ⑦ 여동생 ⑧ 기타

6) 신체 부위를 생략하여 그린 경우 ……………………………… (   )

① 자신 ② 어머니 ③ 아버지 ④ 형, 오빠 ⑤ 누나, 언니
⑥ 남동생 ⑦ 여동생 ⑧ 기타

7) 어떤 인물을 생략하고 안 그린 경우 …………………………… (   )

① 자신 ② 어머니 ③ 아버지 ④ 형, 오빠 ⑤ 누나, 언니
⑥ 남동생 ⑦ 여동생 ⑧ 기타

8) 눈을 피카소의 그림 같이 다소 특이하게 그린 경우 ………… (   )

① 자신 ② 어머니 ③ 아버지 ④ 형, 오빠 ⑤ 누나, 언니
⑥ 남동생 ⑦ 여동생 ⑧ 기타

조 미 영

명지대학교 사회복지대학원 사회복지학 석사
한영신학대학교 일반대학원 사회복지학 박사
현) 서울사회복지대학원대학교 겸임교수
(사) 한국가정발전연구센터 소장, 한국미술심리치유협회장, 중구여성회관미술치료과정 지도교수
논문) 교류분석 성격 유형별 게슈탈트 집단미술치료의 효과성 연구-시설청소년을 대상으로(박사학위 논문, 2008), 치매노인가족의 부양부담 및 사회복지서비스 정책(석사학위 논문, 2003)
저서) 성과 가족(2008), 여성과 가족(2005), 장애인복지론(2005), 아동복지론(2004), 사회복지행정론(2004)

미술심리치료의 이해와 실제

초판 1쇄 인쇄 2011년 2월 19일
초판 2쇄 발행 2013년 2월 26일

지은이_ 조미영
펴낸이_ 황호철
펴낸곳_ 도서출판 파란마음
주소_ 140-845 서울시 용산구 백범로90라길 47 | 전화_ (02) 3275-2110~1 | 팩스_ (02) 3275-2199
홈페이지_ http://paranmaum.co.kr/
등 록_ 2006년 4월 24일 · 제302-2006-00024호

ISBN 978-89-92546-72-0 93370
값 18,000원